華志文化

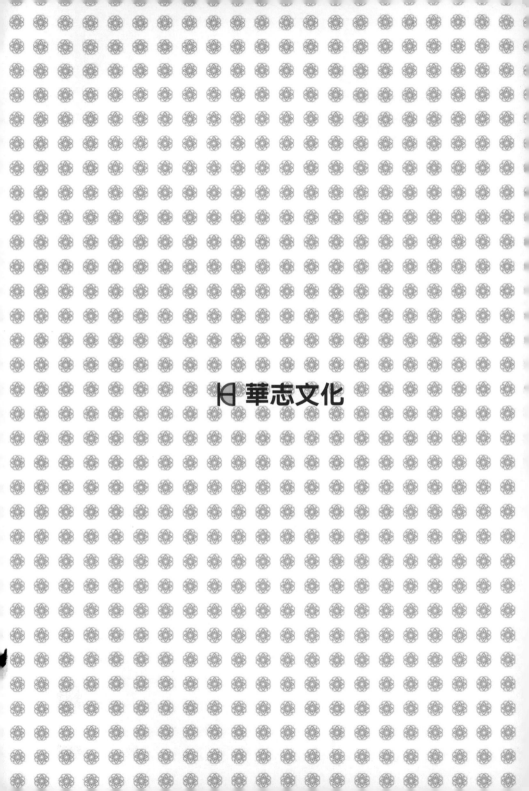

華志文化

先秦法家學說集大成者

韓非子全書

《韓非子》享有先秦散文「四大台柱」（《孟子》、《莊子》、《荀子》、《韓非子》）之譽，氣勢磅礡，激情澎湃，尤其是其中的許多寓言故事，至今仍然流傳。

《韓非子》全書二十卷五十五篇，因篇幅所限，本書擇其大部精華加以注譯。在取捨上，側重於故事性強、可讀性強的《說林》、《內儲說》、《外儲說》等，並依據原文設立小標題，以便於讀者理解。

韓非子◎原著
姚奠中◎編譯

國學經典
原味呈現

韓非子全書

前言

　　本書為《諸子百家講座》之一，旨在為普通讀者提供一個通俗易懂的讀本。

　　全書以清代王先慎的《韓非子集解》為底本，個別地方參校其他版本。「集解」中的研究成果酌情採用，未作特別說明。

　　《韓非子》全書二十卷五十五篇，因篇幅所限，本書擇其精華加以注譯。在取捨上，側重於故事性強、可讀性強的《說林》、《內儲說》、《外儲說》等，並依據原文設立小標題，以便於讀者理解。

　　本書注釋力求簡潔，譯文力求準確、通俗易懂，以直譯為主，適當輔以意譯。

　　《韓非子》享有先秦散文「四大台柱」（《孟子》、《莊子》、《荀子》、《韓非子》）之譽，氣勢磅礴，激情澎湃，尤其是其中的許多寓言故事，至今仍然流傳。為此，書末特附「《韓非子》名言名句」，便於讀者查閱。

　　《韓非子》自誕生以來，研究它的著作汗牛充棟。為方便讀者進一步瞭解，書末附有「《韓非子》主要版本」及「《韓非子》重要研究著述」。

　　由於時間倉促，書中多有不完善之處，懇請讀者不吝賜教。

譯注者

韓非其人其書（姚奠中代序）

　　韓非（？～西元前233年），出身韓國貴族，曾和李斯同學於荀況，李斯自以為不及非。當時韓國國力衰弱，韓非多次上書韓王，提出富國強兵、修明法制的主張，不被採納，退而著書，成十餘萬言，即《韓非子》。他的著作傳到秦國，秦王嬴政讀後十分欽佩，於是發兵攻韓，索要韓非。韓王派遣韓非入秦，秦王卻又不加信用，後又聽了李斯、姚賈誣陷，將他拘囚下獄，李斯送毒藥使他自殺於獄中。

　　《韓非子》為法家重要著作。據《漢書‧藝文志》所載，共五十五篇。今傳本正合其數。不過今本除《史記》中所舉《孤憤》、《說難》等十篇外，多有竄入文字。

　　韓非是先秦法家學說的集大成者。他從主張變革、反對復古的歷史觀出發，宣揚君主集權，任法術而尚功利。與此相適應，他主張行文寫作必須以「功用」為目的。他的說理散文在先秦諸子中具有獨特的風格，思想犀利，文字峭刻，邏輯嚴密，具有很強的說服力。

　　在闡述一個重要論點時，韓非經常使用類似歸納的方法，即先舉論據，再作論證，最後得出合乎邏輯的結論。例如《五蠹》，先提出上古、中古和近古歷史發展的事實，說明「今有構木鑽燧於夏后氏之世者，必為鯀、禹笑矣；有決瀆於殷、周之世者，必為湯、武笑矣」，繼而轉入本題：「今有美堯、舜、湯、武、禹之道於當今之世者，必為新聖笑矣。」在作了這些充分的論證之後，即順理成章得出結論：「聖人不期修古，不法常可，論世之事，因為之備。」後文的「世異則事異」、「事

異則備變」、「賞莫如厚而信」、「罰莫如重而必」等著名論點，也都是使用同樣的論證方法得出的。

韓非的辯難之作也很有特色。他並不像荀子那樣用「是不然」的斷然口氣，動輒否定論戰的對方，而是從容、冷靜地分析問題。對不同的意見，總是用「或曰」來提出異議，有時還連用幾個「或曰」，客觀地列舉幾種說法，引導讀者共同進行分析。《難一》至《難四》諸篇，可作為這類辯難體的範例。韓非在論辯中，還善於運用邏輯上矛盾律的原理，以子之矛，陷子之盾（《難勢》），使對方進退失據。《詭使》、《六反》諸篇，可作為這種論辯方法的代表。

先秦後期散文，在議論中使用寓言故事以增強形象性和說服力，已成為一時風氣。《韓非子》中的許多篇章，對寓言故事的運用已經進入自如的境地。《說林》、《內儲說》、《外儲說》就集中記錄了大量的寓言故事。「郢書燕說」（《外儲說・左上》）、「守株待兔」（《五蠹》) 等，更成為後人常用的成語典故。

今存《韓非子》版本以宋乾道刊本為最早。注本中較完備的有清代王先慎《韓非子集解》，今人梁啟雄《韓子淺解》、陳奇猷《韓非子集釋》及周勳初等《韓非子校注》。

姚奠中，1913 年生，山西稷山人。著名古典文學專家、書法家、詩人。於 1935 年考取章太炎先生所招收的唯一一屆研究生，先後在安徽、貴州、雲南等地從教。1950 年回到山西，任山西大學教授至今。主要著作有《中國文學史》、《章太炎學術年譜》、《姚奠中詩文輯存》、《姚奠中講習文集》等。以上「代序」選自《姚奠中講習文集》第 1 冊，原係《中國大百科全書・中國文學》「《韓非子》」辭條，題目為編者所擬。

目錄

◎第一篇：初見秦

題解

「初見秦」即初次求見秦王，這是韓非給秦王的一篇上書，創作目的是希望得到秦王的接見，進而為秦王效勞。題目是後人編輯《韓非子》時所加。

▶ 原文

臣聞：「不知而言，不智；知而不言，不忠。」為人臣，不忠當死①，言而不當亦當死。雖然，臣願悉言所聞，唯大王裁其罪②。

注釋

①當：處斷罪人叫當。
②大王：指秦昭王（西元前 324 年～西元前 251 年），又作秦襄王、秦昭襄王，名稷。　裁：判定。

譯文

為臣我聽說過這樣的話：「不瞭解情況而議論，是不明智；瞭解了情況卻不闡述，是不忠誠。」作為人臣，不忠誠應該被判死罪，而論說得不妥當也該被判死罪。即便如此，我仍然願意將我的觀點全部講出來，請大王來判定我陳述過程中的過錯。

▶ 原文

臣聞：天下陰燕陽魏①，連荊固齊②，收韓而成從③，將西

11

面以與秦強為難④。臣竊笑之。世有三亡，而天下得之，其此之謂乎！臣聞之曰：「以亂攻治者亡，以邪攻正者亡，以逆攻順者亡。」今天下之府庫不盈，囷倉空虛⑤，悉其士民，張軍數十百萬⑥，其頓首戴羽為將軍斷死於前不至千人，皆以言死。白刃在前，斧鑕在後⑦，而卻走不能死也。非其士民不能死也，上不能故也。言賞則不與，言罰則不行，賞罰不信，故士民不死也。今秦出號令而行賞罰，有功無功相事也⑧。出其父母懷衽之中，生未嘗見寇耳。聞戰，頓足徒裼⑨，犯白刃，蹈爐炭，斷死於前者皆是也。夫斷死與斷生者不同，而民為之者，是貴奮死也。夫一人奮死可以對十，十可以對百，百可以對千，千可以對萬，萬可以克天下矣。今秦地折長補短，方數千里，名師數十百萬。秦之號令賞罰、地形利害，天下莫若也。以此與天下，天下不足兼而有也。是故秦戰未嘗不克，攻未嘗不取，所當未嘗不破⑩，開地數千里，此其大功也。然而兵甲頓，士民病，蓄積索，田疇荒，囷倉虛，四鄰諸侯不服，霸王之名不成。此無異故，其謀臣皆不盡其忠也。

注釋

①陰燕陽魏：即北燕南魏，北面連結燕國，南面連結魏國。

②荊：即楚國，楚國最初建國於荊山一帶，因而又稱「楚」為「荊」。

③從（ㄗㄨㄥˋ）：通「縱」，即合縱。

④為難：為敵，作對。

⑤囷（ㄐㄩㄣ）倉：圓形的穀倉叫囷，方形的穀倉叫倉。

⑥張軍：部署、陳列部隊。

⑦斧鑕（ㄓˋ）：古代施行腰斬時所用的刑具。

⑧相事：依據事實而定。

⑨徒裼（ㄒㄧˊ）：袒胸露臂，赤膊上陣。

⑩當:通「擋」,抵擋,反抗。

譯文

　　為臣我聽說:天下各諸侯國以趙國為中心,北面連結燕國,南面連結魏國,並且聯合楚國,加強與齊國之間的聯繫,再拉攏韓國,形成了南北相連的「合縱」聯盟,打算向西出擊,從而與秦國全力作對。為臣我暗自取笑他們的作為。人世間有三種使國家滅亡的途徑,天下各個諸侯國都有了,也許正是指這種聯合起來攻擊秦國的作為吧!

　　為臣我曾聽說過這樣的話:「憑藉混亂的國家去攻擊安定的國家,一定會滅亡;憑藉邪惡的國家去攻擊正直的國家,一定會滅亡;憑藉倒行逆施的國家去攻擊順應自然的國家,一定會滅亡。」如今天下各諸侯國的國庫不充足,糧倉空虛,卻調集全部的老百姓,部署成千上萬的部隊,這中間在統帥面前叩頭發誓、希望頭戴羽毛替統帥戰死於前線的人成千上萬都不止,他們發誓要視死如歸。但真的展開戰鬥時,敵人閃閃發光的刀口呈現在面前之時,即使腰斬的刑具放在身後處罰逃兵,這些人仍要逃跑而不能拚死戰鬥。

　　並不是這些民眾不能拚死戰鬥,而是六國的君主們沒有辦法讓他們去拚命。說是有功要賞,可是真的有功卻不兌現賞賜;說是有罪要罰,可是真的有罪卻不施行懲罰,賞賜與懲罰不講信用,所以民眾不會拚死命去戰鬥。如今的秦國發出號令施行賞罰,有功與無功都依據實際的情形論定。秦國的民眾從父母的懷抱中長大成人以來,有生之年還未見過敵人,可是一聽說要打仗,便英勇地頓足赤膊,迎著敵人閃閃發光的刀劍,腳踏敵人設置的火紅的爐炭,戰死於前線的人比比皆是。戰死於前線與苟且偷生是不可同日而語的,可秦國的民眾情願戰死,那是因為秦國的君主極力推崇奮勇戰死的精神。

一個人奮勇死戰可以對付十個敵人，十個人奮勇死戰可以對付一百個敵人，一百個人奮勇死戰可以對付一千個敵人，一千個人奮勇死戰可以對付一萬個敵人，一萬個人奮勇死戰，就可以征服整個天下了。如今秦國的國土截長補短，方圓有數千里，聞名天下的部隊有數十百萬。秦國所推行的號令、賞罰以及地勢上的便利，其他各國沒有哪一個可以比得上。憑藉這些條件去攻取天下，天下還不夠秦國吞併和佔有。

　　所以秦國征戰而沒有不勝利的，攻城而沒有不取得的，阻擊的敵人沒有不被打敗的，新開闢的疆土有幾千里，這是秦國的偉大功績啊！可是如今的秦國卻兵甲破舊，士民疲憊，積蓄花光，田地荒蕪，糧倉空虛，四面相鄰的諸侯國都不歸服，稱霸稱王的英名不能成就。這沒有其他的緣故，只是因為秦國的謀劃之臣都沒有竭盡他們的忠心。

▶原文

　　臣敢言之：往者齊南破荊，東破宋，西服秦，北破燕，中使韓、魏，土地廣而兵強，戰克攻取，詔令天下。齊之清濟濁河，足以為限①；長城巨防，足以為塞。齊，五戰之國也，一戰不克而無齊。由此觀之，夫戰者，萬乘之存亡也②。且臣聞之曰：「削株無遺根，無與禍鄰，禍乃不存。」秦與荊人戰，大破荊，襲郢，取洞庭、五湖、江南，荊王君臣亡走，東服於陳③。當此時也，隨荊以兵，則荊可舉；荊可舉，則民足貪也，地足利也，東以弱齊、燕，中以凌三晉④。然則是一舉而霸王之名可成也，四鄰諸侯可朝也，而謀臣不為，引軍而退，復與荊人為和。令荊人得收亡國，聚散民，立社稷主⑤，置宗廟令，率天下西面以與秦為難。此固以失霸王之道一矣⑥。天下又比周而軍華下，大王以詔破之，兵至梁郭下。圍梁數旬，則梁可拔；拔梁，則魏可舉；舉魏，則荊、趙之意絕；荊、趙之意絕，

則趙危;趙危,而荊狐疑;東以弱齊、燕,中以凌三晉。然則是一舉而霸王之名可成也,四鄰諸侯可朝也,而謀臣不為,引軍而退,復與魏氏為和,令魏氏反收亡國,聚散民,立社稷主,置宗廟令。此固以失霸王之道二矣。前者穰侯之治秦也[7],用一國之兵而欲以成兩國之功,是故兵終身暴露於外,士民疲病於內,霸王之名不成。此固以失霸王之道三矣。

(注釋)

①限:防線。

②萬乘(ㄕㄥˋ):古代一車四馬叫一乘,萬乘泛指大國。

③服:與「保」通,保命。

④三晉:因韓、趙、魏三國系瓜分晉國而成,所以也稱「三晉」。

⑤社稷主:即土神與穀神的木主。

⑥以:即「已」,已經。

⑦穰(ㄖㄤˊ)侯:即魏冉,因被封於穰,故稱。

譯文

請允許我大膽地陳述這種情況吧:過去齊國在南面打敗了楚國,在東面打敗了宋國,在西面讓秦國臣服,在北面打敗了燕國,在中部可以驅使韓國和魏國,國土廣闊而兵力強盛,戰無不克,攻無不取,號令天下。齊國境內那清澈的濟水,渾濁的黃河,足以成為天然的防線;長城和巨防,也足以成為要塞。齊國,是一個五次取得大的戰役勝利的國家,然而因為一次戰役的失利便失去了齊國固有的威力。由此看來,戰爭關係到擁有萬輛戰車的大國的生死存亡。況且為臣我還聽說過這樣的話:「砍削樹木不要留下樹根,為人處事不要與災禍鄰近,這樣災

15

禍便不會發生。」秦國曾與楚國交戰，大敗楚國，襲擊了郢都，
一度佔領了洞庭、五湖、江南一帶，楚國的君臣們狼狽逃跑，
來到東方的陳城保命防守。在這個關鍵的時刻，秦國若派兵緊
追楚軍，那麼楚國即可攻取；一旦攻取了楚國，那麼楚國的民
眾足以滿足貪心，國土資源足以利用，再憑藉此向東削弱齊國、
燕國，在中原欺凌韓、趙、魏。這樣看來，只要當時追擊一下
楚國的軍隊，那麼霸王之名即可成就，四方的諸侯國即來朝拜，
可是謀臣們卻沒有謀劃到這一步，反而率部隊退回，又與楚國
人達成了和解的協議。致使楚國的君主得以收拾破亡的國家，
聚集逃散的民眾，樹立社稷壇上的神主，設置宗廟祭祀的官員，
與天下其他各諸侯國向西與秦國作對。這本來就是已失去的第
一次稱王稱霸的良機。接著，天下各諸侯國又合夥駐兵於華山
之下，與秦為敵，大王下令，一舉擊敗他們，秦國的軍隊乘勝
追擊，挺進到魏國國都大梁的外城之下。此時，只要圍攻大梁
幾十天，那麼大梁即可攻取；一旦攻取了大梁，那麼魏國即可
取得；取得了魏國，那麼楚國和趙國聯合與秦作對的念頭就會
打消；楚國和趙國的這一念頭打消了，那麼趙國便相當危險了；
趙國一危險，楚國就猶豫不決；再憑藉此向東削弱齊國和燕國，
在中原凌駕於韓、趙、魏之上。這樣看來，只要當時圍攻大梁
幾十日，那麼霸王之名即可成就，四方的諸侯國即來朝拜。可
是謀臣們卻沒有謀劃到這一步，反而率部隊退回，又與魏國達
成了和解的協議。致使魏國的君主得以收拾破亡的國家，聚集
逃散的民眾，樹立社稷的神主，設立宗廟祭祀的官員。這本來
就是已失去的第二次稱王稱霸的良機。先前穰侯魏冉治理秦國
之時，企圖用一個國家的兵力來成就兩個國家的功業，所以士
兵終生在國外風吹日曬，民眾則在國內疲憊不堪，稱王稱霸的
功名難以成就。這本來就是已經失去的第三次稱王稱霸的良
機。

原文

　　趙氏，中央之國也①，雜民所居也，其民輕而難用也，號令不治，賞罰不信，地形不便，下不能盡其民力。彼固亡國之形也，而不憂民萌②，悉其士民軍於長平之下，以爭韓上黨。大王以詔破之，拔武安。當是時也，趙氏上下不相親也，貴賤不相信也。然則邯鄲不守。拔邯鄲，筦山東河間③，引軍而去，西攻脩武，逾羊腸，降代、上黨。代四十六縣，上黨七十縣，不用一領甲，不苦一士民，此皆秦有也。以代、上黨不戰而畢為秦矣④，東陽、河外不戰而畢反為齊矣，中山、呼沱以北不戰而畢為燕矣。然則是趙舉，趙舉則韓亡，韓亡則荊、魏不能獨立，荊、魏不能獨立，則是一舉而壞韓、蠹魏、挾荊，東以弱齊、燕，決白馬之口以沃魏氏，是一舉而三晉亡、從者敗也。大王垂拱以須之⑤，天下編隨而服矣，霸王之名可成。而謀臣不為，引軍而退，復與趙氏為和。夫以大王之明，秦兵之強，棄霸王之業，地曾不可得，乃取欺於亡國，是謀臣之拙也。且夫趙當亡而不亡，秦當霸而不霸，天下固以量秦之謀臣一矣。乃復悉士卒以攻邯鄲，不能拔也，棄甲兵弩，戰竦而卻，天下固已量秦力二矣。軍乃引而復，並於孚下，大王又並軍而至，與戰不能克之也，又不能反，軍罷而去⑥，天下固量秦力三矣。內者量吾謀臣，外者極吾兵力。由是觀之，臣以為天下之從，幾不難矣。內者，吾甲兵頓，士民病，蓄積索，田疇荒，囷倉虛；外者，天下皆比意甚固⑦。願大王有以慮之也。

注釋

　　①中央之國：趙國位於燕國之南，齊國之西，魏國之北，韓國之東，故名。

　　②民萌：即民眾。萌，通「氓」。

　　③筦（ㄍㄨㄢˇ）：控制。　山東：指太行山以東。

韓非子全書

④以：此。

⑤須之：等待。

⑥罷（ㄆㄧˊ）：疲憊。

⑦比意：即「合縱」之意圖。比，合也。

譯文

那趙國，是地處中央的國家，各地的民眾雜居於此，國內的民眾輕狂而不易役使，法律條令沒有頭緒，獎賞與懲罰不講信用，地理形勢不利於防守，對下又不能讓全國的百姓竭盡全力保家衛國。它本來就有了亡國的徵兆，又不愛惜民眾，徵調全部兵士駐紮於長平城下，來爭奪韓國的上黨郡。大王您下命令打敗了他們，攻取了武安城。此時此刻，趙國君臣上下不和睦，上級與下級互不信任。在此情形之下，趙國的邯鄲城是守不住的。此時秦國若攻取了邯鄲，那麼就控制了太行山以東的河間地區；若再率軍離開那兒，向西攻打脩武，翻過羊腸要塞，即可以降服代郡和上黨郡。如此一來，代郡的四十六個縣，上黨郡的七十個縣，不用一副鎧甲，不勞苦一個士兵，就可以成為秦國的領地。這樣的話，代郡和上黨郡不經過戰鬥便全部為秦國所有，東陽、滹沱河外一帶不經過戰鬥反而全部為齊國所有，中山故國、滹沱河以北的地區不經過戰鬥卻全部為燕國所有。這樣一來，趙國便被奪取了；趙國被奪取，韓國也會滅亡；韓國一滅亡，那麼楚國和魏國便不可能獨立存在；楚國和魏國不能獨立存在，那麼這一攻取邯鄲的軍事行動，便毀滅了韓國，蛀蝕了魏國，控制了楚國，向東還可以削弱齊國和燕國的力量，決開白馬渡口還可以水淹魏國，這是採取一個軍事行動便使韓、趙、魏三國滅亡，讓合縱的聯盟解體的關鍵之戰啊！大王您只要垂衣拱手相待，天下各國便會接二連三地前來歸順，稱王稱霸的功名即可成就。可是謀劃的臣子卻未考慮到這一點，

18

反而帶領部隊撤退，又與趙國人講和。憑大王您的聖明，秦國
士兵的強盛，拋棄稱王稱霸的功業不做，土地也不曾取得，反
而還被行將滅亡的趙國所欺騙，這說明出謀劃策的謀臣太笨拙
了。況且那趙國理當滅亡卻不亡，秦國理當稱霸而不霸，天下
各國本來已經初次衡量出秦國謀臣的水準了。接著，秦國竟然
又動用全部士卒去攻打邯鄲，結果未能攻下，只好丟棄盔甲兵
器，戰戰兢兢地向後退卻，天下各國已再次衡量出秦國的實力
了。此後，秦國的部隊又返回來，彙聚於邯鄲外城之下，大王
您又派來增援的部隊，此時，與敵人作戰不能戰勝他們，主動
撤退也不現實，直到部隊疲憊不堪時才逃走，天下各國又第三
次衡量出秦國的實力。人家對內看透了我們的謀臣，對外耗盡
了我們的兵力。由此看來，我以為天下各國聯合抗秦，幾乎不
是什麼難事。在國內，我們的鎧甲兵器破舊不堪，士兵疲憊，
積蓄缺少，田地荒蕪，糧倉空虛；在國外，天下各國聯合抗秦
的意圖十分堅定。希望大王您對這種形勢有所考慮。

▶原文

且臣聞之曰：「戰戰慄慄，日慎一日，苟慎其道，天下可
有。」何以知其然也？昔者紂為天子，將率天下甲兵百萬[①]，
左飲於淇溪[②]，右飲於洹溪[③]，淇水竭而洹水不流，以與周武王
為難。武王將素甲三千[④]，戰一日，而破紂之國，禽其身[⑤]，據
其地而有其民，天下莫傷。知伯率三國之眾以攻趙襄主於晉陽，
決水而灌之三月，城且拔矣，襄主鑽龜筮占兆[⑥]，以視利害，
何國可降。乃使其臣張孟談。於是乃潛行而出，反知伯之約，
得兩國之眾以攻知伯，禽其身，以復襄主之初。今秦地折長補
短，方數千里，名師數十百萬。秦國之號令賞罰、地形利害，
天下莫如也。以此與天下，可兼而有也。臣昧死願望見大王，
言所以破天下之從、舉趙、亡韓、臣荊魏、親齊燕，以成霸王

之名、朝四鄰諸侯之道。大王誠聽其說，一舉而天下之從不破，趙不舉，韓不亡，荊、魏不臣，齊、燕不親，霸王之名不成，四鄰諸侯不朝，大王斬臣以徇國，以為王謀不忠者也。

注釋

①將：統帥。

②左：指東邊。

③右：指西邊。

④素甲：白色的鎧甲，為周文王服喪，故而用白色。

⑤禽：同「擒」。

⑥鑽龜：古人占卜時鑽燒龜殼，由龜殼的裂紋推斷預測吉凶。　筮（ㄕˋ）：古人用蓍草排列成卦，推斷吉凶。　占兆：透過兆象推測吉凶。

譯文

　　況且為臣我還聽說過這樣的話：「膽戰心驚，一天比一天謹慎，假若能慎重地遵循正確的原則，那麼便可以擁有天下。」憑什麼知道這樣的結果呢？先前商紂王當天子，統帥天下百萬雄師，部隊東邊在淇溪喝水，西邊在洹溪喝水，結果淇溪被喝乾了，洹溪也因為水少而不能流動，商紂王就是憑藉這樣龐大的部隊來與周武王作對。可是，周武王統帥著為周文王服喪的、穿著白色鎧甲的士兵三千人，在甲子日戰鬥一天，便攻破了商朝的國都，商紂王本人也被活捉，周武王佔有了商朝的土地，擁有了商朝的民眾，天下之人沒有誰可憐紂王。智伯曾率領智氏、韓氏、魏氏三國的部隊到晉陽攻打趙襄子，決開河堤水淹晉陽城達三個月，晉陽城將要被攻克了，趙襄子用鑽燒龜殼、排列蓍草的方式占卜預測吉凶，看該向誰投降。於是派出臣子

張孟談。張孟談這才偷偷潛出晉陽城，策動韓、魏背叛智伯，再聯合這兩國的軍隊來攻打智伯，將智伯活捉，恢復了趙襄子固有的地位。如今秦國的土地截長補短，方圓幾千里，有名的精銳之師有近百萬。秦國法令的嚴明，賞罰的信譽，地形的便利，天下沒有哪一個國家能比得上。憑這些有利條件去攻取天下，天下各國都可以被兼併佔有。為臣我冒著死罪希望能拜見大王您，闡述破壞天下六國的合縱之約、攻取趙國、滅亡韓國、讓楚國與魏國臣服、使齊國與燕國來親附，進而成就您稱王稱霸的功名、讓四方的諸侯國前來朝拜的計謀。大王您果真聽從了我的計謀，採取了相應的行動，可是天下六國的合縱之約不被破壞，趙國沒有攻取，韓國沒有滅亡，楚國、魏國不來稱臣，齊國、燕國不來親附，稱王稱霸的英名不能成就，四方的諸侯國不來朝拜，那麼請大王您將我殺掉在全國示眾，將我當作不忠心地為大王出謀劃策的典型加以處置好了。

◎第二篇：愛　臣

題解

　　「愛臣」即寵愛臣下。文章分析了過分寵愛臣下的危害，並提出相應的對策。

▍原文

　　愛臣太親，必危其身；人臣太貴，必易主位；主妾無等①，必危嫡子；兄弟不服，必危社稷。臣聞：千乘之君無備②，必有百乘之臣在其側，以徙其民而傾其國；萬乘之君無備，必有千乘之家在其側，以徙其威而傾其國。是以奸臣蕃息③，主道衰亡。是故諸侯之博大，天子之害也；群臣之太富，君主之敗

也。將相之營主而隆家④，此君人者所外也。萬物莫如身之至貴也，位之至尊也，主威之重，主勢之隆也。此四美者，不求諸外，不請於人，義之而得之矣⑤。故曰：人主不能用其富，則終於外也。此君人者之所識也⑥。

注釋

①主妾：妻子和小妾。
②千乘（ㄕㄥˋ）：古代一車四馬為一乘，千乘指一千輛車。
③蕃息：繁殖滋生。
④營主：營惑君主。　隆家：使權貴之間互相爭鬥。
⑤義：合宜。
⑥識：記住。

譯文

　　君主若與所寵幸的大臣關係太密切，一定會危及自身；臣子若太顯貴，一定會輕視君主的權位；君主的妻妾無等級差別，一定會危及正妻所生的兒子；君主的兄弟對君主不服從，一定會危及國家的安全。我聽說過這樣的話：擁有千輛馬車的君主如不加以防備，一定會有擁有一百輛馬車的臣子在君主的旁邊，他們遷徙君主的臣民，傾覆君主的國家；擁有一萬輛馬車的君主如不加以防備，一定會有擁有一千輛馬車的權貴在君主的旁邊，他們遷徙君主的威望，傾覆君主的國家。因此說奸詐之臣繁殖滋生，君主的統治便會衰亡。所以，諸侯強盛壯大，是天子的禍害；大臣擁有過多的財富，是君主失敗的徵兆。文官武將中的高級官員營惑君主並且使各個權貴相互爭鬥，這是作為君主所應排斥的。天下萬事萬物，沒有比身體更寶貴的，

沒有比君位更尊貴的，沒有比君主的威望更重要的，沒有比君主的權勢更隆昌的。這四樣美好的東西，不必向外部尋求，也不必向他人請求，君主自己合理處置便能得到。因此說，君主若不能好好利用他的這些財富，那他的命運一定會為奸臣所斷送。作為君主，應該記住這一點。

■ 原文

　　昔者紂之亡，周之卑，皆從諸侯之博大也；晉之分也，齊之奪也，皆以群臣之太富也。夫燕、宋之所以　其君者，皆此類也。故上比之殷、周，中比之燕、宋，莫不從此術也。是故明君之蓄其臣也，盡之以法，質之以備。故不赦死，不宥刑[1]，赦死宥刑，是謂威淫，社稷將危，國家偏威[2]。是故大臣之祿雖大，不得籍城市[3]；黨與雖眾，不得臣士卒。故人臣處國無私朝，居軍無私交，其府庫不得私貸於家。此明君之所以禁其邪。是故不得四從[4]，不載奇兵[5]。非傳非遽[6]，載奇兵革，罪死不赦。此明君之所以備不虞者也[7]。

（注釋）

　　①宥（一ㄡ、）：寬恕。
　　②偏威：做臣子的取得本該屬於君主的威信。
　　③籍：入籍佔有。
　　④四從：四，即「駟」，四匹馬。從，跟隨的人。
　　⑤奇兵：刀劍一類的兵器。奇，單支，與上文「四從」相對。
　　⑥傳（ㄓㄨㄢˋ）、遽（ㄐㄩˋ）：驛站或驛站之間的快車、快馬。
　　⑦虞：預料。

譯文

　　從前商紂王的滅亡，周王朝的衰落，都是因為諸侯國的強大；晉國被三家瓜分，齊國被田氏篡權，都是因為大臣們太富裕了。燕國、宋國的臣子　殺他們的君主，也是這一類原因。因此與上古的殷、周二代相比，與中古的燕、宋二國相比，沒有什麼臣子不是依靠這種手段來奪取君權的。所以賢明的君主蓄養他的大臣，讓所有的人都知曉法律，採取各種措施監督他們的思想以防備萬一。因此決不赦免死罪，決不減輕刑罰。一旦赦免死罪，減輕刑罰，就意味著威信散失，這樣一來，國家就危險了，本來屬於國家的威勢就讓大臣奪走了。所以，大臣的官祿再大，也不允許他將城市列入自己的戶籍，據為己有；同黨同派的人再多，也不允許他們將士卒當成自己的臣下。因此大臣處在國家的重要位置，不該為自己謀私利；處在軍中的要職上，不該有私人之間的交往；他們府庫中的財物不得私自借貸給別人。這是賢明的君主禁止邪門歪道的途徑。所以才給大臣規定：不得乘坐四匹馬拉的、跟有隨從的車，不得攜帶哪怕是刀劍一類的短小兵器。假如不是驛站的快車快馬執行緊急公務而攜帶兵器，其罪當誅，不予赦免。這才是賢明的君主防備意外危險的方法。

◎第三篇：主　道

題解

　　「主道」，即作為君主應具備的統治臣民的道術，反映了韓非政治思想的基本內容。

原文

　　道者①，萬物之始，是非之紀也。是以明君守始以知萬物之源，治紀以知善敗之端。故虛靜以待令，令名自命也，令事自定也。虛則知實之情，靜則為動之正。有言者自為名，有事者自為形，形名參同②，君乃無事焉，歸之其情。故曰：君無見其所欲，君見其所欲，臣自將雕琢；君無見其意，君見其意，臣將自表異。故曰：去好去惡，臣乃見素③；去舊去智，臣乃自備。故有智而不以慮，使萬物知其處；有賢而不以行，觀臣下之所因；有勇而不以怒，使群臣盡其武。是故去智而有明，去賢而有功，去勇而有強。群臣守職，百官有常，因能而使之，是謂習常。故曰：寂乎其無位而處，漻乎莫得其所④。明君無為於上，群臣竦懼乎下⑤。明君之道，使智者盡其慮，而君因以斷事，故君不窮於智；賢者效其材，君因而任之，故君不窮於能；有功則君有其賢，有過則臣任其罪，故君不窮於名。是故不賢而為賢者師，不智而為智者正⑥。臣有其勞，君有其成，此之謂賢主之經也。

注釋

　　①道：這個「道」指存在於宇宙的客觀規律，它是天地萬物的總源。

　　②參：檢驗。

　　③素：原本的面貌。

　　④漻（ㄌㄧㄠˊ）：寂靜無聲。

　　⑤竦（ㄙㄨㄥˇ）：通「悚」，懼怕。

　　⑥正：古代指射箭的靶心，這裡是指是非的標準。

譯文

　　道是萬物的起源，是非的準則。因此賢明的君主把持住這個起始，就可瞭解萬物的本源；堅守住這個準則，就可瞭解成敗的端倪。君主用虛無和平靜的心態對待一切，讓名稱依據它本身的特點加以命名，讓事物依據它本身的規律加以確定。虛無才能瞭解事物真實的情況，平靜才能判定運動的標準。具備言論的人自有名目，具備行動的人自有實踐，只要言論和行動相吻合，君主就無需身體力行，從而使事物回歸到它們各自本來的面目。因此說，君主不要表現出自己的慾望，君主若表現出自己的慾望，大臣就會雕琢言行適應君主的慾望；君主不要表現出自己的意願，君主若表現出自己的意願，大臣就會依據君主的意願去表現，就可能與他的實際不相符。所以說，君主掩飾住本身的喜好與厭惡，大臣就會表現出他們本來的一面；君主掩飾住自身的智慧與成見，大臣們就會自我謹慎。因而即使有智慧也不用思慮，讓萬物保持它們固有的位置；即使賢能也不去施行，去觀察臣子言行的依據；有勇氣也不去逞能，讓群臣竭力發揮他們的勇武。故而摒棄智慧卻顯得更明智，摒棄賢能卻顯得更有成效，摒棄勇氣卻顯得更加強大。群臣各司其職，百官自有法度，根據他們的才能而加以任用，這叫做遵守常規。因此說，清清靜靜啊君主好像不處在他的君位上，虛無縹緲啊臣民們無人知道君主的所在。賢明的君主在上面無所作為，大臣們在下面膽戰心驚，恪盡職守。賢明君主治理國家的方法是，使有智慧的人竭盡他們的謀略，君主憑藉他們的謀略決斷事務，於是國君才有用不完的智慧；使賢能的人盡力貢獻出他們的才能，有了成就君主就獲得賢名，有了過失大臣就擔當罪責，因而國君有用不完的名望。如此一來，國君不賢明而能成為賢者的師長，國君不聰明而能成為評判聰明者是非的標準。所有的勞苦由大臣們承擔，所有的功勞由國君享有，這就是賢明君主的治國之道。

▶原文

　　道在不可見①，用在不可知。虛靜無事，以暗見疵。見而不見②，聞而不聞，知而不知。知其言以往，勿變勿更，以參合閱焉。官有一人，勿令通言，則萬物皆盡。函掩其迹，匿其端，下不能原③；去其智，絕其能，下不能意。保吾所以往而稽同之，謹執其柄而固握之。絕其望，破其意，毋使人欲之。不謹其閉④，不固其門，虎乃將存⑤。不慎其事，不掩其情，賊乃將生。弒其主，代其所，人莫不與，故謂之虎。處其主之側，為奸臣，聞其主之忒⑥，故謂之賊。散其黨，收其餘，閉其門，奪其輔，國乃無虎。大不可量，深不可測，同合刑名⑦，審驗法式，擅為者誅，國乃無賊。是故人主有五壅⑧：臣閉其主曰壅，臣制財利曰壅，臣擅行令曰壅，臣得行義曰壅，臣得樹人曰壅。臣閉其主，則主失位；臣制財利，則主失德；臣擅行令，則主失制；臣得行義，則主失名；臣得樹人，則主失黨。此人主之所以獨擅也，非人臣之所以得操也。

注釋

①道：這個「道」指為君的方法。
②而：如，像。
③原：探查本源。
④閉：門閂。
⑤虎：這裡比喻將會篡奪權力的臣子。
⑥忒（ㄊㄜˋ）：過失或錯誤。
⑦刑：通「形」。
⑧壅（ㄩㄥ）：堵塞，不暢通。

譯文

　　為君之道，在於隱蔽自己讓臣子不可捉摸；使用這個方法，要讓大臣們感覺不到。用虛無平靜和無所事事的態度，暗中考察大臣的過錯。看見了猶如沒有看見，聽見了猶如沒有聽見，知道後假裝不知道。君主瞭解了臣子的言論之後，不要改變更動什麼，而要用驗證的方法檢驗其言論是否與實際相吻合。每個官職只設置一人，不讓官員串通消息，那麼一切都會原形畢露。君主將自己的心理掩蓋起來，隱藏事情的端倪，臣下便不能探究出事物的源頭；君主摒棄自己的智慧，泯滅自己的才能，臣下便不能揣測君主的心思。君主堅持自己的一貫做法去考察臣子的言行是否一致，謹慎地將國家大權牢牢地掌握在手中。斷絕臣子的非分之想，破除臣子的慾望，不要讓他們有謀求君權的想法。但是假如不謹慎地留意門閂，不關好大門，像虎一樣可怕的篡奪君位的權臣就將存在。不慎重地行事，不掩飾住君主的感情，叛賊就會產生。殺君主，篡奪君位，別的人沒有敢不順從的，因而稱這些人是老虎。這些人處在君主的左右，成為隱藏的奸臣，暗中觀察君主的過失，因而稱他們為叛賊。君主如果解散奸黨的組織，收捕奸黨的殘餘勢力，查封奸黨的門徒，剷除奸黨的幫兇，國家便沒有惡虎了。君主的治國之術大不可量，深不可測，考察臣子的言行是否一致，審察臣下的活動是否合法，只要發現有犯法的人就誅殺，如此國家便沒有叛賊了。所以說君主有五種不暢通的情況：大臣蒙蔽君主的耳目，是第一種不暢通；大臣控制了國家的財政，是第二種不暢通；大臣擅自發號施令，是第三種不暢通；大臣能夠施行仁義從而取代君主的恩澤，是第四種不暢通；大臣能夠私下培植黨羽，是第五種不暢通。大臣蔽塞了君主的耳目，那麼君主就會失去君位；大臣控制了國家的財政，那麼君主就會失去恩德；大臣擅自發號施令，那麼君主就會失去權力；大臣能夠施行仁義，那麼君主就會失去名望；大臣能夠私下培植黨羽，那麼君

主就會失去自己的跟隨者。以上種種權力都是應由君主獨享的，而不是大臣可以隨便掌握的。

▌原文

　　人主之道，虛靜以為寶。不自操事，而知拙與巧；不自計慮，而知福與咎。是以不言而善應，不約而善增。言已應則執其契，事已增則操其符。符契之所合，賞罰之所生也。故群臣陳其言，君以其言授其事，以其事責其功。功當其事，事當其言，則賞；功不當其事，事不當其言，則誅。明君之道，臣不得陳言而不當。是故明君之行賞也，暖乎如時雨[①]，百姓利其澤；其行罰也，畏乎如雷霆[②]，神聖不能解也。故明君無偷賞[③]，無赦罰。賞偷則功臣墮其業[④]，赦罰則奸臣易為非。是故誠有功，則雖疏賤必賞；誠有過，則雖近愛必誅。疏賤必賞，近愛必誅，則疏賤者不怠，而近愛者不驕也。

注釋

　　①暖（ㄞˋ）：濃雲覆蓋的樣子。昏暗不明。
　　②畏：通「威」，威力。
　　③偷：苟且，隨便。
　　④墮：通「惰」，怠慢，懶惰。

譯文

　　為君之道，以虛無、平靜為法寶。君主不用親自主持政事，就能知道大臣們做事是愚笨還是巧妙；不用親自謀劃考慮，就能知道事物的發展趨勢是吉祥還是災禍。因此君主不必表達自己的意見，臣子們就會提出好多應對之策；不必規定臣子們幹什麼，他們就會做好多事。大臣提出應對之策後，君主如同拿

著刻契一樣對大臣進行考核；大臣幹完事情之後，君主如同手執符節一樣對大臣進行檢驗。假若大臣的言行如同符契一樣相合，就獎賞，否則就懲罰。因而群臣陳述他們的政見，君主則根據他的言論安排他的職務，根據交代給他們的任務責求取得的成效。假如取得的成效與交辦的任務相合，所做之事與他的政見吻合，就給予獎賞；假如取得的成效與交辦的任務不相合，所做之事與他的政見不吻合，就給予處罰。明君的治國之道是，大臣不得闡述不得當的政見。所以明君施行獎賞，如同即將來臨的及時雨一樣濃雲覆蓋，老百姓都能享受他的恩澤；明君施行懲罰，如同電閃雷鳴一般威嚴可怕，即使是「神聖」也不能豁免。因此說，明君不隨便獎賞，不無故赦免罪責。若隨便獎賞，那麼有功之臣就會對自己的事業鬆懈；若無故赦免罪責，那麼奸詐之臣就容易為非作歹。所以，如果真的有功勞，那麼即使是與君主疏遠的、地位低賤的，也一定獎賞；若真的有過錯，那麼即使是與君主親近的、為君主所寵愛的，也一定懲罰。疏遠的、低賤的一定獎賞，親近的、寵愛的一定責罰，則疏賤的人不敢怠慢，而近愛的人也不敢驕橫了。

◎第四篇：有　度

題解

　　「有度」即有法度。全文闡述了以法治國的政治主張，是韓非法治思想的具體表現。

▲原文

　　國無常強，無常弱。奉法者強，則國強；奉法者弱，則國弱。荊莊王併國二十六，開地三千里；莊王之泯社稷也①，而

荊以亡。齊桓公併國三十，啟地三千里；桓公之氓[1]社稷也，而齊以亡。燕襄王以河為境，以薊為國，襲[2]涿、方城[2]、殘齊、平中山，有燕者重，無燕者輕；襄王之氓社稷也，而燕以亡。魏安釐王攻燕救趙[3]，取地河東；攻盡陶、衛之地，加兵於齊，私平陸之都；攻韓拔管，勝於淇下；睢陽之事，荊軍老而走；蔡、召陵之事，荊軍破；兵四布於天下，威行於冠帶之國——安釐王死而魏以亡。故有荊莊、齊桓，則荊、齊可以霸；有燕襄、魏安釐，則燕、魏可以強。今皆亡國者，其群臣官吏皆務所以亂，而不務所以治也。其國亂弱矣，又皆釋國法而私其外，則是負薪而救火也，亂弱甚矣。

注釋

①氓：通「亡」，死去。
②襲：以……為屏障。
③魏安釐（ㄒㄧ）王：西元前276年～西元前243年在位，名圉（ㄩˇ），戰國時魏國君主。

譯文

　　國家不可能長久保持強大，也不可能長久都是弱小。執行法律的人依法行事，那麼國家就強大；執行法律的人不依法行事，那麼國家就衰弱。楚莊王曾經兼併了二十六個小國，新開闢土地三千里；可是待莊王去世之後，楚國的勢力便慢慢削弱了。齊桓公曾經兼併了三十個小國，開拓疆域三千里；可是待桓公去世之後，齊國的勢力便慢慢削弱了。燕襄王曾以黃河為國界，以薊城為國都，以涿邑和方城為屏障，攻下齊國，滅掉中山國，在當時，別的諸侯國有燕國的支持就被重視，沒有燕國的支持就被輕視；可是當襄王去世之後，燕國的勢力便慢慢削弱了。魏安釐王曾經攻打燕國，救助趙國，收復了黃河以東

一帶；又乘勝攻下定陶、衛國等地，同時還向齊國宣戰，並且佔領了作為齊國五都之一的平陸；又攻打韓國，奪取管地，在淇水下游大獲全勝；睢陽戰役，魏國又迫使因曠日作戰而疲憊不堪的楚軍棄甲而逃；在蔡陵、召陵之戰中又連續擊敗楚軍；魏國的軍隊分佈於四面八方，魏國國君在中原的文明之國中威風凜凜——可是當魏安釐王去世後，魏國也便慢慢削弱了。因此在擁有楚莊王、齊桓公之時，楚國、齊國就可以稱霸一方；在擁有燕襄王、魏安釐王之時，燕國、魏國就可以逞強。如今這些國家都衰亡了，是由於這些國家中的群臣官吏都在從事擾亂國家的勾當，而並非在努力治理國家。國家已經混亂削弱了，又摒棄國家的法度，而在法度之外牟取私利，這就猶如背著乾柴去救火，火勢只能愈燒愈旺，國家也只會愈加混亂衰弱。

原文

　　故當今之時，能去私曲就公法者，民安而國治；能去私行行公法者，則兵強而敵弱。故審得夫有法度之制者以加群臣之上，則主不可欺以詐偽；審得夫有權衡之稱者以聽遠事，則主不可欺以天下之輕重①。今若以譽進能，則臣離上而下比周②；若以黨舉官③，則民務交而不求用於法。故官之失能者其國亂。以譽為賞、以毀為罰也，則好賞惡罰之人，釋公法，行私術，比周以相為也。忘主外交，以進其與，則其下所以為上者薄矣。交眾與多，外內朋黨，雖有大過，其蔽多矣④。故忠臣危死於非罪，奸邪之臣安利於無功。忠臣之所以危死而不以其罪，則良臣伏矣；奸邪之臣安利不以功，則奸臣進矣。此亡之本也。若是，則群臣廢法而行私重，輕公法矣。數至能人之門，不壹至主之廷；百慮私家之便，不壹圖主之國。屬數雖多，非所以尊君也；百官雖具⑤，非所以任國也。然則主有人主之名，而實托於群臣之家也。故臣曰：亡國之廷無人焉。廷無人者，非

朝廷之衰也。家務相益，不務厚國；大臣務相尊，而不務尊君；小臣持祿養交，不以官為事。此其所以然者，由主之不上斷於法，而信下為之也。故明主使法擇人，不自舉也；使法量功，不自度也。能者不可弊[6]，敗者不可飾，譽者不能進[7]，非者弗能退[8]，則君臣之間，明辯而易治，故主讎法則可也[9]。

注釋

①輕重：輕重顛倒之事。
②比周：結黨營私。
③黨：朋友、黨派。
④蔽：隱蔽，打掩護。
⑤具：通「俱」，一應俱全。
⑥弊：埋沒。
⑦譽：這裡指徒有虛名。
⑧非：被非難。
⑨讎法：校定法令能否推行。

譯文

　　因此說在當今之世，有了能夠摒棄私利、以法行事的君主，人民就安定，國家就繁榮；有了能夠摒棄私心雜念、一心奉公守法的大臣，本國就會強大，敵國就會被削弱。所以透過審查、檢驗得到那些守法度的大臣，讓這些人領導群臣，那麼君主就不可能被奸詐和虛偽所欺騙；透過審查、檢驗得到那些善於權衡利弊的大臣，讓這些人處理朝廷之外的事務，那麼君主就不可能被天下輕重顛倒的事欺騙。如今若憑藉聲譽舉薦人才，那麼臣子便會遠離君主而在下面結黨營私；若依據朋黨關係推薦官員，那麼百姓就會熱衷於建立關係網而不依法辦事。

因此說，如果用錯了官員，所用非所能，那麼這個國家就會混亂。假如依據名聲給予獎賞，依據詆毀給予處罰，那麼那些喜歡獎賞、厭惡處罰的人，就會拋棄正常的處事原則，玩弄牟取私利的勾當，結黨營私，相互利用。這些人忘記君主而一味與外界交往，不斷舉薦他的黨羽，那麼處在下位的人就很少為君主考慮謀劃。如果相結交的人逐漸增多，內外朋比為奸，即使有大過錯的人處在君主的左右，為犯錯者掩蓋罪行的人也會很多。如此一來，忠臣往往處於危難甚至死於非罪，而奸邪之臣即使沒有功勞也能又安全又獲利。若是忠臣不因犯罪而身處危難甚至死亡的境地，那麼良臣就潛伏不出了；若是奸邪之臣不因功勞而獲取安全和利益，那麼奸臣都會進入朝廷——這是國家滅亡的根本原因。若是這麼一種狀況，那麼群臣便會廢棄公法轉而去重視私利，國家的法度就被輕視了。他們多次前往善於結交的權貴之門，而一次也不去君主的朝廷；上百次考慮自己的私利，一次也不為國操勞。設置的官員雖然眾多，但並不尊重君主；各種職位一應俱全，但卻不能勝任治理國家的重任。這樣，君主徒有君主的名分，而實際上是在依託群臣的勢力。因此為臣我說，將要滅亡的國家，朝廷中沒有什麼可以依靠的人。朝廷之中沒有可依靠的人，並非指朝廷之中的大臣少了，而是這些人都在謀劃如何發家致富，根本不去考慮增加國家的財富；職位高的官員都在相互吹捧巴結，而不去尊重君主；職位低的官員用俸祿結交朋友，不把工作放在心上。造成這種狀況的原因，是由於君主處在上位而不用法令決斷事務，卻聽憑下面胡作非為。因此說，賢明的君主透過法令選擇人才，而不憑自己的意願舉薦；根據法令衡量一個人的功勞，而不去自我評判。這樣做的結果是，有才能的人不被埋沒，沒有才能的人無法掩飾，徒有虛名的人不被舉薦，遭受非難的人不被冤屈，那麼君主對臣子的功勞過失就會一目了然，國家也易於治理。因此說，君主只要校定法令能否推行就可以了。

▌原文

　　賢者之為人臣，北面委質①，無有二心。朝廷不敢辭賤，軍旅不敢辭難，順上之為，從主之法，虛心以待令，而無是非也。故有口不以私言，有目不以私視，而上盡制之②。為人臣者，譬之若手，上以修頭，下以修足。清暖寒熱，不得不救；鎮鋣傅體，不敢弗搏。無私賢哲之臣，無私事能之士。故民不越鄉而交，無百里之戚。貴賤不相逾，愚智提衡而立③，治之至也。今夫輕爵祿，易去亡④，以擇其主，臣不謂廉。詐說逆法，倍主強諫⑤，臣不謂忠。行惠施利，收下為名，臣不謂仁。離俗隱居，而以非上，臣不謂義。外使諸侯，內耗其國，伺其危險之際以恐其主，曰：「交非我不親，恐非我不解。」而主乃信之，以國聽之，卑主之名以顯其身，毀國之厚以利其家，臣不謂智。此數物者，險世所說也⑥，而先王之法所簡也⑦。先王之法曰：「臣毋或作威，毋或作利，從王之指；毋或作惡，從王之路。」古者世治之民，奉公法，廢私術，專意一行，具以待任。

注釋

　　①委質：叩頭行禮。
　　②制：擁有，控制。
　　③提衡：相等，相對。
　　④去亡：去別的地方找出路。
　　⑤倍：通「背」，背叛。
　　⑥說：通「悅」，高興。
　　⑦簡：拋棄。

譯文

　　賢德的人當臣子，面向君主所在的北方叩頭行禮，無有二心。身處朝廷之中不敢推辭卑賤的職位，身處軍旅之中不敢推辭危難的任務，順從君主的命令，遵從君主的法令，虛心地等待命令，沒有什麼不同的意見。因此雖然有口但不因私事而發言，雖然有眼卻不因私事而觀察，群臣全部為國君所控制。做大臣的，一如君主的手臂，在上面修理頭髮，在下面修理雙腳。冷暖寒熱，不得不去護理；刀劍刺向身體時，不得不去阻擋。國君不應對賢哲之臣私下偏護，也不應對有能耐的人士私下愛惜。所以老百姓不去跨越本鄉而到異鄉結交朋友，也沒有百里以外的親戚。高貴者和低賤者各處其位，不相逾越，愚笨的和有智慧的相對獨立，這是治理國家的最高境界。如今那些輕視爵祿，輕易去改換門庭、選擇新主人的臣子，還夠不上廉潔。用欺詐的學說逆法令而行，背叛君主強行進諫者，還夠不上是忠臣。施行恩惠小利，收買下面的人從而抬高自己的威望的人，還夠不上是仁德的臣子。脫離塵俗去隱居，而去非難君主，這樣的臣子還夠不上講道義。在外出使諸侯國，在內損耗自己的國家，趁國家危險之際，恐嚇君主道：「對外交往若沒有我就不可能與別國建立親近的關係，別國對本國的威脅若沒有我也不能化解。」君主聽信了這些話，讓國家聽從他的指揮，他便借機壓低君主的名望以彰顯自身，毀壞國家的累積以滿足他一家的私利，這樣的臣子夠不上明智。以上種種情形，是危險的世道所贊同和流行的，而先王的法令則是拋棄不用的。先王的法令是：臣子不得作威作福，不得牟取私利，一切都得聽從君主的安排；臣子不得幹壞事，要聽從君主的指揮。古時候社會治理得好，人民都奉公守法，拋棄私心雜念，一心一意等待君主的任用。

▶原文

　　夫為人主而身察百官，則日不足，力不給。且上用目，則下飾觀；上用耳，則下飾聲；上用慮，則下繁辭。先王以三者為不足，故舍（ㄕㄜˇ）己能而因法數^①，審賞罰。先王之所守要，故法省而不侵。獨制四海之內，聰智不得用其詐，險躁不得關其佞^②，奸邪無所依。遠在千里外，不敢易其辭；勢在郎中^③，不敢蔽善飾非；朝廷群下，直湊單微^④，不敢相逾越。故治不足而日有餘，上之任勢使然也。夫人臣之侵其主也，如地形焉，積漸以往，使人主失端，東西易面而不自知。故先王立司南以端朝夕。故明主使其群臣，不游意於法之外，不為惠於法之內，動無非法。峻法，所以遏滅外私也；嚴刑，所以遂令懲下也。威不貸錯，制不共門。威制共則眾邪彰矣。法不信則君行危矣，刑不斷則邪不勝矣。故曰：巧匠目意中繩，然必先以規矩為度；上智捷舉中事，必以先王之法為比。故繩直而枉木斫^⑤，准夷而高科削^⑤，權衡縣而重益輕^⑥，斗石設而多益少。故以法治國，舉措而已矣。法不阿貴，繩不撓曲。法之所加，智者弗能辭，勇者弗敢爭。刑過不避大臣，賞善不遺匹夫。故矯上之失，詰下之邪，治亂決繆，絀羨齊非，一民之軌，莫如法。屬官威民，退淫殆，止詐偽，莫如刑。刑重則不敢以貴易賤；法審則上尊而不侵。上尊而不侵，則主強而守要，故先王貴之而傳之。人主釋法用私，則上下不別矣。

注釋

　　①因：依憑。
　　②關：設置，施展。
　　③勢在（ㄒㄧㄝˋ）：親近。
　　④直：通「只」，只有。
　　⑤准夷：將水平器放平。

⑥縣：通「懸」，懸掛起來。

譯文

　　當君主的，假如親自去考察百官，那麼時間不充裕，精力也不夠用。況且君主若用眼睛觀察，下面就會修飾其外觀；君主若用耳朵打探，下面就會修飾其言辭；君主若用心去考察，下面就會喋喋不休地談論。先王認為這三種方法都有所不足，因此捨棄自己本身的能耐而去依憑法令，審定賞罰。先王把持住這個要義，所以法令簡單而君權不受侵害。君主獨自控制了四海之內的臣民，致使聰明智慧的不得施展他們險詐的本領，陰險狡猾的不得施展他們如簧的巧舌，奸詐邪惡的沒有可依靠的。即便遠在千里，也不敢口是心非；即便是近在君主身邊的郎中，也不敢掩蓋善的、修飾壞的；朝廷中的大小臣子，只敢將自己的微薄力量會合起來，而不敢有越軌的行為。因此治理工作毫不費力而時間卻綽綽有餘，這是君主使用法令權勢得當的結果啊。臣子對君主權勢的侵害，猶如地形的變化一樣，漸漸累積，致使君主迷失方向，東西方向顛倒尚且不知。因此先王設立司南之官來明確早晚太陽的方向。所以賢明的君主領導群臣，不讓他們在法令之外打主意，不讓他們在法令之內施行恩惠，一切行動沒有不合法度的。嚴峻的法令是用以遏制和消滅外部的私心雜念的；嚴厲的刑罰是用以貫徹命令懲處小民的。威信不能夠由上下共同創建，權勢不能夠由上下共同使用。威信和權勢如果由上下共同把握，那麼各種邪惡之事便會明目張膽地出現。執行法令如果失去信用，那麼君主的處境就危險了；執行刑罰不果斷，那麼邪惡就不可戰勝了。因此說，靈巧的工匠目測就可達到墨線的要求，但是仍一定以圓規、矩尺為標準；智商高的人雖然辦事敏捷合乎情理，但是仍一定得以先王的法令為參照。所以墨線直了，多餘的木頭就被砍掉了；水平

器放平了，高出的土包就被削平了；懸起秤桿，就可以調節輕重以使秤桿平衡；設置斗石（ㄉㄢˋ），就可以調節多少。以此類推而依法治國，則不外乎法令的制定和執行。法令不遷就地位高的人，墨線不向彎曲的部分傾斜。法令所加之處，有智慧的人不能憑聰明而推辭，勇猛的人不敢憑果敢而相爭。懲罰罪過不避讓大臣，賞賜善行不遺忘匹夫。所以矯正君主的失誤，責問臣民的過錯，統一人民的行為，沒有比法令更好的了。讓官員嚴厲，在民眾中有威信，廢除荒淫懶惰的行為，制止奸詐與虛偽的風氣，沒有比刑罰更好的。刑罰加重，就不敢憑地位高去輕視地位低的人；法令嚴明，君主的尊嚴就不會受到侵害。君主的尊嚴不被侵害，君主就強大，就能進一步堅守法令之要義，因此先王十分看重這一法寶並傳給繼任的人。君主如果放棄法度而憑自己的私心處理事務，君主與臣子也就沒什麼區別了。

◎第五篇：二　柄

題解

　　二柄即賞賜與殺戮兩種權柄。全文論述了君主掌握賞罰大權的重要性，以及施行賞罰的依據。

原文

　　明主之所導制其臣者，二柄而已矣。二柄者，刑德也。何謂刑德？曰：殺戮之謂刑，慶賞之謂德①。為人臣者，畏誅罰而利慶賞，故人主自用其刑德，則群臣畏其威而歸其利矣。故世之奸臣則不然，所惡，則能得之其主而罪之；所愛，則能得

之其主而賞之。今人主非使賞罰之威利出於己也,聽其臣而行
其賞罰,則一國之人皆畏其臣而易其君,歸其臣而去其君矣。
此人主失刑德之患也。夫虎之所以能服狗者,爪牙也。使虎釋
其爪牙,而使狗用之,則虎反服於狗矣。人主者,以刑德制臣
者也。今君人者釋其刑德而使臣用之,則君反制於臣矣。故田
常上請爵祿而行之群臣,下大斗斛而施於百姓,此簡公失德而
田常用之也②,故簡公見弒。子罕謂宋君曰:「夫慶賞賜予者,
民之所喜也,君自行之;殺戮刑罰者,民之所惡也,臣請當之。」
於是宋君失刑而子罕用之,故宋君見劫。田常徒用德而簡公
,子罕徒用刑而宋君劫。故今世為人臣者,兼刑德而用之,則是
世主之危甚於簡公、宋君也。故劫殺擁蔽之主③,非失刑德而
使臣用之而不危亡者④,則未嘗有也。

①慶賞:獎賞。
②簡公:即齊簡公,春秋末年齊國君主,西元前484年~
前481年在位。
③擁蔽:堵塞、蒙蔽。擁,通「壅」。
④非:當作「並」。

譯文

　　賢明的君主用來指導、控制臣子的手段,就是兩種權柄罷
了。這兩種權柄,就是刑與德。何為刑?何為德?回答說,殺
戮就叫刑,獎賞就叫德。作為人臣,往往懼怕殺罰而貪圖獎賞,
因此君主若能獨自使用刑罰和獎賞,那麼群臣便會敬畏君主的
威勢而不去追逐私利了。可是世上的奸臣卻不是這樣,對於他
所厭惡的人,奸臣能從君主那裡得到懲罰的權力而加以處罰;

對於他所喜歡的人，奸臣能從君主那裡得到獎賞的權力而予以賞賜。如今君主不讓賞賜和懲罰的權柄出於自己，而是聽任臣下去施行賞罰，那麼全國上下，都在敬畏那些施行賞罰的臣子而輕視君主，都會歸順臣子而遠離君主了。這是君主放棄賞罰這兩種權柄的後患。老虎之所以能夠制服狗，靠的是它的爪牙。假使讓老虎放棄它的爪牙不用而讓狗去使用，那麼老虎反而得服從狗。以此類推，作為君主，是憑藉賞和罰這兩種權柄來控制臣子的。如今君主放棄賞罰之權而讓臣子去使用，那麼君主也會反被臣子控制的。齊國的大臣田常在上層向國君請求爵祿再施給群臣，在下層則用加大斗斛的方法多給百姓糧食，所以齊簡公失去賞賜的權柄而被大臣田常竊用，齊簡公最終被殺死。宋國的大臣子罕對宋桓侯說：「那獎賞賜予的事，是人們所喜歡的，您自己施行吧；而殺戮和刑罰的事，是人們所厭惡的，為臣我請求擔當。」於是宋桓侯失去刑罰的權柄而為子罕所用，宋桓侯最終被劫殺。田常只用賞賜而齊簡公被殺，子罕只用刑罰而宋桓侯被殺。如今世上的人臣，刑罰與賞賜兼而用之，這就說明世上的君主所面臨的危險遠遠大於齊簡公和宋桓侯了。因此，如今被劫持、被殺害、被隔絕、被蒙蔽的君主，同時失去賞罰之權柄，讓大臣去使用，在這種情況下而不危險不滅亡的，是從來沒有過的事。

原文

　　人主將欲禁奸，則審合刑名者[①]，言與事也。為人臣者陳其言，君以其言授之事，專以其事責其功。功當其事，事當其言，則賞；功不當其事，事不當其言，則罰。故群臣其言大而功小者，則罰，非罰小功也，罰功不當名也；群臣其言小而功大者，亦罰，非不說於大功也[②]，以為不當名也害甚於有大功，故罰。昔者韓昭侯醉而寢，典冠者見君之寒也[③]，故加衣於君

之上。覺寢而說，問左右曰：「誰加衣者？」左右答曰：「典冠。」君因兼罪典衣④，殺典冠。其罪典衣，以為失其事也；其罪典冠，以為越其職也。非不惡寒也，以為侵官之害甚於寒。故明主之畜臣，臣不得越官而有功，不得陳言而不當。越官則死，不當則罪。守業其官，所言者貞也⑤，則群臣不得朋黨相為矣。

注釋

　　①刑：通「形」，行為。
　　②說：通「悅」，高興。
　　③典冠：替君主管理帽子的官員。
　　④典衣：替君主管理衣服的官員。
　　⑤貞：通「正」，正確。

譯文

　　君主想要禁止壞事的發生，首先得審察臣下的行動與名目是否相合；而要審察這一點，就得考察臣子的言論與行事。當人臣的陳述自己的主張，君主根據他的主張交給他要辦的事情，專門用他所做的事要求相應的功效。功效與事情相當，事情與主張相當，就賞賜；功效與事情不相當，事情與主張不相當，就責罰。因此群臣若說了大話而功勞甚小，就要懲罰，不是懲罰功勞小，而是懲罰功效與言論不相當；群臣若許諾甚小而功效卻很大，也要受懲罰，並不是國君不喜歡大的功效，而是由於實際所得與當初所許諾的不相當，這種名不副實的危害遠遠大於大的功效，因此要加以懲罰。從前韓昭侯喝醉之後睡著了，替君主管理帽子的官員看見韓昭侯寒冷，就給他加了一件衣服。韓昭侯睡醒之後很高興，問左右侍從：「誰給我加的衣服？」侍從回答：「是負責管理帽子的人。」韓昭侯於是將

負責管理衣服的官員治罪，並且殺死負責管理帽子的官員。治罪管理衣服的人，是由於他沒有忠於職守；治罪管理帽子的人，是因為他超越了自己的許可權。韓昭侯並不是不怕寒冷，而是認為超越許可權的危害遠遠甚於寒冷。因此賢明的君主畜養大臣，要讓大臣不得超越官職去建立功績，不得陳述不得當的言辭。超越職權就治死罪，陳言不當就受懲罰。什麼職位的官員就堅守什麼職責，所有官員的言談都正確無誤，如此一來，大臣就不會結黨營私、胡作非為了。

▶原文

　　人主有二患：任賢，則臣將乘於賢以劫其君①；妄舉，則事沮不勝②。故人主好賢，則群臣飾行以要君欲，則是群臣之情不效③。群臣之情不效，則人主無以異其臣矣。故越王好勇，而民多輕死；楚靈王好細腰，而國中多餓人；齊桓公妒而好內④，故豎刁自宮以治內⑤；桓公好味，易牙蒸其子首而進之；燕子噲好賢，故子之明不受國。故君見惡⑥，則群臣匿端；君見好，則群臣誣能。人主見欲，則群臣之情態得其資矣⑦。故子之托於賢以奪其君者也，豎刁、易牙因君之欲以侵其君者也。其卒⑧，子噲以亂死，桓公蟲流出戶而不葬。此其故何也？人君以情借臣之患也。人臣之情，非必能愛其君也，為重利之故也。今人主不掩其情，不匿其端，而使人臣有緣以侵其主，則群臣為子之、田常不難矣。故曰：「去好去惡，群臣見素。」群臣見素，則大君不蔽矣。

注釋

　　①劫：脅迫，威脅。
　　②沮：毀壞，敗壞。

③效：顯示。

④好內：喜歡女色。

⑤豎刁：春秋時齊桓公的近臣，官為寺人。　自宮：自己割掉生殖器。

⑥見：通「現」，表現。

⑦資：憑藉。

⑧卒：最終。

譯文

　　做君主的往往有兩種禍患：假如任用賢能的人，那麼臣子就會利用賢能之名趁機脅迫君主；假如隨意任用人才，那麼事情就會敗壞，難以成功。因此君主若喜歡賢能的人，那麼群臣就會極力裝飾自己的行為來滿足君主的要求，如此一來，群臣的實際情形便顯示不出來。群臣的實際情形難以顯示，那麼君主便無法判定臣子究竟是好還是壞。所以，越王句踐喜歡勇敢的人，國內的人民大多輕視死亡；楚靈王喜歡細腰的美女，國內多有為了腰細而忍饑挨餓的人；齊桓公嫉妒成性而喜好女色，豎刁便自己割掉生殖器去內宮中服務；齊桓公喜好美味，易牙就將自己兒子的頭蒸熟進獻給他；燕王子噲喜歡賢能之名準備讓賢，燕國大臣子之表面上就假裝不接受王位。所以，君主若表現出討厭什麼，群臣就將這方面的事隱蔽起來；君主若表現出喜好什麼，那麼群臣就會誇大其辭，硬說自己具備這方面的才能。君主表現出他的欲望，那麼群臣的各種情態便會找到表現的機會。所以子之依託子噲的愛好賢名而奪取了燕國的王位，豎刁、易牙順從了君主的慾望從而侵害他們的君主。其最終的結果是，燕王子噲因戰亂而死，齊桓公死後屍體腐爛，蛆蟲都爬出門戶之外了都得不到安葬。這其中的原因是什麼呢？這是君主將他的真情流露給大臣所造成的禍患啊。大臣從本心

講，不一定是真的愛他的君主，而是為了豐厚的利益，裝出忠愛君主的模樣。如今君主不掩飾自己的真情，不隱藏要做的事，致使大臣有機會侵害君主，那麼群臣中有人變成田常、子之這樣的人，是非常容易的。因此說：「君主將自己所喜好的和所討厭的隱藏起來，群臣便會將他們的真實面目表現出來。」群臣的真情表現出來，那麼君主就不會被蒙蔽了。

◎第六篇：孤　憤

題解

　　孤憤即耿直孤行，憤世嫉俗。韓非有感於孤直不容於時，憤然成篇。文中反映了當時嚴酷的政治現實，描述了法術之士的艱難處境，對於我們瞭解當時的社會情況具有極大的價值。

▍原文

　　智術之士，必遠見而明察，不明察不能燭私[①]；能法之士，必強毅而勁直，不勁直不能矯奸[②]。人臣循令而從事，案法而治官，非謂重人也。重人也者，無令而擅為，虧法以利私，耗國以便家，力能得其君，此所為重人也。智術之士，明察聽用，且燭重人之陰情；能法之士，勁直聽用，且矯重人之奸行。故智術能法之士用，則貴重之臣必在繩之外矣[③]。是智法之士與當塗之人[④]，不可兩存之仇也。當塗之人擅事要，則外內為之用矣。是以諸侯不因，則事不應，故敵國為之訟[⑤]；百官不因，則業不進，故群臣為之用；郎中不因，則不得近主，故左右為之匿；學士不因，則養祿薄禮卑，故學士為之談也。此四助者，邪臣之所以自飾也。重人不能忠主而進其仇，人主不能越四助

而燭察其臣，故人主愈弊而大臣愈重⑥。

注釋

①燭：照亮、洞察。
②矯奸：糾正奸邪。
③繩之外：指法律的準繩之外，應被去除的。
④當塗：即「當途」，指地位重要的當權者。
⑤訟：說好話。
⑥弊：同「蔽」，蒙蔽。

譯文

懂得治國方略的人，一定有遠見且能明察秋毫，因為不明察就不能洞見隱蔽之事；能夠執行法令的人，一定強毅勁直，因為不勁直就不能糾正奸邪之事。大臣遵循君主的命令辦事，依照法律治理下屬，不是我所說的權重之人。我所說的權重之人，沒有君令而擅自作為，破壞法律以牟取私利，耗損國家的財產來方便自家的私利，勢力可以控制君主，這就是我所說的權重之人。懂得治國方略的人，明察一切，見解會被君主採納，而且能夠洞察權重之人的陰謀；執行法令的人，強勁耿直，意見會被君主聽取，而且能夠糾正權重之人的奸行。所以懂得治國方略和執行法令的人被君主重用，那麼權重之人必定會被削除。因此說，智術能法之士與當權者是勢不兩立、不可共存的仇敵。當權者如果獨攬大權，那麼國內國外都會被他利用。外國的諸侯若不依靠他，那麼事情就辦不成，因此敵國的人會為他說好話；百官若不依靠他，那麼他們的業績就不會被君主知道，因此群臣都會替他幹事；君主身旁的郎中若不依附他，那麼他們就不能夠親近君主，因此君主左右的人都為當權者隱

瞞實情；學士若不依附他，那麼就會俸祿微薄，待遇低下，因
此學士為他延譽。上面這四種人，都是奸邪之臣用來掩飾自己
的工具。權重之人不忠於君主，因而不會將他所仇視的智術能
法之士推薦給君主，君主也不能夠越過以上所說的四種幫兇瞭
解他的大臣，因此君主越來越被蒙蔽而當權的大臣則越來越權
重。

▌原文

　　凡當塗者之於人主也，希不信愛也，又且習故。若夫即
主心，同乎好惡，固其所自進也。官爵貴重，朋黨又眾，而一
國為之訟。則法術之士欲干上者，非有所信愛之親，習故之澤
也，又將以法術之言，矯人主阿辟之心，是與人主相反也。處
勢卑賤，無黨孤特。夫以疏遠與信愛爭，其數不勝也[①]；以新
旅與習故爭，其數不勝也；以反主意與同好爭，其數不勝也；
以輕賤與貴重爭，其數不勝也；以一口與一國爭，其數不勝也。
法術之士，操五不勝之勢，以歲數而又不得見；當塗之人，乘
五勝之資，而旦暮獨說於前。故法術之士奚道得進，而人主奚
時得悟乎？故資必不勝而勢不兩存，法術之士焉得不危？其可
以罪過誣者，以公法而誅之；其不可被以罪過者，以私劍而窮
之。是明法術而逆主上者，不僇於吏誅[②]，必死於私劍矣。朋
黨比周以弊主，言曲以便私者，必信於重人矣。故其可以功伐
借者[③]，以官爵貴之；其不可藉以美名者，以外權重之。是以
弊主上而趨於私門者，不顯於官爵，必重於外權矣。今人主不
合參驗而行誅，不待見功而爵祿，故法術之士安能蒙死亡而進
其說？奸邪之臣安肯乘利而退其身？故主上愈卑，私門益尊。

（注釋）

①數：情理，規律。
②僇：通「戮」，殺戮。
③借：藉口。

【譯文】

　　凡是當權的人，在君主那裡很少不被信任、寵愛，而且與君主相互之間很熟悉。至於討君主的歡心，以君主的好惡為好惡，本來就能使他們進一步為君主所任用。他們官位大，爵祿重，黨羽又多，全國上下都在為他們說好話。那麼推行法制的人想干涉君主的事務，沒有被信任被寵愛的親近關係，沒有往昔故舊之間的恩澤，況且又將用法制的學說，糾正君主偏袒邪惡的想法，這是與君主的心意正好相反的。推行法制的人，處境卑下，地位低賤，沒有黨派，孤孤單單。憑與君主的疏遠關係去與被君主信任、寵愛的人相爭，從情理上講不可能取勝；憑自己新來者的身分去與君主的老相識相爭，從情理上講不可能取勝；憑自己將要違反君主的心意去與投合君主的好惡者相爭，從情理上講不可能取勝；憑自己卑微低賤的身分去與權重位尊的人相爭，從情理上講不可能取勝；憑自己的一張嘴去與眾口一辭地稱譽當權者的全國之人相爭，從情理上講不可能取勝。推行法制的人，處於五種不可能取勝的形勢下，加之一年半載都不得與君主相見；當權的人，憑藉這五種可以取勝的條件，又從早到晚地在君主跟前說長道短。在這種情形下，推行法制的人什麼時候能被重用？而君主什麼時候才能醒悟？因此說，自己所擁有的條件不可能取勝，又與當權者勢不兩立，推行法制的人哪能不危險？權重之人倘若可以羅織罪名將他們誣陷，就用國家的法令誅殺他們；不能強加罪名的，就派刺客追殺他們。這樣，推行法術卻與君主的意願相違背的人，即使不

被官吏殺戮，也一定會死於劍客之手。而那些朋比為奸、結黨成羽去蒙蔽君主，歪曲事實以便於獲取私利的人，一定會被權重之人信任。他們當中若有功勞可作為藉口的，就能得到官位爵祿，享受富貴；若有好的名聲可作為藉口的，就憑別國諸侯的頌揚抬高他們的身價。因此，那些蒙蔽君主而依附奔走於權貴之家的人，即使不因官位爵祿而顯貴，也必定會因為諸侯的頌揚而被重用。如今，君主不進行實地的考察就施行誅殺，不等待建功立業就授之以爵祿，推行法制的人哪能冒著死亡的危險去向君主進獻他們的言論？奸邪之徒又哪肯在名利雙收的情形下洗手引退呢？因此說，君主的名望越來越低，而權貴者的私門卻越來越尊貴。

原文

　　夫越雖國富兵強，中國之主，皆知無益於己也，曰：「非吾所得制也。」今有國者，雖地廣人眾，然而人主壅蔽，大臣專權，是國為越也。智不類越[①]，而不智不類其國，不察其類者也。人之所以謂齊亡者，非地與城亡也，呂氏弗制而田氏用之；所以謂晉亡者，亦非地與城亡也，姬氏不制而六卿專之也[②]。今大臣執柄獨斷，而上弗知收，是人主不明也。與死人同病者，不可生也；與亡國同事者，不可存也。今襲跡於齊、晉，欲國安存，不可得也。

注釋

　　①智：通「知」，知道。
　　②六卿：指晉國的六大家族，即魏、趙、范、中行（ㄏㄤ
ˊ）、韓、智。

譯文

地處偏僻的越國，雖然國家富足，兵力強大，可是中原各國的君主，都知道越國的強大和自己沒有關係，也無益於自己。他們解釋其中的緣由，說：「這不是我所能控制的國家。」如今擁有自己國家的各個諸侯，雖然地域廣大，人民眾多，可是君主被蒙蔽，大臣獨斷專權，實際上這樣的國家已像越國一樣偏遠了。君主只知道自己的國家不像越國那樣遙不可及，而不知道如今的國家被大臣專權，已不像從前，這是因為沒有覺察出自己的國家與越國相類似的地方。人們之所以說齊國已滅亡，不是指土地與城池的喪失，是指呂氏不能控制國家，而為田氏所取代；人們之所以說晉國已滅亡，也不是指土地與城池的喪失，而是指姬氏不能控制國家，而為魏、趙、范、中行、韓、智等六大家族專權。現在大臣們執掌權柄，獨斷專行，而君主卻不知道收回權力，這是君主不明智的做法。與死人患有相同病症的人，是不可能活下去的；與滅亡的國家有相同情形的國家，是不可能存在的。現在重蹈齊國和晉國的覆轍，卻想讓國家不滅亡，這是不可能的。

原文

凡法術之難行也，不獨萬乘①，千乘亦然。人主之左右，不必智也，人主於人有所智而聽之，因與左右論其言，是與愚人論智也；人主之左右，不必賢也，人主於人有所賢而禮之，因與左右論其行，是與不肖論賢也。智者決策於愚人，賢士程行於不肖②，則賢智之士羞，而人主之論悖矣。人臣之欲得官者，其修士且以精潔固身，其智士且以治辯進業③。其修士不能以貨賂事人，恃其精潔，而更不能以枉法為治。則修智之士，不事左右，不聽請謁矣。人主之左右，行非伯夷也，求索不得，貨賂不至，則精辯之功息，而毀誣之言起矣。治辯之功制於近

習，精潔之行決於毀譽，則修智之吏廢，而人主之明塞矣。不以功伐決智行，不以參伍審罪過④，而聽左右近習之言，則無能之士在廷，而愚汙之吏處官矣。

注釋

①萬乘（ㄕㄥ、）：指擁有萬輛兵車的大國。古代一車四匹馬為一乘。

②程：顯示。

③治辯：做事分明。辯，通「辨」，分辨。

④參伍：反覆驗證。參，比較檢驗；伍，偶爾巧合。

譯文

但凡推行法制的主張，是很難實行的，不光是擁有萬乘兵車的大國如此，擁有千乘兵馬的小國也是如此。君主身邊的近臣，不一定都是聰明的人，君主對於某個人的明智之見有所聽從，斷不了要與身邊的人議論這個人的主張，這等於是與愚蠢的人討論才智之士；君主身邊的近臣，不一定都是賢明的人，君主對於某個人的賢明很欣賞，於是加以禮待，同時斷不了要與身邊的人討論這個人的品行，這就等於是與不太賢明的人討論賢明的人。明智者的計謀由愚蠢的人來決斷，賢明者的品行向不賢明的人顯示，那麼賢智的人深感羞恥，而君主所得出的論斷也一定是荒謬的。大臣中想要得到官位的人，修養高的將憑藉進一步的廉潔自律穩固自身的名望，智慧高的將憑藉進一步提高工作能力而創建功業。修養高、智慧高的人，自恃其廉潔自律，不可能用財物賄賂當權的人，更不可能違反公法去行事。那麼，修養高的和智慧高的人，也不會去巴結君主身邊的人，不會接受私人的請托和拜謁。而君主身邊的人，其品行根

本不是伯夷一樣的品行，索求不到實惠，收不到賄賂，那麼有
修養、有智慧之士的廉潔和工作才能將前功盡棄，而詆毀、誣
衊他們的言論卻產生了。治國之士的功業受制於君主左右的
人，廉潔自律者的品行被詆毀誣衊者裁決，這樣一來，修養高、
智慧高的官吏便逐漸被廢除，而君主的明見之路也被堵塞了。
不依照功勞業績裁決智慧和品行，不經過反覆檢驗就審定罪
責，而是聽從身邊熟悉的近臣的意見，如此一來，朝廷中盡是
些無能之輩，官位上盡是些愚蠢、貪污之徒。

▶原文

　　萬乘之患，大臣太重；千乘之患，左右太信。此人主之所
公患也①。且人臣有大罪，人主有大失，臣主之利相與異者也。
何以明之哉？曰：主利在有能而任官，臣利在無能而得事；主
利在有勞而爵祿，臣利在無功而富貴；主利在豪傑使能，臣利
在朋黨用私。是以國地削而私家富，主上卑而大臣重。故主失
勢而臣得國，主更稱蕃臣，而相室剖符②。此人臣之所以譖主
便私也③。故當世之重臣，主變勢而得固寵者，十無二三。是
其故何也？人臣之罪大也。臣有大罪者，其行欺主也，其罪當
死亡也。智士者遠見而畏於死亡，必不從重人矣；賢士者修廉
而羞與奸臣欺其主，必不從重臣矣。是當塗者之徒屬，非愚而
不知患者，必汙而不避奸者也。大臣挾愚汙之人，上與之欺主，
下與之收利，朋黨侵漁，比周相與，一口惑主敗法，以亂士民，
使國家危削，主上勞辱，此大罪也。臣有大罪而主弗禁，此大
失也。使其主有大失於上，臣有大罪於下，索國之不亡者，不
可得也。

注釋

　　①公：同「共」。

　　②剖符：古代帝王分封諸侯或功臣時，將符節一剖為二，封者和受封者各執一半，以為憑證。

　　③譎（ㄐㄩㄝˊ）：欺詐。

譯文

　　擁有萬輛兵車的大國的禍患，在於大臣的權勢太重；擁有千輛兵車的小國的禍患，在於君主太寵信身邊的人。這是作為君主的共同憂患。況且大臣有大的罪過，是由於君主有大的失誤，臣子與君主的利益是相互對立的。憑什麼說明這一點呢？回答說，君主的利益在於任命有才能的人做官，大臣的利益在於沒有才能也能得到職位；君主的利益在於有功勞才授予爵位與俸祿，大臣的利益在於沒有功勞也能得到富貴；君主的利益在於重用有才能的豪傑之士，大臣的利益在於朋比為黨，牟取私利。因此國力被削弱而大臣卻發財了，君主的權勢喪失了，大臣的權勢卻加重了。君主失去權勢而大臣得到國家大權，君主反而向大臣稱臣，掌權的大臣竟然剖分符節，授人以官，發號施令。這就是大臣欺詐君主、圖謀私利的原因。因此當代的權重之臣，君主換代之後仍能得寵的，十個人中沒有兩三個。這是什麼緣故呢？是因為他們的罪過太大了。臣子的最大罪過，是欺騙自己的君主，這種罪行應當處死。有智慧的人有遠見又懼怕死亡，一定不依附跟從權重之人；賢明的人修身養廉，羞於與奸臣一道欺騙君主，也必定不依附跟從權重之人。如此說來，當權者的隨從，不是愚蠢的不知道將來禍患的人，就一定是貪污的、不躲避作惡的亡命之徒。大臣扶植一幫愚蠢的、貪污的人，在上共同欺騙君主，在下共同牟取利益，掠奪百姓財產，猶如漁人捕魚，相互結成死黨，眾口一辭迷惑君主，敗

壞法令，來擾亂普通百姓，致使國家處於危險、被削弱的地步，君主煩勞而受屈辱，這是權重之人的最大罪過。大臣有大罪過而君主不能加以禁止，這是君主的重大失誤。君主在上面有大的失誤，大臣在下面有大的罪過，還力求國家不滅亡，那是不可能的。

◎第七篇：說　難

題解

說（ㄕㄨㄟˋ）難，即向人遊說的難處。全文論述了向君主進行遊說的困難，不僅分析了成功與失敗的各種原因，而且有針對性地提出了使遊說成功的方式方法。

▲原文

凡說之難：非吾知之有以說之之難也，又非吾辯之能明吾意之難也，又非吾敢橫失而能盡之難也①。凡說之難：在知所說之心，可以吾說當之②。

所說出於為名高者也，而說之以厚利，則見下節而遇卑賤，必棄遠矣。所說出於厚利者也，而說之以名高，則見無心而遠事情，必不收矣。所說陰為厚利而顯為名高者也，而說之以名高，則陽收其身而實疏之；說之以厚利，則陰用其言顯棄其身矣。此不可不察也。

注釋

①失：通「佚」，放肆。批筆批

②當：迎合。

譯文

　　但凡遊說的困難，並非指我能否瞭解事理進而擁有說服君主的論據這樣的困難，也並非指我的辯辭能否表明我的觀點的困難，也並非指我敢不敢暢所欲言地將所有的話都講出來的困難。但凡遊說的困難，在於瞭解我所遊說的君主的心理，再想方設法用我的言辭去迎合他的心理。

　　若所遊說的君主是追求高尚名聲的人，然而你卻用豐厚的利益去勸說，那麼你就會被認為是節操低下的人，從而會得到卑賤的待遇，最終也必定會被拋棄和疏遠。若所遊說的君主是貪求豐厚利益的人，然而你卻用高尚的名聲去勸說，那麼你就會被認為是頭腦簡單而且脫離實際，你的主張必定不會被採納。若所遊說的君主心裡想的是豐厚的利益而表面上卻貪求高尚的名聲，你用高尚的名聲勸說他，他便會表面上收留你而實際上再慢慢疏遠你；你用豐厚的利益去勸說他，他便會暗中採納你的意見而表面上拋棄你。這種種情形，都不可不明察啊。

原文

　　夫事以密成，語以泄敗。未必其身洩之也，而語及所匿之事，如此者身危。彼顯有所出事，而乃以成他故，說者不徒知所出而已矣，又知其所以為，如此者身危。規異事而當，知者揣之外而得之，事泄於外，必以為己也，如此者身危。周澤未渥也①，而語極知，說行而有功，則德忘②；說不行而有敗，則見疑，如此者身危。貴人有過端，而說者明言禮義以挑其惡，如此者身危。貴人或得計而欲自以為功，說者與知焉③，如此者身危。強以其所不能為，止以其所不能已，如此者身危。故

與之論大人，則以為間己矣；與之論細人，則以為賣重。論其所愛，則以為藉資；論其所憎，則以為嘗己也。徑省其說，則以為不智而拙之；米鹽博辯，則以為多而交之④。略事陳意，則曰怯懦而不盡；慮事廣肆，則曰草野而倨侮。此說之難，不可不知也。

注釋

①周澤：恩寵，恩澤。
②德：指應得的獎賞。
③與（ㄩˋ）：參預。
④交：交雜，雜亂。

譯文

　　事情由於秘密而獲得成功，說話由於洩秘而遭到失敗。未必是遊說者自己洩露秘密，而只是在無意之間談及君主要保密的事情，在此情形下，遊說者的生命便危險了。那君主表面上做了一件事，但做這件事是為了辦其他的事，遊說的人不僅知道他所做的這件事，而且還知道他做這件事的目的在於辦成其他的事，在此情形下，遊說者的生命便危險了。遊說者為君主謀劃特殊的事情而令君主滿意，有智商高的人在外面猜測這件事並猜准了，於是事情也就洩露到外面去了，君主一定以為是遊說者做的，在此情形下，遊說者的生命便危險了。遊說者還沒有完全享受到君主的恩澤，可是卻將所知道的都講出來，若意見被採納並且有功效，那麼他應得到的賞賜將會被君主忘記；若他的意見不被採納並且事情失敗，那麼就會被君主懷疑，在此情形下，遊說者的生命便危險了。地位尊貴的君主若有什麼缺點，可是遊說者卻坦率地用禮義來指明他的缺點，在此情形

下，遊說者的生命便危險了。尊貴的君主有時謀劃成功而且想將功勞據為己有，可遊說者卻參預並且瞭解整個過程，在此情形下，遊說者的生命便危險了。勉強讓君主做他不能做的事，阻止他做不能停止的事，在此情形下，遊說者的生命便危險了。所以，如果與君主談論朝中大臣，他會認為遊說者是在施行離間計；與君主談論他身邊的侍從，他會認為遊說者想靠他們賣弄自己。與君主談論他所寵愛的人，君主會認為遊說者想把他們作為靠山；與君主談論他所憎恨的人，他會以為遊說者是在試探自己。遊說者若簡略地將觀點表明，君主會認為他不聰明，將遊說者當作笨拙之人看待；遊說者若像道家常一樣將類似柴米油鹽等小事都加以議論，君主會認為他說得太繁多、太雜亂。若簡單地陳述大意，君主會說遊說者膽小怕事且沒有把話說完；若遊說者考慮事情有廣度和深度，論述得頭頭是道，君主又會說他太放肆、太傲慢。這種種遊說的難處，都不可不知啊。

▌原文

　　凡說之務，在知飾所說之所矜而滅其所恥。彼有私急也，必以公義示而強之①。其意有下也，然而不能已，說者因為之飾其美而少其不為也。其心有高也，而實不能及，說者為之舉其過而見其惡，而多其不行也。有欲矜以智能，則為之舉異事之同類者，多為之地②，使之資說於我，而佯不知也以資其智。欲內相存之言，則必以美名明之，而微見其合於私利也。欲陳危害之事，則顯其毀誹，而微見其合於私患也。譽異人與同行者，規異事與同計者。有與同汙者，則必以大飾其無傷也；有與同敗者，則必以明飾其無失也。彼自多其力，則毋以其難概之也；自勇之斷，則無以其謫怒之③；自智其計，則毋以其敗窮之。大意無所拂悟④，辭言無所繫縻⑤，然後極騁智辯焉。此道所得，親近不疑而得盡辭也。

注釋

①強（ㄐㄧㄤˋ）：勸勉。
②地：依據，依憑。
③讁（ㄓㄜˊ）：過失。
④拂悟：違逆，抵觸。
⑤繫縻：摩擦。

譯文

　　但凡遊說的要點，在於知道如何美化君主自以為得意的地方而設法掩飾他認為可恥的地方。君主有他內心急於達到的要求，這要求未必合乎國家的利益，可遊說者一定要用合乎國家利益的觀點看待並且勸勉他去做。君主心裡有不健康的念頭，但卻不能自我抑制，遊說者就該替他把這個念頭粉飾成美好的念頭，進而嫌他不去做。君主心中有過高的追求，而實際上卻不可能達到，遊說的人就該替君主找出這種追求的缺點，揭示出這種追求的壞處，並進而對君主不去做的行為進行讚揚。有的君主想炫耀、賣弄自己的智慧和才能，遊說的人就為他舉出其他同類的事情，多為他提供依據，使他可從「我」這裡得到談論的資料，但「我」卻假裝不知道曾經資助過他的智慧。遊說的人想要闡明保全君主的話，必須用符合國家利益的美名闡發，同時再暗中點明它也是符合君主個人私利的。遊說的人想要陳述對君主有危害的事，就得說明這種事的後果和將要遭受的詆毀和誹謗，同時又暗中點明它與君主的個人禍患是相互聯繫的。遊說的人應該讚揚與君主有同樣品行的人，應該謀劃與君主所做的事有同等計策的其他事。遇到與君主具有同樣污點的人，那麼一定得極力粉飾這個污點無傷大雅；遇到與君主遭受同樣挫折的人，那麼必須很明確地粉飾這樣的挫折算不上損失。君主如果自恃他力量強大，那就別用他難以辦到的事讓他

難堪；君主如果自以為他的決斷很勇敢，那就別用他決斷中的
小失誤惹他生氣；君主如果自認為他的計謀很高明，那就別用
曾經的失敗讓他無地自容。遊說的基本內容不與君主的思想相
抵觸，遊說時的言辭不與君主有摩擦，然後就可以盡情施展自
己的智慧和辯才了。採用這種方式的結果是，君主與自己親近
而不再懷疑，進而能夠將想要說的話全部講完。

▌**原文**

　　伊尹為宰，百里奚為虜，皆所以干其上也。此二人者，皆
聖人也；然猶不能無役身以進，如此其汙也！今以吾言為宰虜，
而可以聽用而振世，此非能仕之所恥也。夫曠日離久，而周澤
既渥，深計而不疑，引爭而不罪，則明割利害以致其功，直指
是非以飾其身，以此相持，此說之成也。

　　昔者鄭武公欲伐胡，故先以其女妻胡君以娛其意。因問於
群臣：「吾欲用兵，誰可伐者？」大夫關其思對曰：「胡可伐。」
武公怒而戮之，曰：「胡，兄弟之國也①。子言伐之，何也？」
胡君聞之，以鄭為親己，遂不備鄭。鄭人襲胡，取之。宋有富
人，天雨牆壞。其子曰：「不築，必將有盜。」其鄰人之父亦云。
暮而果大亡其財。其家甚智其子，而疑鄰人之父。此二人說者
皆當矣，厚者為戮，薄者見疑，則非知之難也，處之則難也。
故繞朝之言當矣②，其為聖人於晉，而為戮於秦也，此不可不
察。

📖 **注釋**

　　①兄弟之國：指有婚姻關係的邦國。
　　②繞朝：春秋時秦國大夫。

韓非子全書

譯文

伊尹曾當廚師，百里奚曾當奴隸，其目的是求得君主的重用。這兩個人，都是聖明的賢人，可是仍然不能免於透過讓自己成為被人役使的人進而獲得任用，他們竟是如此的卑鄙！現在即使將我的話當成廚師或奴隸的話，只要能夠被採納，能夠拯救時世，那麼決不是令有才能的人感到恥辱的事。遊說的人花費了好長的時間，君主對他的恩寵已很多了，他進一步替君主謀劃已不再被懷疑，引起爭論也不再被責罰，那麼就可以明明白白地分析事情的利害，從而成就君主的功業，直接指出是非曲直來端正君主的品行，如果與君主能夠如此相待，便是遊說的成功。

從前鄭武公想要攻打胡國，故意先將女兒嫁給胡國的國君，使他心中高興。接著又問群臣：「我想用兵打仗，誰是可以攻伐的對象？」大夫關其思回答道：「胡國可以攻伐。」鄭武公非常生氣地將關其思殺掉，說：「胡國是與我們聯姻的國家，你卻建議去攻伐，為什麼呢？」胡國國君聽說後，認為鄭國與自己相親相愛，於是不再防備鄭國。結果鄭國人偷襲胡國，奪取了它的土地。宋國有個富有的人，天下雨將牆沖塌了。他的兒子說：「如果不修補，一定會有盜賊前來。」他鄰居家中的一個老翁也這麼說。夜裡果然丟失了很多錢財。這一家人認為他的兒子很明智，但同時又懷疑鄰居家的老者。關其思和鄰居家的老者所說都符合實際，可是重的被殺戮，輕的被懷疑，那麼就表明不是認識事物有難度，而是處理這種認識有難度。所以繞朝勸戒秦康公的話是恰當的，他在晉國被認為是十分明智的人，可在秦國卻被殺掉了，這些情形都不能不明察啊。

原文

昔者彌子瑕有寵於衛君。衛國之法：竊駕君車者罪刖。彌

60

子瑕母病，人聞往夜告彌子[1]，彌子矯駕君車以出。君聞而賢之，曰：「孝哉！為母之故，忘其刖罪。」異日，與君游於果園，食桃而甘，不盡，以其半啖君[2]。君曰：「愛我哉！忘其口味以啖寡人[3]。」及彌子色衰愛弛，得罪於君，君曰：「是固嘗矯駕吾車，又嘗啖我以餘桃。」故彌子之行未變於初也，而以前之所以見賢而後獲罪者，愛憎之變也。故有愛於主，則智當而加親；有憎於主，則智不當見罪而加疏。故諫說談論之士，不可不察愛憎之主而後說焉。

夫龍之為蟲也[4]，柔可狎而騎也；然其喉下有逆鱗徑尺，若人有嬰之者[5]，則必殺人。人主亦有逆鱗，說者能無嬰人主之逆鱗，則幾矣[6]。

注釋

①聞：聽説。
②啖（ㄉㄢ、）君：給衛靈公吃。
③口味：指嘴邊的美味食物。
④蟲：古代對動物的泛稱。
⑤嬰：通「攖」，觸摸。
⑥幾：庶幾，差不多。

譯文

從前彌子瑕被衛靈公所寵愛。衛國的法律規定，偷偷駕馭國君的車，將處以斷腳的刑罰。彌子瑕的母親病重，有人便將這一消息連夜告知彌子瑕，於是彌子瑕便假託君命駕起國君的車出宮回家。衛靈公聽說後，認為他有德行，說：「彌子瑕真孝順啊！為了母親，竟然忘記了砍斷腳的刑罰。」又有一天，彌子瑕與衛靈公在果園中遊玩，吃到一隻桃子，覺得十分甘

甜，就不捨得吃完，將剩下的一半送給衛靈公吃。衛靈公說：
「他真愛我啊！竟然留下自己嘴邊的美味讓我吃。」可是等到
彌子瑕年老色衰，不被君主寵愛時，得罪了衛靈公，衛靈公就
說：「這個人本來就曾假託我的命令使用我的車駕，又曾經給
我吃他吃剩的桃子。」因此說，彌子瑕的行為跟當初一模一樣，
並未改變，可是先前被君主稱讚，後來卻又被君主治罪，那是
因為君主對他的愛憎發生了變化。所以臣子若能得到君主的寵
愛，那麼他的智謀就會被認為是恰當的，君臣關係也會更加密
切；臣子若被君主憎惡，那麼他的智謀就會被認為是不恰當的，
可招來罪名，使君臣關係更加疏遠。因此說凡是向君主提出勸
諫、談論是非的人士，不可以不審察君主對自己是愛還是憎，
然後才可以依據實情加以遊說。

　　龍作為一種動物，在它馴服之時，可以隨便戲弄它並且騎
上它；可是它的喉部下面倒長著一尺左右的鱗片，如果有人膽
敢觸摸這鱗片，那麼龍必定會把此人弄死。君主也有倒長的鱗
片，遊說的人如果能夠不去觸動君主那倒長的鱗片，那麼就差
不多是個成功的遊說者了。

◎第八篇：和　氏

題解

　　「和氏」即春秋時期楚國人卞和。作者透過和氏獻璞而遭
刖刑的故事，闡述了法術之士的不幸遭遇和處境，傾訴了他們
懷才不遇、不被認可的苦惱和憤懣。

▶原文

　　楚人和氏得玉璞楚山中，奉而獻之厲王。厲王使玉人相之，玉人曰：「石也。」王以和為誑[1]，而刖其左足[2]。及厲王薨，武王即位。和又奉其璞而獻之武王。武王使玉人相之，又曰：「石也。」王又以和為誑，而刖其右足。武王薨[3]，文王即位。和乃抱其璞而哭於楚山之下，三日三夜，淚盡而繼之以血。王聞之，使人問其故，曰：「天下之刖者多矣，子奚哭之悲也？」和曰：「吾非悲刖也，悲夫寶玉而題之以石，貞士而名之以誑，此吾所以悲也。」王乃使玉人理其璞而得寶焉，遂命曰「和氏之璧」。

注釋

　　①誑（ㄎㄨㄤˊ）：欺騙。
　　②刖（ㄩㄝˋ）：古代一種酷刑，砍斷腳。
　　③薨（ㄏㄨㄥ）：諸侯或大官之死叫薨。

譯文

　　楚國人卞和在楚山之中得到一塊尚未理磨的玉石，捧著這塊玉石獻給楚厲王。楚厲王派一位專門打理玉石的工匠加以鑒定，工匠說：「是一塊石頭。」楚厲王認定卞和是在欺騙自己，於是就砍掉了卞和的左腳。等楚厲王去世之後，楚武王即位。卞和又手捧玉石獻給楚武王。楚武王也派玉匠鑒定玉石，這個玉匠又是那句話：「是一塊石頭。」楚武王又認定卞和是在欺騙自己，於是就砍掉了卞和的右腳。楚武王去世之後，楚文王即位。卞和便抱著玉石在楚山之下痛哭，哭了三天三夜，眼淚都流乾了，最後流出血來。楚文王聽說此事之後，派人詢問其中的原因，並說：「天底下因犯罪而被砍掉腳的人很多很多，

你為什麼哭得如此傷心？」卞和回答道：「我並非因為被砍掉腳而悲傷，我悲傷的是明明是寶玉卻被說成是石頭，明明是忠貞之士卻被冠以欺騙的罪名，這才是我悲傷的真正原因啊！」楚文王於是讓一個玉匠打理雕琢那塊玉石，果然得到了寶玉，於是將這塊寶玉命名為「和氏之璧」。

▶原文

夫珠玉，人主之所急也。和雖獻璞而未美，未為主之害也，然猶兩足斬而寶乃論，論寶若此其難也！今人主之於法術也，未必和璧之急也，而禁群臣士民之私邪。然則有道者之不僇也①，特帝王之璞未獻耳②。主用術，則大臣不得擅斷，近習不敢賣重③；官行法，則浮萌趨於耕農④，而游士危於戰陳⑤。則法術者，乃群臣士民之所禍也。人主非能倍大臣之議⑥，越民萌之誹，獨周乎道言也⑦，則法術之士雖至死亡，道必不論矣⑧。

注釋

①僇：通「戮」，殺戮。
②特：只是。
③賣重：這裡指專權獨斷。
④浮萌：即遊民。萌，同「氓」。
⑤戰陳（ㄓㄣ丶）：即戰陣，作戰的陣地。
⑥倍：通「背」，違背。
⑦周：相合。
⑧道：指法術之士的學說。

譯文

那珍珠寶玉，是君主們急迫地追求的東西。卞和所獻的玉石雖然還不夠完美無缺，但也不至於成為君主的禍害啊，可是

仍然等到兩隻腳都被砍掉之後，寶玉才被論定，鑒定寶玉竟是如此的困難啊！如今君主們對於法術，未必像追求和氏之璧那樣迫切，而法術還要禁止群臣士民的自私和邪念，所以必將受到更多的磨難。可是有道之士尚未被殺戮，只不過是法術這一成就帝王之業的法寶尚未進獻而已。君主使用法術，那麼大臣就不可以獨斷專行，左右近臣也不敢專權；國家實行了法術，那麼遊民必須奔赴農業生產的第一線，遊俠之士也必須走向充滿危險的作戰陣地。這樣看來，法術之士簡直就是群臣士民的罪魁禍首了。君主倘若不能夠違背大臣的議論，不顧民眾的誹謗，獨自讓思想行為與法術之士的主張相符合，那麼法術之士即便到死，他們的學說也必定不會被認可。

▶原文

　　昔者吳起教楚悼王以楚國之俗，曰：「大臣太重，封君太眾。若此，則上逼主而下虐民，此貧國弱兵之道也。不如使封君之子孫三世而收爵祿，絕滅百吏之祿秩[①]，損不急之枝官，以奉選練之士。」悼王行之期年而薨矣，吳起肢解於楚。商君教秦孝公以連什伍[②]，設告坐之過[③]，燔《詩》、《書》而明法令，塞私門之請而遂公家之勞，禁遊宦之民而顯耕戰之士。孝公行之，主以尊安，國以富強，八年而薨[④]，商君車裂於秦。楚不用吳起而削亂，秦行商君法而富強。二子之言也已當矣，然而肢解吳起而車裂商君者，何也？大臣苦法而細民惡治也。當今之世，大臣貪重，細民安亂，甚於秦、楚之俗，而人主無悼王、孝公之聽，則法術之士，安能蒙二子之危也而明己之法術哉？此世所以亂無霸王也。

注釋

①絕滅：當作「裁減」（顧廣圻說）。

②什伍：指十家為一什，五家為一伍的聯保組織。

③告坐：指建立聯保組織後，其中一人犯罪而其他人若不告發，也要連帶受罰。

④八年：依據史料，當作十八年。

譯文

從前吳起就楚國的習俗開導楚悼王，說：「大臣們的權力太重，有封邑的貴族太多。這樣下去，則在上會威逼君主，在下會虐待民眾，這是使國家貧困、使軍隊削弱的原因。倒不如採取讓有封邑的貴族只傳三代子孫，然後收回他們的爵祿，裁減百官群臣的俸祿，取消無關緊要的官職，用省下的錢供養選拔上來的士卒。」楚悼王實行這一措施一周年而去世，於是吳起在楚國受到肢解身體的酷刑。商鞅曾教秦孝公建立十家為一什，五家為一伍的聯保組織，制定一人犯罪而其他人不告發會受株連的法令，焚燒《詩》、《書》等典籍而明確法令，堵塞人和人之間的請托之風而暢通為國家效力的門路，貶低那些靠遊走而取得官位者的地位，彰顯耕種和作戰之士的地位。秦孝公推行這一措施，君主尊貴而安逸，國家富足強盛，可是推行十八年之後，秦孝公去世，結果商鞅在秦國被車裂而死。楚國不用吳起的建議而日益削弱混亂，秦國採取商鞅的措施而富足強大。二位先生的主張已經被證明是正確無誤的，可是吳起被肢解而商鞅被車裂，為什麼呢？這是因為大臣們苦於法治而小民厭惡法治啊。如今的社會現實是，大臣們貪圖權勢、小民們安於混亂的情況，比當初秦國和楚國的風俗還要厲害，可是君主們卻沒有楚悼王、秦孝公那樣對法術之士的信任，那麼作為法術之士，又哪能冒著吳起被肢解和商鞅被車裂那樣的危險，

去宣揚自己的法術主張呢？這就是當今之世混亂不堪而沒有霸主出現的原因啊！

◎第九篇：亡　徵

題解

亡徵即國家滅亡的徵兆。全文從政治、經濟、軍事、文化、外交、風俗等各個方面，羅列了四十七種可使國家滅亡的徵兆。

▍原文

凡人主之國小而家大，權輕而臣重者，可亡也。簡法禁而務謀慮，荒封內而恃交援者，可亡也。群臣為學，門子好辯①，商賈外積，小民右仗者②，可亡也。好宮室臺榭陂池，事車服，器玩好，罷潞百姓③，煎靡貨財者，可亡也。用時日，事鬼神，信卜筮而好祭祀者，可亡也。聽以爵，不以眾言參驗，用一人為門戶者，可亡也。官職可以重求，爵祿可以貨得者，可亡也。緩心而無成，柔茹而寡斷，好惡無決，而無所定立者，可亡也。饕貪而無饜，近利而好得者，可亡也。喜淫辭而不周於法，好辯說而不求其用，濫於文麗而不顧其功者，可亡也。淺薄而易見，漏泄而無藏，不能周密而通群臣之語者，可亡也。很剛而不和④，愎諫而好勝，不顧社稷而輕為自信者，可亡也。恃交援而簡近鄰，怙強大之救而侮所迫之國者，可亡也。羈旅僑士，重帑在外，上間謀計，下與民事者，可亡也。

注釋

①門子：指卿大夫的嫡子。

②右仗：喜好私鬥。右，崇尚；仗，兵器的統稱。
③罷（ㄆㄧ✓）潞：困頓軟弱。罷，同「疲」；潞，羸弱。
④很：即「狠」。

譯文

　　凡是君主的封國小而卿大夫的封地大，君主的權勢輕微而大臣的權勢厚重的，國家有可能滅亡。輕視法律禁令而一心忙於謀慮，荒廢封地內的管理而一味依靠外部救援的，國家有可能滅亡。群臣醉心私學，卿大夫的嫡子喜歡論辯，商人將財物積聚在國外，國內的百姓崇尚私鬥的，國家有可能滅亡。喜歡宮室、臺榭、池塘，追求車馬、服飾的享受，器皿、玩物務必高檔，使百姓困頓羸弱，揮霍浪費財物的，國家有可能滅亡。辦事情要選擇時辰日子，侍奉鬼神，相信迷信和占卜，又喜歡祭祀的，國家有可能滅亡。君主聽取言論只是依據爵位的高低，而不以多數人的意見為參考加以檢驗，只用一個人作為傳達意見的管道，國家有可能滅亡。官職可以憑藉權重之人而獲得，爵位俸祿可以用錢財買到的，國家有可能滅亡。君主決斷問題遲緩而無實效，本性柔弱而不果斷，好壞不分，也沒有固定的立場，國家有可能滅亡。貪得無饜永不知足，追求利益好佔便宜，國家有可能滅亡。喜歡酷刑而不合於公法，喜好辯說而不求實用，濫用華麗的辭藻而不講求實際功效，國家有可能滅亡。君主浮淺，好惡輕易表現出來，秘密洩漏，無所隱藏，不能周到細緻，竟將臣下的言辭全部透露的，國家有可能滅亡。乖戾強硬而不隨和，剛愎自用不聽勸諫，爭強好勝，不顧國家的利益而輕易表現出自信的，國家有可能滅亡。依仗友國的援助而怠慢鄰國，憑藉強國的救援而侮辱比本國弱小的國家，這樣的國家有可能滅亡。寄居於本國內的外籍人士和遊說之士，囤積大量財物於國外，向上刺探國家機密，向下干預老百姓之私事的，國家有可能滅亡。

▶原文

　　民信其相，下不能其上，主愛信之而弗能廢者，可亡也。境內之傑，不事而求，封外之士，不以功伐課試，而好以名問舉錯，羈旅起貴，以陵故常者，可亡也。輕其嫡正，庶子稱衡，太子未定而主即世者，可亡也。大心而無悔，國亂而自多，不料境內之資而易其鄰敵者，可亡也。國小而不處卑，力少而不畏強，無禮而侮大鄰，貪愎而拙交者，可亡也。太子已置，而娶於強敵以為後妻，則太子危，如是則群臣易慮；群臣易慮者，可亡也。怯懾而弱守，蚤見而心柔懦①，知有謂可，斷而弗敢行者，可亡也。出君在外，而國更置，質太子未反而君易子，如是則國攜②；國攜者，可亡也。挫辱大臣而狎其身，刑戮小民而逆其使，懷怒思恥而專習，則賊生；賊生者，可亡也。大臣兩重③，父兄眾強，內黨外援以爭事勢者，可亡也。婢妾之言聽，愛玩之智用，外內悲惋而數行不法者，可亡也。簡侮大臣，無禮父兄，勞苦百姓，殺戮不辜者，可亡也。好以智矯法，時以行雜公，法禁變易，號令數下者，可亡也。無地固，城郭惡，無畜積④，財物寡，無守戰之備而輕攻伐者，可亡也。種類不壽，主數即世，嬰兒為君，大臣專制，樹羈旅以為黨，數割地以待交者，可亡也。太子尊顯，徒屬眾強，多大國之交，而威勢蚤具者，可亡也。變褊而心急⑤，輕疾而易動發，心悁忿而不訾前後者⑥，可亡也。主多怒而好用兵，簡本教而輕戰攻者，可亡也。貴臣相妒，大臣隆盛，外藉敵國，內困百姓，以攻怨讎，而人主弗誅者，可亡也。

注釋

　　①蚤：通「早」。
　　②攜：分崩離析。
　　③兩重：兩位大臣的權勢同等顯赫。

④畜積：即「蓄積」。

⑤褊褊：心胸狹窄。

⑥悁（ㄐㄩㄢ丶）忿：憤怒。　訾（ㄗ）：計算，計量。

譯文

　　民眾相信他們的相國，致使臣下都以為自己的君主無能，可是君主仍寵信相國而不去廢除他，國家有可能滅亡。境內的傑出人才，不去找尋任用，分封到外地的人士，不憑功勞成績考核，而喜歡憑名望學問任免安置，將遊客說士起用為顯貴，打亂固有的常規，國家有可能滅亡。輕視嫡長子，庶子與嫡子抗衡分禮，太子尚未冊立，而君主已經去世的，國家有可能滅亡。國君粗心大意而不知悔改，國家已混亂卻自我稱頌，不能正確估計國家的實力，卻看輕相鄰的敵國，國家有可能滅亡。國家弱小卻不甘心處於下位，國力不強卻不害怕強敵，簡慢無禮，侮辱強大的鄰國，又貪又倔卻不善於外交，國家有可能滅亡。太子已經冊立，卻又娶強敵的女兒為正室夫人，那麼太子的處境就危險了，這樣群臣便會改變主意，群臣改變主意的，國家有可能滅亡。生性膽小而不敢堅持己見，早已發現事情的端倪卻心地柔弱，明知可以去實施，決定之後又不敢付諸行動，國家有可能滅亡。國君在國外訪問，國內卻另立國君；將太子抵押在外國還未返回，國君卻另立太子，這樣一來，國家就分崩離析了，國家分崩離析的，國家有可能滅亡。君主傷害侮辱了大臣，又去與他們開玩笑親近；懲罰了小民，又違背他們的意願役使他們，這些人心懷怨恨，時刻想著所受的恥辱，這樣，劫殺之事就會發生，劫殺之事一出，國家有可能滅亡。兩個大臣同等權勢顯赫，與君主同姓的權重之臣又多又強，他們在內結黨，在外相援，去爭奪權勢，國家有可能滅亡。聽從卑賤的婢妾的話，使用近臣的計謀，朝廷內外都在憂心忡忡，可婢妾

和近臣還屢屢觸犯法令，國家有可能滅亡。輕視侮辱大臣，對叔伯、兄弟不尊重，讓百姓勞苦，殺戮無辜的人，國家有可能滅亡。喜歡用自己的計謀矯正已經定下的法令，經常用自己的私行擾亂公法，法律禁令幾次改變，不停地下達號令的，國家有可能滅亡。沒有堅固的地利，內城、外城修得不結實，沒有什麼積蓄，財物又少，沒有防守和進攻的準備，卻輕意發動戰爭的，國家有可能滅亡。君主的家族有不長壽的遺傳基因，君主接連死去，嬰兒當了君主，大臣專權，將外來的遊說之士樹為黨羽，數次割地期求與外國結交，國家有可能滅亡。太子尊貴顯赫，跟從太子的人又多又強，經常與大國交往，致使其威勢早早就具備了的，國家有可能滅亡。君主心胸狹窄、性情急躁，處事輕率而易於激動，這樣就必定會因憤怒而不去計量前因後果，國家就有可能滅亡。君主經常發怒而喜歡打仗，輕視農業和練兵卻輕意去發動戰爭的，國家有可能滅亡。權貴之臣相互嫉妒，大臣權勢顯赫，在外借助敵國的勢力，在內使百姓困頓，去攻擊與自己有私仇而怨恨之人，可是君主卻不誅殺他們，那麼國家有可能滅亡。

▶原文

　　君不肖而側室賢，太子輕而庶子伉[①]，官吏弱而人民桀，如此，則國躁；國躁者，可亡也。藏怨而弗發，懸罪而弗誅，使群臣陰憎而愈憂懼，而久未可知者，可亡也。出軍命將太重，邊地任守太尊，專制擅命，徑為而無所請者，可亡也。後妻淫亂，主母畜穢，外內混通，男女無別，是謂兩主；兩主者，可亡也。後妻賤而婢妾貴，太子卑而庶子尊，相室輕而典謁重[②]，如此則內外乖；內外乖者，可亡也。大臣甚貴，偏黨眾強，壅塞主斷而重擅國者，可亡也。私門之官用，馬府之世絀[③]，鄉曲之善舉[④]，官職之勞廢，貴私行而賤公功者，可亡也。公家

虛而大臣實，正戶貧而寄寓富，耕戰之士困，末作之民利者，可亡也。見大利而不趨，聞禍端而不備，淺薄於爭守之事，而務以仁義自飾者⑤，可亡也。不為人主之孝，而慕匹夫之孝，不顧社稷之利，而聽主母之令，女子用國，刑餘用事者，可亡也。辭辯而不法，心智而無術，主多能而不以法度從事者，可亡也。親臣進而故人退，不肖用事而賢良伏，無功貴而勞苦賤，如是則下怨；下怨者，可亡也。父兄大臣，祿秩過功，章服侵等，宮室供養太侈，而人主弗禁，則臣心無窮；臣心無窮者，可亡也。公婿公孫與民同門，暴傲其鄰者，可亡也。

注釋

①伉（ㄎㄤ丶）：傲慢。
②典謁：掌管迎送賓客事務的官員。
③馬府：掌握有武功者名冊的官員。　絀：同「黜」。
④鄉曲：鄉下。
⑤飾：通「飭」，約束，整頓。

譯文

　　君主無才無德而君主的叔伯兄弟卻賢明，太子的地位輕而庶子卻強盛，官吏軟弱而民眾不馴服，這樣，國家便會動盪不安，國家一動盪不安，就有可能滅亡。君主將對臣下的怨氣藏起來不發作，將罪名掛起來而不加以懲罰，致使大臣們暗地裡憎恨而越發擔心恐懼，久久不知道自己未來的命運，國家有可能滅亡。出動軍隊，任命大將，太看重邊防陣地，邊地的官員太尊貴，專權跋扈，擅自發號施令，為所欲為而不向君主請示，國家有可能滅亡。皇后淫亂，太后私養姦夫，宮外宮內混亂私通，男女之間沒有尊卑之分，形成了皇后和太后兩個權力中心，

在這種情形之下，國家有可能滅亡。君主的正妻地位低而婢妾卻顯貴，太子地位低而庶子卻尊貴，相國的勢力輕而內官的勢力卻重，這樣一來，朝廷就主次顛倒，內外違背，在這種形勢之下，國家有可能滅亡。大臣十分尊貴，他的私黨又多又強，堵塞君主的決斷而獨攬國家大權的，國家有可能滅亡。權貴者私門中的官員被任用，而有軍功的後代卻被廢黜，鄉下有善名的人被選拔，官署中有功績的人卻被廢棄，看重私人的行為而輕視公共的功勞，國家有可能滅亡。公府的財產空虛而大臣的家產卻殷實，有固定戶口的人貧困，而寄居的人卻富足，耕作征戰的人困頓，而從事工商等行業的人卻獲利，國家有可能滅亡。看見大的利益不去追求，聽說有了禍患的苗頭而不加以戒備，對於征戰守備之事淺陋無知，而一味用仁義的學說自我約束，國家有可能滅亡。不表現作為君主保國安民的大孝，卻羨慕百姓侍奉父母的小孝，不顧及國家的利益，卻聽從太后的命令，讓女人執掌大權，讓宦官決斷事務，國家有可能滅亡。講求辭辯卻不合法令，頭腦靈活卻不懂權術，君主雖多有才能卻不按法度行事，國家有可能滅亡。受寵愛的親臣被任用，舊臣被廢置，不賢明的人當權而賢明的人引退，沒有功勞的人尊貴而有功勞和辛苦的人卻低賤，這樣的話，下面就會怨恨；下面怨恨，國家有可能滅亡。與君主同姓的大臣，享受的俸祿和級別超過他的功勞，他們的禮服侵犯了規定的等級，宮室中的供養太奢侈，可是君主卻不加以禁止，這樣臣子的貪心便沒有止盡，臣子貪心不足，國家有可能滅亡。皇親國戚與普通百姓住在同一街巷之內，他們對於鄰居蠻橫無理，並對人欺凌傲慢，如此則國家有可能滅亡。

▌原文

　　亡徵者，非曰必亡，言其可亡也。夫兩堯不能相王，兩桀

不能相亡。亡王之機，必其治亂、強弱相踦者也①。木之折也必通蠹，牆之壞也必通隙。然木雖蠹，無疾風不折；牆雖隙，無大雨不壞。萬乘之主，有能服術行法，以為亡徵之君風雨者，其兼天下不難矣！

注釋

①踦（ㄧˇ）：用力抵住。

譯文

　　所謂滅亡的徵兆，不是指一定會滅亡，而是指可能會滅亡。如果同時存在兩個堯，那麼誰也不能稱王；同時出現兩個桀，那麼誰也不能滅亡誰。滅亡與稱王的關鍵，必定取決於兩國治亂、強弱誰佔據上風。樹木折斷，一定是有蛀蟲，圍牆倒塌，也一定是有縫隙。然而樹木即使有蛀蟲，沒有強勁的大風吹襲仍不會折斷，圍牆雖有縫隙，沒有雨水的滲透也不會倒塌。擁有萬輛兵車的大國君主，假若有能力推行法術，像風吹樹，雨毀牆一樣，充當已具有亡國徵兆的國君的「風」和「雨」，那麼他要兼併天下，並不是什麼困難的事。

◎第十篇：說林上

題解

　　勸說他人並讓他聽從自己的意見，這樣的典型例子彙集如林。由於這樣的例子較多，所以分為上、下兩篇。

▶原文

湯以伐桀①，而恐天下言己為貪也，因乃讓天下於務光②，而恐務光之受之也，乃使人說務光，曰：「湯殺君而欲傳惡聲於子，故讓天下於子。」務光因自投於河。

秦武王令甘茂擇所欲為於僕與行③。孟卯曰：「公不如為僕。公所長者，使也。公雖為僕，王猶使之於公也。公佩僕璽而為行事，是兼官也。」

子圉見孔子於商太宰④。孔子出，子圉入，請問客。太宰曰：「吾已見孔子，則視子猶蚤虱之細者也⑤。吾今見之於君。」子圉恐孔子貴於君也，因謂太宰曰：「君已見孔子，亦將視子猶蚤虱也。」太宰因弗復見也。

注釋

①以：同「已」。

②務光：商湯時代的一位隱士。

③行：使者。

④子圉（ㄩˇ）：春秋時宋國人。 商：謂宋國，商朝被滅亡後，紂的親戚被封為宋王，因而後世稱宋為商。 太宰：即宰相。

⑤細者：指細小，微不足道。

譯文

商湯已經討伐夏桀，可又怕天下的人說自己貪心，於是就將天下讓給隱士務光，可又擔心務光真的接受讓賢，於是派人勸說務光道：「商湯殺死國君而想讓你背上罪惡的名聲，所以才將天下讓給你。」務光聽了這話，自己投河而死。

秦武王讓甘茂在主管車馬的太僕和主管傳達命令的使者這

兩種官職中，選擇一種自己喜歡的。孟卯對甘茂說：「您不如選擇當太僕。您所擅長的是使者這個職位，您雖然當了太僕，君王還會讓您充當使者。您佩帶太僕的官印而當使者，這是一身而有二職。」

子圉將孔子引薦給宋國的太宰。孔子出來後，子圉進去，詢問太宰對於客人的印象。太宰說：「我見過孔子之後，再來看你，覺得你猶如跳蚤和蝨子一樣渺小。我現在就要將孔子引薦給君王。」子圉擔心孔子在君王那裡受到重用，於是對太宰說：「君王見了孔子之後，也將會覺得你像跳蚤和蝨子一樣渺小。」太宰覺得有理，於是不再將孔子推薦給君王。

▶原文

魏惠王為臼（ㄐㄧㄡˋ）里之盟，將復天子。彭喜謂鄭君曰[1]：「君勿聽。大國惡有天子，小國利之。若君與大不聽，魏焉能與小立之？」

晉人伐邢，齊桓公將救之。鮑叔曰：「太蚤[2]。邢不亡，晉不敝[3]；晉不敝，齊不重。且夫持危之功，不如存亡之德大。君不如晚救之以敝晉，齊實利。待邢亡而復存之，其名實美。」桓公乃弗救。

子胥出走，邊候得之[4]。子胥曰：「上索我者，以我有美珠也。今我已亡之矣。我且曰子取吞之。」候因釋之。

注釋

①鄭君：此處指韓國國君。西元前375年，韓國滅掉鄭國，又遷都於鄭（今河南新鄭縣），所以韓國的國君又稱「鄭君」。

②蚤：通「早」。

③敝：凋敝、衰亡。

④邊候：邊關的官員。

譯文

魏惠王召集各諸侯國在白里這個地方舉行盟會，準備恢復周天子的地位。彭喜對韓國國君說：「君王您不可聽從他的號召。大國討厭有天子，周天子的存在只對小國有利。假若您與其他大國不聽從魏惠王的建議，魏惠王又怎能和小國恢復周天子的地位？」

晉國人出兵攻打邢國，齊桓公準備出兵救助邢國。鮑叔牙說：「現在去救，為時太早。邢國不滅亡，晉國就不會凋敝衰亡；晉國不衰亡，就顯不出齊國的重要性。再說扶持危難的功勞，比不上挽救滅亡的功德。您不如晚些去救，好讓晉國消耗衰微，如此才能得到實利。等到邢國被滅再去扶持它，幫它復國，這樣才能得到真正的美名。」齊桓公於是不去救邢。

伍子胥從楚國逃跑出來，邊關的官員捕獲了他。伍子胥說：「君王之所以追捕我，是因為我有美麗的寶珠。如今我已將寶珠丟失了。如果你捉拿我去見君王，我就說是你將我的寶珠吞到肚子裡了。」邊關的官員於是將伍子胥釋放了。

原文

慶封為亂於齊而欲走越①。其族人曰：「晉近，奚不之晉？」慶封曰：「越遠，利以避難②。」族人曰：「變是心也，居晉而可；不變是心也，雖遠越，其可以安乎？」

智伯索地於魏宣子，魏宣子弗予。任章曰：「何故不予？」宣子曰：「無故索地，故弗予。」任章曰：「無故索地，鄰國必恐。彼重欲無厭③，天下必懼。君予之地，智伯必驕而輕敵，鄰邦必懼而相親。以相親之兵待輕敵之國，則智氏之命不長矣。《周書》曰：『將欲敗之，必姑輔之；將欲取之，必姑予之。』

君不如與之以驕智伯。且君何釋以天下圖智氏，而獨以吾國為智氏質乎④？」君曰：「善。」乃與之萬戶之邑。智伯大悅，因索地於趙，弗與，因圍晉陽。韓、魏反之外，趙氏應之內，智氏遂亡。

秦康公築臺三年。荊人起兵⑤，將欲以兵攻齊。任妄曰：「饑召兵，疾召兵，勞召兵，亂召兵。君築臺三年，今荊人起兵將攻齊，臣恐其攻齊為聲，而以襲秦為實也。不如備之。」戍東邊，荊人輟行⑥。

注釋

①走越：逃跑到越國。
②以：於。
③重欲：反覆索求。
④質：的。本意為箭靶子，引申為目標。
⑤荊人：即楚國人。
⑥輟行：停止軍事行動。

譯文

慶封在齊國作亂後，想逃到越國。他的同族人說：「晉國離齊國比較近，為什麼不去晉國呢？」慶封回答說：「越國偏遠，利於躲避災難。」同族的人說：「如果你能改變作亂的心思，居住在晉國也是可以的；如果不改變作亂的心思，縱然遠居越國，難道就會平安無事嗎？」

智伯向魏宣子索要土地，魏宣子不給。任章問魏宣子：「為什麼不給他土地呢？」魏宣子回答：「無緣無故索要土地，所以不能給他。」任章說：「無緣無故就來索要土地，鄰近的國家必定會恐慌。智伯反覆索求，貪得無饜，天下的人必定懼怕

他。您送給他土地，智伯必定會驕傲自滿、輕視敵人，鄰近的國家則一定會因懼怕他而相互親近。憑藉相互團結的軍隊去對付輕視敵人的國家，這樣智氏的命運不會長久的。《周書》說：『想要打敗它，一定得暫且輔助它；想要奪取它，一定得暫且給予它。』您還不如送給智伯土地好讓他驕傲自滿。況且君王您為什麼要放棄以天下的力量去圖謀智氏的機會，而單獨讓我國成為智氏攻擊的目標呢？」魏宣子說：「說得對。」於是就送給智伯一個擁有萬戶居民的城邑。智伯非常高興，又進一步向趙國索要土地，趙國不給，於是智伯圍攻趙國的晉陽城。就在此時，韓國、魏國在外面背叛了智氏，趙氏在城內接應，智氏隨即滅亡。

　　秦康公興師動眾築造土臺，三年尚未完工。楚國人召集軍隊，說是要去攻打齊國。任妄說：「饑餓會招致敵兵，疾病會招致敵兵，勞苦會招致敵兵，動亂會招致敵兵。國君您築造土臺，三年還未完工，如今楚國人發兵將去攻擊齊國，為臣我擔心他們攻擊齊國是虛張聲勢，而襲擊我們秦國才是他們的真正目的。我們不如及早準備。」秦康公聽從了他的建議，在東邊的邊境上駐紮了軍隊，楚國人隨即停止了軍事行動。

▌原文

　　齊攻宋，宋使臧孫子南求救於荊。荊大說[①]，許救之，甚勸[②]。臧孫子憂而反[③]。其御曰：「索救而得，今子有憂色，何也？」臧孫子曰：「宋小而齊大。夫救小宋而惡於大齊，此人之所以憂也。而荊王說，必以堅我也。我堅而齊敝，荊之所利也。」臧孫子乃歸。齊人拔五城於宋，而荊救不至。

　　魏文侯借道於趙而攻中山，趙肅侯將不許[④]，趙刻曰：「君過矣。魏攻中山而弗能取，則魏必罷[⑤]；罷則魏輕；魏輕則趙重。魏拔中山，必不能越趙而有中山也。是用兵者魏也，而得地者

趙也。君必許之。許之而大勸,彼將知君利之也,必將輟行。
君不如借之道,示以不得已也。」

注釋

①説:同「悦」,高興。
②勸:賣力,很認真。
③反:同「返」。
④趙肅侯:根據有關史料,當作趙烈侯。
⑤罷:同「疲」,疲憊。

譯文

　　齊國攻打宋國,宋國派遣臧孫子到南方向楚國請求援助。
楚王聽臧孫子說明來意後,非常高興,答應救助宋國,表情十
分認真。臧孫子憂慮重重地返回住地。他的車夫說:「尋求救
助而得到了許諾,這是好事,可如今您面有憂色,這是為什麼
呢?」臧孫子說:「宋國弱小而齊國強大。救助弱小的宋國卻
得罪強大的齊國,這是人人都會憂慮的事。如今楚王卻很高興
地應承下來,一定是為了堅定我們抵抗齊國的決心。我們如果
堅決地抗擊齊國,齊國就會衰微,這對於楚國很有利。」臧孫
子於是回到宋國。之後,齊國人攻下宋國五座城池,可是楚國
的救兵仍遲遲不到。

　　魏文侯向趙國借用道路去攻打中山國,趙烈侯準備不答
應。趙刻說:「君侯您錯了。魏國攻打中山國若不能取勝,那
麼魏國必定疲憊;魏國一旦疲憊不堪,它的勢力就削弱了;魏
國削弱,趙國的勢力就強大了。假如魏國攻下中山國,也一定
不能越過我們趙國而去統治中山國。這就說明不論是哪種情
形,出兵的是魏國,而得利的卻是趙國。君侯您一定得答應借
給他道路。可是如果您答應他時顯得十分高興,他們就會知道

您要從中得利，他們必定會停止行動。您不如在借給他道路時，裝出一副無可奈何的表情。」

原文

鴟夷子皮事田成子①。田成子去齊，走而之燕，鴟夷子皮負傳而從②。至望邑③，子皮曰：「子獨不聞涸澤之蛇乎？澤涸，蛇將徙。有小蛇謂大蛇曰：『子行而我隨之，人以為蛇之行者耳，必有殺子者，子不如相銜負我以行，人必以我為神君也。』乃相銜負以越公道而行，人皆避之，曰神君也。今子美而我惡，以子為我上客，千乘之君也；以子為我使者，萬乘之卿也。子不如為我舍人。」田成子因負傳而隨之，至逆旅④，逆旅之君待之甚敬，因獻酒肉。

溫人之周，周不納客，問之曰：「客耶？」對曰：「主人。」問其巷而不知也，吏因囚之。君使人問之曰：「子非周人也，而自謂非客，何也？」對曰：「臣少也誦《詩》，曰：『普天之下，莫非王土；率土之濱⑤，莫非王臣。』今君天子，則我天子之臣也，豈有為人之臣而又為之客哉？故曰『主人』也。」君使出之。

注釋

①鴟（彳）夷子皮：春秋時越國范蠡（ㄌㄧˋ）自號鴟夷子皮。范蠡輔佐越王句踐滅吳後，知道句踐能同患難而不能共享樂，於是浮海出齊，變換姓名，自號鴟夷子皮。

②傳（ㄓㄨㄢˋ）：符信，即通行證。

③望邑：地名，又叫望都，故城在今河北省望都縣西北七里。

④逆旅：旅店。

⑤率土之濱：沿著大地走到海邊。所引詩句出自《詩經·小雅·北山》。

譯文

　　鴟夷子皮侍奉田成子。有一回，田成子離開齊國，逃跑到燕國，鴟夷子皮攜帶通行證跟隨在後面。到了望邑這個地方，鴟夷子皮說：「您難道沒聽說過乾涸的湖澤中的蛇的故事？湖澤乾涸後，湖中的蛇不得不遷徙。有一條小蛇對一條大蛇說：您在前面走，我在後面跟隨，人們一定會認為我們是過路的蛇，必定會有想殺死您的人。我們不如相互銜著而您背著我行走，人們一定會認為我是神君。」於是大蛇背著小蛇相互銜著在大路上行走。人們看見後，個個都躲避，說是神君來了。如今您長得美而我長得醜，將您當作我的上客，您不過像一個擁有千乘兵車的小國的君主；將您當作我的使者，那麼我就像一個擁有萬乘兵車的大國的大臣。您不如假扮成我的隨從。」田成子於是攜帶通行證跟隨著鴟夷子皮。到了旅店，店主人很尊敬地招待他們，還進獻上酒和肉。

　　有一個溫邑的人來到東周，東周人不接納客人。問他道：「您是客人嗎？」他回答道：「是主人。」又問他住在哪條街巷，他回答不上來，官吏於是囚禁了他。國君派人問他道：「你明明不是周人，卻說自己不是客人，為什麼呢？」這個人答道：「我小時候曾誦讀《詩經》，裡面講到：『普天之下，莫不是君王的土地；順著陸地一直走到海濱，莫不是君王的臣民。』如今君王是天子，我是天子的臣民，難道有既是人臣又是客人這種事？所以我才說自己是主人。」周王的使者於是釋放了他。

▶原文

韓宣王謂樛留曰[①]：「吾欲兩用公仲、公叔，其可乎？」對曰：「不可。晉用六卿而國分，簡公兩用田成、闞止而簡公殺，魏兩用犀首、張儀而西河之外亡。今王兩用之，其多力者內樹其黨，寡力者借外權。群臣有內樹黨以驕主，有外為交以列地[②]，則王之國危矣。」

紹績昧醉寐而亡其裘。宋君曰：「醉足以亡裘乎？」對曰：「桀以醉亡天下，而《康誥》曰『毋彝酒』[③]；彝酒者，常酒也。常酒者，天子失天下，匹夫失其身。」

注釋

①樛（ㄐㄧㄡ）留：韓宣王的謀士。

②列地：割占土地。列，同「裂」，分裂。

③《康誥》：《尚書》中的一篇。　彝（ㄧˊ）酒：經常飲酒。

譯文

韓宣王對謀士樛留說：「我想同時重用公仲朋和公叔伯嬰，這樣可以嗎？」樛留回答道：「不可以。晉國國君因啟用魏、趙、中行、韓、智、范等六大家族而導致國家分裂；齊簡公因同時重用田成子、闞止，導致簡公自己被殺害；魏國因同時重用犀首、張儀，導致了西河之外的土地全部喪失。如今君王您若同時重用兩個大臣，他們當中力量大的必定要在國內樹立其黨羽，力量小的必定會借助外國的勢力。群臣當中既有人在國內樹立黨羽以傲視君主，又有人在國外結交勢力而分裂國土，這樣一來，君主您的國家就相當危險了。」

紹績昧酒醉後睡著了，丟失了皮大衣。宋國國君說：「喝

醉酒還能丟失皮大衣？」紹績昧回答說：「夏桀因為喝酒而喪失了天下，所以《康誥》告誡人們：『不要彝酒。』彝酒的意思是經常飲酒。經常飲酒，天子會失去天下，平民百姓會危害健康。」

原文

　　管仲、隰朋從桓公伐孤竹①，春往冬反②，迷惑失道。管仲曰：「老馬之智可用也。」乃放老馬而隨之，遂得道。行山中無水，隰朋曰：「蟻冬居山之陽，夏居山之陰。蟻壤寸而有水。」乃掘地，遂得水。以管仲之聖而隰朋之智③，至其所不知，不難師於老馬與蟻。今人不知以其愚心而師聖人之智，不亦過乎！

　　有獻不死之藥於荊王者，謁者操之以入④。中射之士問曰⑤：「可食乎？」曰：「可。」因奪而食之。王大怒，使人殺中射之士。中射之士使人說王曰：「臣問謁者，曰『可食』，臣故食之，是臣無罪，而罪在謁者也。且客獻不死之藥，臣食之而王殺臣，是死藥也，是客欺王也。夫殺無罪之臣，而明人之欺王也，不如釋臣。」王乃不殺。

注釋

　　①隰（ㄒㄧˊ）朋：春秋時齊國大夫。　　孤竹：古國名。故城在今日河北盧龍縣南十二里。

　　②反：通「返」。

　　③而：與。

　　④謁者：負責通報和接待賓客的近侍。

　　⑤中射之士：帝王的侍御近臣。

譯文

　　管仲、隰朋跟隨齊桓公討伐孤竹國，春天去攻伐，冬天才返回，半路上迷了路。管仲說：「老馬的智慧可以利用。」於是放開老馬，人跟在馬的後面，果然找到了歸路。行至山中，沒有水喝，隰朋說：「螞蟻冬天住在山的南面，夏天住在山的北面，螞蟻洞口一寸以下的地方必定有水。」於是順著螞蟻窩掘地，果然找到了水源。憑管仲的聖明與隰朋的智慧，碰到他們所不知道的事情，還要向老馬和螞蟻學習。如今的人卻不懂得讓愚蠢的自己向明智的聖人學習，不也是錯誤的嗎！

　　有人向楚王進獻長生不死的藥物，負責通報的人拿著藥進入宮中。宮廷侍衛問道：「這東西能吃嗎？」回答說：「能吃。」侍衛於是奪過藥吃了下去。楚王十分生氣，讓人殺死侍衛。侍衛托人勸說楚王：「我問通報者能否食用，通報者說是能吃，我才吃的，這說明不是我的罪過，是通報的人有罪。況且客人進獻的是不死之藥，我吃了藥，大王卻要殺我，這藥分明是死藥，說明客人是在欺騙您。您若殺了無罪的我，說明別人將大王您欺騙了。與其如此，還不如將我釋放。」楚王於是沒有殺他。

原文

　　田駟欺鄒君，鄒君將使人殺之。田駟恐，告惠子。惠子見鄒君曰：「今有人見君，則眇其一目①，奚如？」君曰：「我必殺之。」惠子曰：「瞽，兩目，君奚為不殺？」君曰：「不能勿。」惠子曰：「田駟東欺齊侯，南欺荊王，駟之於欺人，瞽也，君奚怨焉？」鄒君乃不殺。

　　魯穆公使眾公子或宦於晉，或宦於荊。犁鉏曰：「假人於越而救溺子②，越人雖善游，子必不生矣；失火而取水於海，海水雖多，火必不滅矣，遠水不救近火也。今晉與荊雖強，而

齊近，魯患其不救乎？」

注釋

①眇（ㄇㄧㄠˇ）：閉上眼睛。 瞽（ㄍㄨˇ）：瞎眼的人
②溺子：落水的孩子。

譯文

　　田駟欺騙了鄒國國君，鄒君準備派人殺死他。田駟十分驚恐，去告訴惠施。惠施勸諫鄒君道：「如今有人來拜見國君您，假如他閉上一隻眼睛，你將怎麼處置？」鄒君說：「我一定會殺死他。」惠施說：「瞎子兩隻眼睛都是閉著的，你為何不殺掉呢？」鄒君說：「瞎子不能不閉眼。」惠施說：「田駟這個人，東邊欺騙過齊侯，南邊欺騙過楚王，田駟的欺騙人，猶如瞎子的緊閉雙眼一樣，是不得不如此，您又何必怨恨他呢？」鄒君於是不殺田駟了。

　　魯穆公讓他的兒子們有的到晉國做官，有的到楚國做官。犁鉏說：「如果去到越國請人來救掉入水中的孩子，越人即使善於游泳，孩子也必定不能生還；失火之後去大海中取水，海水再多，火一定不會撲滅，遠水救不了近火啊。如今晉國與楚國雖然強大，可是齊國卻與魯國最近，魯國有禍患，齊國能不救助嗎？」

原文

　　樂羊為魏將而攻中山①，其子在中山。中山之君烹其子而遺之羹②，樂羊坐於幕下而啜之，盡一杯。文侯謂堵師贊曰：「樂羊以我故而食其子之肉。」答曰：「其子而食之，且誰不食？」樂羊罷中山③，文侯賞其功而疑其心。孟孫獵得麑④，使秦西巴

持之歸，其母隨之而啼，秦西巴弗忍而與之。孟孫適至而求麑，答曰：「餘弗忍而與其母。」孟孫大怒，逐之。居三月，復召以為其子傅。其御曰：「曩將罪之⑤，今召以為子傅，何也？」孟孫曰：「夫不忍麑，又且忍吾子乎？」故曰：巧詐不如拙誠。樂羊以有功見疑，秦西巴以有罪益信。

　　曾從子，善相劍者也。衛君怨吳王。曾從子曰：「吳王好劍，臣相劍者也，臣請為吳王相劍，拔而示之，因為君刺之。」衛君曰：「子為之是也，非緣義也，為利也。吳強而富，衛弱而貧。子必往，吾恐子為吳王用之於我也。」乃逐之。

（注釋）

　　①樂羊：戰國時魏國大將。
　　②遺（ㄨㄟ丶）之羹：送給樂羊人肉做的湯。
　　③罷：王先慎引用《吳語》韋注：「罷，歸也。」意思是樂羊從中山國歸來。
　　④孟孫：魯國的卿大夫。　麑（ㄋㄧ／）：小鹿。
　　⑤曩（ㄋㄤˇ）：從前。

譯文

　　樂羊作為魏國的大將，領兵討伐中山國，他的兒子正好在中山國。中山國的國君將樂羊的兒子殺死，並做成人肉湯送給樂羊。樂羊坐在帳幕之下慢慢地品味湯，喝了一杯。魏文侯對堵師贊說：「樂羊是因為我的緣故才吃他兒子的肉。」堵師贊卻回答道：「他連自己的兒子都能吃，還有誰不能吃呢？」樂羊率領部隊從中山國歸來，魏文侯獎賞他所立下的汗馬功勞，可是對樂羊的忠心卻持懷疑態度。魯國的卿大夫孟孫捕到一隻小鹿，命令秦西巴將小鹿帶回去。可是小鹿的母親跟隨著

小鹿啼叫不止，秦西巴不忍心，將小鹿還給了大鹿。孟孫剛好趕回來找小鹿，秦西巴回答道：「我不忍心讓它們母子分開，就將小鹿還給了大鹿。」孟孫十分氣憤，將秦西巴趕走了。過了三個月，孟孫又將秦西巴召回來，並且還讓他當兒子的老師。孟孫的車夫說：「從前要治他的罪，如今卻又召來讓他當你兒子的師傅，這是為什麼？」孟孫說：「秦西巴連小鹿都不忍心傷害，難道會忍心傷害我的兒子嗎？」所以說，聰明的欺詐不如笨拙的誠實。樂羊因為有戰功而被懷疑，秦西巴卻因為有罪而更加被信任。

曾從子善於鑑別寶劍的好壞。衛國國君怨恨吳王，曾從子對衛君說：「吳王喜歡寶劍，而為臣我善於鑑別寶劍的好壞。為臣我請求您派我去為吳王鑑別寶劍，在我拔出寶劍給他看的時候，趁機為您將吳王刺死。」衛君說：「你想做的這件事，不是緣於道義，而是為了利益。吳國強大而富有，衛國弱小而貧困。你若一定堅持前往，我擔心你會被吳王收買而反過來對付我。」於是將曾從子驅逐出境。

▶原文

紂為象箸（ㄓㄨˋ）而箕子怖，以為象箸必不盛羹於土簋①，則必犀玉之杯；玉杯象箸必不盛菽藿②，則必旄③、象、豹胎；旄、象、豹胎必不衣短褐而舍茅茨之下④，則必錦衣九重、高臺廣室也。稱此以求，則天下不足矣。聖人見微以知萌，見端以知末，故見象箸而怖，知天下不足也。

周公旦已勝殷⑤，將攻商、蓋。辛公甲曰⑥：「大難攻，小易服。不如服眾小以劫大。」乃攻九夷⑦，而商、蓋服矣。

紂為長夜之飲⑧，歡以失日⑨，問其左右，盡不知也。乃使人問箕子。箕子謂其徒曰：「為天下主，而一國皆失日，天下其危矣。一國皆不知，而我獨知之，吾其危矣。」辭以醉而不

知。

①土簋（ㄍㄨㄟˇ）：陶土燒製的圓形器皿。 箸（ㄓㄨˋ）：筷子

②菽藿：豆類和野菜。

③旄（ㄇㄠˊ）：犛牛。

④茅茨（ㄘˊ）：茅草屋頂。

⑤周公旦：即姬旦，周文王子，輔佐武王滅紂。武王死後，成王年幼，周公攝政。

⑥辛公甲：即辛甲，原為商紂王的臣子，屢諫紂王不聽，去而至周，為太史。

⑦九夷：指各個小部族。

⑧長夜：傳說紂王沉湎於酒，以糟為丘，以酒為池，車行酒，騎行炙，百二十日為一夜，故名長夜。

⑨失日：忘記了具體的日期。

譯文

商紂王使用象牙筷子，商紂王的叔父箕子很害怕。箕子認為商紂王既然已使用了象牙筷子，那麼必定不會用陶土燒製的器皿盛湯，一定會用犀牛角或玉石做的杯子；玉石杯子盛的，象牙筷子夾的，一定不會是豆類野菜等粗糧，而一定會是犛牛、象、豹胎等美味；食用犛牛、象、豹胎等美味，一定不會再穿粗布短衣，住茅草屋，而必定要穿多套錦繡衣服，住高臺大屋。按照這樣的要求，整個天下的財物也不夠他享用。聖明的人能從細微的小節看出事情的發展勢頭，看見事物的開端就能預見其結局。所以箕子看見紂王使用象牙筷子而害怕，因為他知道

照這樣下去，整個天下的財物都不夠紂王享用。

周公旦平定了武庚的叛亂後，準備攻打商、蓋。辛公甲說：「大的國家難以攻下，小的國家卻容易征服。不如先征服眾多的小國來威脅大國。」於是周公旦就改為攻打東方的各個小部族，小部族被征服後，商、蓋也降服了。

商紂王以一百二十日為一夜，通宵達旦地飲酒取樂，快樂得忘記了時日。問他身邊的人，也都不知道。於是派人問他的叔父箕子。箕子對自己的侍從說：「作為一國之君主，竟然使全國的人都忘記了時日，這樣的國家很危險了。全國人都不知道時日，惟獨我一個人知道，我也很危險了。」於是推辭說自己也喝醉了，同樣不知道時日。

▶原文

魯人身善織屨①，妻善織縞②，而欲徙於越。或謂之曰：「子必窮矣。」魯人曰：「何也？」曰：「屨為履之也，而越人跣行③；縞為冠之也，而越人被髮④。以子之所長，游於不用之國，欲使無窮，其可得乎？」

陳軫貴於魏王，惠子曰：「必善事左右。夫楊，橫樹之即生，倒樹之即生，折而樹之又生。然使十人樹之而一人拔之，則毋生楊矣⑤。至以十人之眾，樹易生之物，而不勝一人者⑥，何也？樹之難而去之易也。子雖工自樹於王，而欲去子者眾，子必危矣。」

魯季孫新弒其君，吳起仕焉。或謂起曰：「夫死者，始死而血，已血而衄⑦，已衄而灰，已灰而土。及其土也，無可為者矣。今季孫乃始血，其毋乃未可知也⑧。」吳起因去之晉。

注釋

①屨（ㄐㄩˋ）：草鞋。
②縞（ㄍㄠˇ）：未經染色的生絹。
③跣（ㄒㄧㄢˇ）：赤腳。
④被髮：即披髮。
⑤毋：通「無」。
⑥不勝：不敵，比不上。
⑦衄（ㄋㄩˋ）：收縮。
⑧毋乃：恐怕，大概。

譯文

　　有個魯國人，擅於編織草鞋，他的妻子則擅於紡織生絹，他們夫妻二人準備遷移到越國。有個人對他說：「你必定會窮困潦倒。」這個魯國人問：「為什麼呢？」那個人說：「草鞋是穿在腳上的，可是越國的人赤腳走路；生絹是用來做帽子的，可是越國的人都披頭散髮，不戴帽子。帶著你的特長去到不用這些特長的國家去謀生，想使自己不窮困，能做得到嗎？」

　　陳軫受到魏惠王的器重，惠施對陳軫說：「一定得好好侍奉君王身邊的人。那楊樹，橫著栽種可以成活，倒著栽種可以成活，折斷了栽種又能成活。可是假若讓十個人去種樹，而讓一個人去拔樹，那麼就不會有活的楊樹。至於讓多達十個人去栽種易於成活的楊樹，卻敵不住一個人去拔，這是什麼原因呢？那是因為栽種困難而拔樹容易啊。您雖然善於在君王面前表現，可是如果想去掉您的人很多，那麼您必定危險了。」

　　魯國的季孫氏剛剛殺了他的君王，吳起就被季孫氏起用為官。有人對吳起說：「被殺死的人，剛開始是流血，血流盡之後肌肉收縮，肌肉收縮之後變成殘骸，成了殘骸後逐漸化成泥土。等到化成泥土之後，才徹底完蛋，什麼也幹不成了。如今

韓非子全書

季孫氏殺死了國君，好比一個人剛開始流血，接下來如何發展恐怕還難以預料吧。」吳起於是離開魯國去了晉國。

原文

　　隰斯彌見田成子，田成子與登臺四望，三面皆暢，南望，隰子之家樹蔽之，田成子亦不言。隰子歸，使人伐之。斧離數創①，隰子止之。其相室曰②：「何變之數也③？」隰子曰：「古者有諺曰：『知淵中之魚者不祥。』夫田子將有大事④，而我示之知微，我必危矣。不伐樹，未有罪也；知人之所不言，其罪大矣。」乃不伐也。

　　楊子過於宋⑤，宿於逆旅。逆旅人有妾二人，其惡者貴，美者賤。楊子問其故，逆旅之父答曰⑥：「美者自美，吾不知其美也；惡者自惡，吾不知其惡也。」楊子謂弟子曰：「行賢而去自賢之心，焉往而不美？」

　　衛人嫁其子而教之曰：「必私累積。為人婦而出⑦，常也；其成居⑧，幸也。」其子因私積聚，其姑以為多私而出之⑨。其子所以反者，倍其所以嫁。其父不自罪於教子非也，而自知其益富⑩。今人臣之處官者，皆是類也。

注釋

　　①離：割，砍。
　　②相室：管家。
　　③數：通「速」，急，快。
　　④大事：指田成子殺齊簡公之事。
　　⑤楊子：即楊朱，先秦古書中又稱他為陽子居或陽生。戰國初哲學家，魏國人。主張「貴生」、「重己」。
　　⑥逆旅之父（ㄈㄨˇ）：店主人。逆旅：旅店。父，老人，

這裡指主人。

　　⑦出：休棄。

　　⑧成居：這裡的意思是與丈夫白頭偕老。

　　⑨姑：婆婆。

　　⑩知：同「智」。

譯文

　　隰斯彌拜見田成子，田成子與他登上高臺，四處眺望。其他三面都視野開闊，但向南望時，隰斯彌家中的樹遮住了視線，田成子也沒說什麼。隰斯彌回到家中，馬上派人砍樹。可是斧頭剛剛砍了幾下，隰斯彌又阻止住了。他的管家說：「為什麼這麼快就改變了主意？」隰斯彌說：「古時候有一句諺語說：『知道深淵中有魚的人不吉祥。』田成子將要做一件大事，可是我向他表示我知道其中的秘密，那麼我必定危險了。不砍樹，沒有罪過；可是知道了別人不說出的秘密，那罪過就大了。」於是不再砍樹。

　　楊朱路過宋國，投宿於一個旅店。店主人有兩個小妾，那個長得醜的地位高，長得美的地位低。楊朱問其中的緣故。店主人回答說：「長得美的自以為漂亮，我卻不覺得她漂亮；長得醜的自以為醜陋，我卻不覺得她醜陋。」楊朱對他的弟子說：「做好事而拋棄認為自己賢明的看法，到哪裡不會受到讚美呢？」

　　一個衛國人嫁女兒時教導女兒說：「一定得偷偷積聚財物。給人做妻子而被休回娘家，是常見的事；能與丈夫白頭偕老，是非常僥倖的。」他的女兒於是偷偷積聚財物。她的婆婆嫌她私積財物，於是將她休回娘家。這個衛國人的女兒帶回來的財物，是她嫁妝的數倍。她的父親不認為自己教導女兒的方法不正確，反而認為這樣增加財富是自己明智。如今身居官位的臣

子，都是這一類的人。

▶原文

　　魯丹三說中山之君而不受也，因散五十金事其左右。復見，未語，而君與之食。魯丹出，不反舍，遂去中山。其御曰：「及見，乃始善我，何故去之？」魯丹曰：「夫以人言善我，必以人言罪我。」未出境，而公子惡之曰：「為趙來間。」中山君因索而罪之。

　　田伯鼎好士而存其君，白公好士而亂荊①，其好士則同，其所以好士之為則異。公孫友自刖而尊百里②，豎刁自宮而諂桓公。其自刑則同，其所以自刑之為則異。慧子曰③：「狂者東走，逐者亦東走。其東走則同，其所以東走之為則異。故曰：同事之人，不可不審察也。」

注釋

　　①白公：即白公勝，春秋楚平王太子建之子，名勝，又稱王孫勝。封於白，因以為姓。楚惠王十年，劫惠王，自立為王，敗後自縊身死。
　　②刖（ㄩㄝˋ）：砍斷腳。
　　③慧子：即惠施。

譯文

　　魯丹多次遊說中山國的國君，都不被接受，魯丹於是發散五十金給國君身邊的人。魯丹再次拜見中山國國君時，還沒說什麼，國君就賜給他酒食。魯丹出宮後，不返回住地，就離開了中山國。他的車夫說：「剛剛與國君相見，才開始善待我們，為什麼要離開呢？」魯丹說：「聽了別人的話善待我，必定也

會因別人的話治罪於我。」魯丹還未出中山國境，中山國的公子就誣陷他說：「魯丹是趙國派來的間諜。」中山國國君於是四處抓捕魯丹，要治他的罪。

田伯鼎喜歡收養下層的俠士，因而保全了他的君主，白公勝也喜歡收養下層的俠士，但卻亂了楚國的社會。他們喜歡俠士是相同的，可是他們喜歡俠士的目的卻是不同的。公孫友砍掉自己的腳來推薦百里奚，豎刁自己閹割去討好齊桓公。他們自殘身體是相同的，可是自殘的目的卻是不同的。惠施說：「發瘋的人向東跑，追他的人也向東跑。他們都向東跑是相同的，可是他們向東跑的目的卻不相同。所以說，對做相同事情的人，不可不審察其做事的目的。」

◎第十一篇：說林下

题解

本篇承接上篇，舉例說明主題。其中的「伯樂教人相馬」、「刻削之道」、「管仲論富」等，無不充滿哲理與智慧。

▶原文

伯樂教二人相踶馬①，相與之簡子廄觀馬②。一人舉踶馬，其一人從後而循之，三撫其尻而馬不踶③，此自以為失相。其一人曰：「子非失相也。此其為馬也，踒肩而腫膝④。夫踶馬也者，舉後而任前，腫膝不可任也，故後不舉。子巧於相踶馬而拙於任腫膝。」夫事有所必歸，而以有所腫膝而不任，智者之所獨知也。惠子曰：「置猿於柙中⑤，則與豚同。」故勢不便，非所以逞能也。

衛將軍文子見曾子，曾子不起，而延於坐席，正身見於奧⑥。文子謂其御曰：「曾子，愚人也哉！以我為君子也，君子安可毋敬也？以我為暴人也，暴人安可侮也？曾子不僇⑦，命也。」

鳥有翢翢者⑧，重首而屈尾，將欲飲於河，則必顛，乃銜其羽而飲之。人之所有飲不足者，不可不索其羽也。

注釋

①伯樂：古代善於相馬和駕馭馬的人。　蹄（ㄉㄧˋ）：踢。

②簡子：即趙簡子，名趙鞅。春秋末年晉國正卿。在晉卿內訌中打敗範氏、中行氏，奠定了建立趙國的基礎。

③尻（ㄎㄠ）：屁股。

④蹏：肢體猛折致使受傷。

⑤柙（ㄒㄧㄚˊ）：關野獸的木籠。

⑥奧：居室的西南角，是尊位。

⑦僇：通「戮」，殺戮。

⑧翢翢（ㄓㄡ ㄓㄡ）：一種鳥。鳥有翢翢者，重首而尾屈。

譯文

伯樂教兩個人來識別慣於踢人的烈馬，於是與這兩個人相跟著來到晉國貴族趙簡子的馬棚中觀察馬。其中一人挑選了一匹踢人的馬，另一個人從後往前撫摸馬，多次摸馬的屁股，可是馬卻不踢人。挑選馬的人還以為自己選錯了。另一個人說：「你並未選錯馬。這匹烈馬前肩受了傷而且膝部腫大。蹏馬若踢人，必須舉起後腿，而用前腿支撐全身的重量，如今這匹馬膝蓋腫大不能支撐全身，所以後腿抬不起來。你很會識別蹏馬，但對膝蓋腫大無法支撐全身這一點卻不太瞭解。」凡事總有它

固有的規律，那馬因膝蓋腫大而不能支撐全身，於是便不能踢人，這一點只有聰明的人能瞭解。惠施說：「將猿猴圈在獸欄中，它就會具有小豬的習性。」所以如果形勢不利，就沒有施展才能的機會。

衛國的將軍文子去拜見曾子，曾子不但不起身相迎，反而端坐於居室西南角的尊位上。文子對他的車夫說：「曾子，真是個愚蠢的人！如果他認為我是個君子，對君子哪能不敬重？如果他認為我是個殘暴的人，對待殘暴的人怎可侮辱？曾子不被殺戮，靠的是他的命好。」

有一種鳥，名字叫翢翢，它長得頭部沉重而尾巴彎曲，想在河邊喝水，一定會栽入水中，於是它就讓同伴銜住它的羽毛，再去喝水。人如果有想「喝水」而喝不到的時候，不可不像翢翢鳥一樣，尋找那銜羽毛的同伴。

原文

鱓似蛇①，蠶似蠋②，人見蛇則驚駭，見蠋則毛起。漁者持鱓，婦人拾蠶，利之所在，皆為賁諸③。

伯樂教其所憎者相千里之馬，教其所愛者相駑馬。以千里之馬時一有，其利緩；駑馬日售，其利急。此《周書》所謂「下言而上用」者，惑也。

桓赫曰：「刻削之道④，鼻莫如大，目莫如小。鼻大可小，小不可大也；目小可大，大不可小也。」舉事亦然。為其後可復者⑤，則事寡敗矣。

崇侯、惡來知不適紂之誅也，而不見武王之滅之也。比干、子胥知其君之必亡也，而不知身之死也。故曰：崇侯、惡來知心而不知事，比干、子胥知事而不知心。聖人其備矣。

注釋

①鱔（ㄕㄢˋ）：通「鱔」，黃鱔。

②蠋（ㄓㄨˊ）：鱗翅目昆蟲的幼蟲，青色，似蠶，大如手指。

③賁（ㄅㄣ）諸：孟賁和專諸，戰國時的著名勇士。

④道：規律，訣竅。

⑤可復：可以補救。

譯文

黃鱔形似蛇，蠶酷像毛毛蟲。人們見到蛇就驚慌失措，見到毛毛蟲就毛骨悚然。可是漁人捕捉黃鱔，婦女們手捉蠶蟲，竟一點兒也不害怕。人們為了得到利益，都能像孟賁和專諸一樣勇敢。

伯樂教他所討厭的人如何識別千里馬，教他所喜愛的人如何識別劣馬。因為千里馬偶爾才會碰上一匹，相馬者從中得到利益的速度非常緩慢；可是劣等的馬每天都在買賣，相馬者可以非常快捷地從中得到利益。這就是《周書》中所說的「下等的言論卻有上等的用途」吧，但它實在是一種迷惑。

桓赫說：「雕刻的秘訣是，要刻鼻子，不如先刻得大些；要刻眼睛，不如先刻得小些。因為鼻子大了，還可以改小，而如果一開始就小了，則不能再增大；眼睛小了，還可以改大，而如果一開始就大了，則不能再縮小。」做事情也是同樣的道理。一件事若事後還可補救，那麼這樣的事很少做不成。

商紂王的大臣崇侯和惡來知道如果不順從商紂王，就會被誅殺，而預見不到周武王會滅掉商紂。商紂王的叔父比干、吳王的忠臣伍子胥只知道他們的君主必定會滅亡，但卻預料不到自身會被暴君殺死。所以說，崇侯和惡來知道君王的心事卻不知道天下興亡的大事，比干、伍子胥只知道天下興亡的大事，

卻不知道君王的心事。只有聖明的人才能同時知道君王的心事
與天下的大事。

▶原文

宋太宰貴而主斷。季子將見宋君,梁子聞之曰:「語必可
與太宰三坐乎①,不然,將不免。」季子因說以貴生而輕國。

楊朱之弟楊布衣素衣而出。天雨,解素衣,衣緇衣而反②,
其狗不知而吠之。楊布怒,將擊之。楊朱曰:「子毋擊也,子
亦猶是。曩者使女狗白而往③,黑而來,子豈能毋怪哉?」

惠子曰:「羿執決持扞④,操弓關機,越人爭為持的⑤;
弱子扞弓⑥,慈母入室閉戶。故曰:可必,則越人不疑羿;不
可必,則慈母逃弱子。」

(注釋)

①三坐:三個人同時在座,指季子、太宰和宋君。
②反:通「返」,返回。
③曩(ㄋㄤˇ)者:從前,先前。
④決:通「抉」,即扳指,古代射箭時套在右手大拇指上
的象骨套子,作為鉤弦時保護手指之用。 扞:古代射者所著
的一種皮質袖套。
⑤的(ㄉㄧˋ):箭靶子。
⑥扞(ㄨ)弓:拉弓。

【譯文】

宋國的太宰地位尊貴且獨斷專行。季子將要去拜見宋國國
君,梁子聽說後,對季子說:「你所說的話,一定得是太宰、
宋君和你三人同時在座所能說的話,否則的話,免不了要有禍
患。」季子於是說了些希望君主保重貴體、少操勞國事之類的

話。

楊朱的弟弟楊布穿著白色的衣服出去。天忽然下起了雨，楊布便脫掉白色的衣服，穿著黑衣服返回家。楊布家的狗不認識主人而吠叫。楊布很生氣，準備打狗，楊朱說：「你不要打狗。這件事換成你也一樣。假若先前讓你放一隻白色的狗出去，卻回來一隻黑狗，你豈能不奇怪？」

惠施說：「后羿手拿扳指，穿上射箭專用的袖套，拿起弓，牽動弓箭的扳指，越國人搶著為他拿箭靶；但如果一個小孩子引弓射箭，即使是他的親生母親也會嚇得藏進屋子，關上門戶。所以說，一定能射中靶心，即使是偏遠之地的越國人也不懷疑后羿；不一定能射中靶心，即使是小孩的慈母也會避開兒子。」

原文

桓公問管仲：「富有涯乎？」答曰：「水之以涯①，其無水者也；富之以涯，其富已足者也。人不能自止於足而亡，其富之涯乎！」

宋之富賈有監止子者，與人爭買百金之璞玉，因佯失而毀之，負其百金②，而理其毀瑕得千鎰焉③。事有舉之而有敗，而賢其毋舉之者，負之時也④。

有欲以御見荊王者，眾驂妒之⑤。因曰：「臣能撽鹿⑥。」見王。王為御，不及鹿；自御，及之。王善其御也，乃言眾驂妒之。

注釋

①以涯：即「有涯」。
②負：賠償。
③鎰：古代重量單位，一鎰等於二十兩或二十四兩，一鎰

100

為一金。

④時：孫楷第説「時」當訓為「是」。是，即「這」。

⑤騶（卩ㄡ）：古代掌管馬匹、駕車的官員。

⑥撽（くㄧㄠ、）：旁擊。 御：駕馭馬車的人

譯文

齊桓公問管仲：「富貴有邊界嗎？」管仲回答道：「水的邊界，就是沒有水的地方；富貴的邊界，就是富貴已達到滿足的地步。人如果在滿足時仍難以自制而走向死亡，那麼死亡就是他富貴的邊界。」

宋國有個富商，叫做監止子。他與別人爭著購買一塊價值百金的璞玉，為了得到這塊玉石，監止子假裝失手摔壞了玉石，於是賠償給賣主百金。之後監止子修補好摔壞的痕跡，竟將玉石賣了一千金。凡事有時準備去做卻先要破壞它，可這種破壞又比不去做要好，監止子先賠償後狠賺這件事，就是如此。

有個想憑藉駕車技術求見楚王的人，楚王眾多的車馬官都嫉妒他。這個人便說：「為臣我能駕車獵鹿。」這才見到了楚王。楚王駕車，追不上鹿；這個人駕車，追上了鹿。楚王讚賞他的駕車技術，這時他才說出眾車馬官都嫉妒他。

原文

荊令公子將伐陳①。丈人送之曰：「晉強，不可不慎也。」公子曰：「丈人奚憂？吾為丈人破晉。」丈人曰：「可。吾方廬陳南門之外。」公子曰：「是何也？」曰：「我笑句踐也。為人之如是其易也，己獨何為密密十年難乎②？」

堯以天下讓許由，許由逃之，舍於家人，家人藏其皮冠。夫棄天下而家人藏其皮冠，是不知許由者也。

三虱食彘③，相與訟。一虱過之，曰：「訟者奚說？」三虱曰：「爭肥饒之地。」一虱曰：「若亦不患臘之至而茅之燥耳，若又奚患？」於是乃相與聚嘬其身而食之。彘臞④，人乃弗殺。

注釋

①將（ㄐㄧㄤˋ）：率兵出征。
②密密：即黽（ㄇㄧㄣˇ）勉，勤奮，努力。
③彘（ㄓˋ）：豬。
④臞（ㄑㄩˊ）：瘦弱。

譯文

楚王命令公子率兵討伐陳國。一位老人給公子送行，說：「晉國強大，一定會救助陳國，不可不謹慎從事。」公子說：「老人家為什麼擔憂呢？讓我替您攻下晉國好讓您知道我的屬害。」老人說：「可以啊。我正在陳國的南門外搭建一間小房子。」公子說：「這又是為什麼？」老人說：「我要取笑句踐。做人做事如果像你所說的這樣容易，他自己為什麼還要勤勤懇懇地用十年的時間臥薪嚐膽呢？」

堯準備將天下讓給許由來治理，許由不想接受，便逃走了。途中住在一戶百姓家中，這家人為了防備許由，竟將家中的皮帽子收藏了起來。許由連治理天下的機會都放棄了，可這戶老百姓卻為了防備他而藏起了皮帽子，那是因為他們不瞭解許由啊。

三隻蝨子在豬身上吸血，相互爭吵起來。另外一隻蝨子路過，問：「你們在爭吵什麼？」三隻蝨子說：「我們在爭奪豬身上最肥美的地方。」這隻蝨子說：「你們不擔憂臘祭就要到了，人們將會殺豬祭祀並用茅草將你們燒死，卻擔憂爭搶不到

豬身上最肥美的地方嗎！」三隻蝨子於是停止爭吵，共同吸食豬身上的血。結果這頭豬越來越瘦，臘祭那天，主人沒有殺這頭豬。

原文

蟲有虺者①，一身兩口，爭食相齕②，遂相殺也。人臣之爭事而亡其國者，皆虺類也。

宮有堊③，器有滌，則潔矣。行身亦然，無滌堊之地則寡非矣。

公子糾將為亂，桓公使使者視之。使者報曰：「笑不樂，視不見，必為亂。」乃使魯人殺之。

公孫弘斷髮而為越王騎，公孫喜使人絕之，曰：「吾不與子為昆弟矣。」公孫弘曰：「我斷髮，子斷頸而為人用兵，我將謂子何？」周南之戰，公孫喜死焉。

有與悍者鄰，欲賣宅而避之。人曰：「是其貫將滿矣，子姑待之。」答曰：「吾恐其以我滿貫也。」遂去之。故曰：物之幾者④，非所靡也⑤。

注釋

①虺（ㄏㄨㄟˇ）：毒蛇，毒蟲。
②齕（ㄏㄜˊ）：咬。
③堊（ㄜˋ）：用來刷牆的白粉。
④幾：危險。
⑤靡：延緩，拖遝。

譯文

有一種叫做虺的毒蛇，身上長有兩張嘴，因為爭搶食物而

廝咬，於是自己把自己殺死了。大臣們因為爭奪權勢而導致國家滅亡的，都是虵一類的東西。

宮牆用白粉加以粉刷，器皿用水加以洗滌，就會顯得乾淨。人的自身也是如此，如果沒有需要粉刷、需要洗滌的地方，那麼過錯就很少了。

齊國的公子糾準備作亂，齊桓公派一個使者監視他。使者回來後報告說：「公子糾雖然在發笑，可臉上沒有快樂的表情；眼睛雖然在看，可是視而不見；他心不在焉，一定會發動叛亂。」齊桓公於是派魯國人將他殺掉。

公孫弘剪斷頭髮，做了越王的騎士，公孫喜派人去與他斷絕關係，說：「我不再與你是兄弟關係。」公孫弘說：「我只不過是遵遁越國的風俗，剪斷了自己的頭髮，可是你卻不顧被人割斷脖子的危險，為別人領兵征戰，我將對你說些什麼呢？」在周南之戰中，公孫喜果然死在戰場上。

有一個人，與兇悍的人為鄰居，想賣掉住宅避開他。別人說：「他快到惡貫滿盈的時候了，你姑且再等一等。」這個人回答道：「我就是擔心他害了我才能惡貫滿盈。」於是果斷地搬走了。所以說：事情到了危險的地步，就不能再讓它拖延下去了。

原文

孔子謂弟子曰：「孰能導子西之釣名也？」子貢曰：「賜也能。」乃導之不復疑也。曰：「寬哉，不被於利[1]；潔哉，民性有恆。曲為曲，直為直。」孔子曰：「子西不免。」白公之難[2]，子西死焉。故曰：直於行者曲於欲。

晉中行文子出亡[3]，過於縣邑。從者曰：「此嗇夫[4]，公之故人。公奚不休舍，且待後車？」文子曰：「吾嘗好音，此人遺我鳴琴；吾好珮，此人遺我玉環——是振我過者也。以求

容於我者,吾恐其以我求容於人也。」乃去之。果收文子後車二乘,而獻之其君矣。

周趮(ㄗㄠˋ)謂宮他曰:「為我謂齊王曰:『以齊資我於魏,請以魏事王。』」宮他曰:「不可。是示之無魏也。齊王必不資於無魏者,而以怨有魏者。公不如曰:『以王之所欲,臣請以魏聽王。』齊王必以公為有魏也,必因公。是公有齊也,因以齊有魏矣。」

注釋

①被:此處的意思是蒙蔽。
②白公:即白公勝。楚惠王十年,劫惠王,自立為王,敗後自縊身死。「白公之難」當指這次叛亂。
③中行(ㄏㄤˊ):即中行氏,晉國六卿之一。
④嗇(ㄙㄜˋ)夫:古代官名。

譯文

孔子對他的弟子們說:「誰能勸導子西去追逐名利?」子貢說:「我可以。」子貢於是一心一意勸導子西。子西說:「胸懷寬廣啊,就不會被利益所蒙蔽;品行高潔啊,人固有的本性是不會改變的。彎曲的就是彎曲的,正直的就是正直的。」孔子說:「子西這樣固執,將免不了災禍。」在白公勝所發動的叛亂中,子西果然被殺死。所以說:品行正直的人,他的慾望就會被抑制。

晉國的中行文子逃出本國,路過一個縣城。他的隨從說:「本地的嗇夫,是您的老相識。您何不在他這裡休息一下,以便等待後面的車駕?」文子說:「我當初喜歡音樂,這個人就送給我一架音質優美的琴;我喜歡衣帶上佩戴玉飾品,這個人

就送給我玉環——這都是助長我的過失的行為。如今求他容納我，我擔心他將用我再去求別人容納他。」於是果斷離開。這個嗇夫果然截留了中行文子後面的兩輛車進獻給了君王。

周趮（ㄗㄠˋ）對宮他說：「請你替我對齊王說：『如果能用齊國的力量資助我在魏國取得權勢，我就會用魏國的力量反過來侍奉齊王。』」宮他說：「不能這樣說。這樣說就暴露了你在魏國無權無勢。齊王一定不會資助一個在魏國無權無勢的人，而去得罪在魏國有權勢的人。你倒不如這樣說：『依照大王所要求的，為臣我請求讓魏國聽從大王的安排。』這樣，齊王一定認為你在魏國有權勢，必定會照你的要求去做。如此，你就既操縱了齊國，又可憑藉在齊國的勢力去控制魏國。」

▌原文

白圭謂宋令尹曰：「君長，自知政，公無事矣。今君少主也，而務名，不如令荊賀君之孝也，則君不奪公位，而大敬重公，則公常用宋矣。」

管仲、鮑叔相謂曰：「君亂甚矣，必失國。齊國之諸公子其可輔者，非公子糾，則小白也。與子人事一人焉，先達者相收。」管仲乃從公子糾，鮑叔從小白。國人果弒君。小白先入為君，魯人拘管仲而效之，鮑叔言而相之。故諺曰：「巫咸雖善祝，不能自祓也①；秦醫雖善除②，不能自彈也③。」以管仲之聖而待鮑叔之助，此鄙諺所謂「虜自賣裘而不售，士自譽辯而不信」者也。

注釋

①祓（ㄈㄨˊ）：古代用迷信的儀式除災去邪。
②秦醫：即扁鵲。

③彈：這裡指用針砭治病。

譯文

　　白圭對宋國的令尹說：「君王長大成人之後，就知道自己執掌政權了，您便無事可做了。如今君主年紀幼小，而且追求名聲，您不如讓楚國來祝賀、讚美君主的孝順，君主孝順太后，太后對您也錯不了，這樣君主便不會奪走您的官位，反而會加倍敬重您，那麼您就可以在宋國永遠執政了。」

　　管仲、鮑叔牙互相商議道：「君主昏庸到極點了，必定會喪失國家政權。齊桓公的各位公子當中，能夠輔佐其稱王的，不是公子糾，就是公子小白。我與你各侍奉一位，誰先成功，就提攜另一個。」管仲於是輔佐公子糾，鮑叔牙輔佐公子小白。沒過多久，齊國人果然殺死了昏庸的國君。公子小白先行回到齊國當了國君，魯國人拘押著管仲獻給齊國。鮑叔牙極力推薦管仲，管仲最終當了齊國的宰相。所以民間有俗話說：「巫咸雖然善於禱告，卻不能用禱告為自己除去災難；扁鵲雖然善於治病，卻不能為自己紮針治病。」憑管仲的聖明還得依靠鮑叔牙的幫助，這正應證了那句俗話：「奴隸自己賣皮裘，必定出不了手；士人自己稱頌自己口才好，必定不為人相信。」

原文

　　荊王伐吳，吳使沮衛、蹷融犒於荊師，荊將軍曰：「縛之，殺以釁（ㄒㄧㄣˋ）鼓。」問之曰：「汝來，卜乎？」答曰：「卜。」「卜吉乎？」曰：「吉。」荊人曰：「今荊將以女釁鼓，其何也？」答曰：「是故其所以吉也。吳使臣來也，固視將軍。將軍怒，將深溝高壘；將軍不怒，將懈怠。今也將軍殺臣，則吳必警守矣。且國之卜，非為一臣。夫殺一臣而存一國，其不言吉，何

也？且死者無知，則以臣釁鼓無益也；死者有知也，臣將當戰之時，臣使鼓不鳴。」荊人因不殺也。

知伯將伐仇由，而道難不通，乃鑄大鐘遺仇由之君。仇由之君大說^①，除道將內之^②。赤章曼枝曰：「不可。此小之所以事大也，而今也大以來，卒必隨之，不可內也。」仇由之君不聽，遂內之。赤章曼枝因斷轂而驅，至於齊，七月而仇由亡矣。

注釋

①說：同「悅」，高興。
②內：同「納」，接納。 轂（ㄍㄨˇ）：車輪中心的圓木

譯文

楚王派兵攻打吳國，吳王派遣沮衛、蹶融到楚軍中犒勞。楚軍的將軍說：「把他們捆起來，殺後祭鼓。」楚人問他們：「你們來之時，可曾占過卦？」回答說：「占過。」又問：「占卦的結果是吉利嗎？」回答說：「吉利。」楚人又說：「如今楚軍要用你們祭鼓，怎麼算吉利呢？」回答說：「這正是占卦吉利的原因之所在。吳國派遣我們來，本意是觀察將軍的。將軍如果發怒，我們就挖深溝，築高壘；將軍如果不發怒，吳國就會有所懈怠。如今將軍若殺掉我們，吳國就一定會提高警惕，全力防守。再說一個國家占卜，不是為一個臣子占卜是否吉祥。如果殺死一個臣子而能保全一國，這不叫吉利，還叫什麼？況且如果死去的人沒有了知覺，那麼用我們祭鼓就毫無意義；如果死去的人有知覺，那麼在作戰之時，我們就讓鼓擂不響。」楚國人便沒有殺他們。

智伯準備討伐仇由國，可是苦於道路艱險，交通不便，於是鑄了一口大鐘，送給仇由國君。仇由國的君主很高興，就修

築道路準備接受這口大鐘。赤章曼枝說:「不行。送鐘本來是小國侍奉大國的行為,現在大國卻反過來給小國送鐘,部隊必定會尾隨而來,所以不可接受這口鐘。」仇由國的國君不聽勸阻,收下了這口鐘。赤章曼枝於是截短車轂,使車加速前進,一路逃到齊國。七個月之後,仇由國便滅亡了。

▌原文

　　越已勝吳,又索卒於荊而攻晉。左史倚相謂荊王曰:「夫越破吳,豪士死,銳卒盡,大甲傷[①]。今又索卒以攻晉,示我不病也。不如起師與分吳。」荊王曰:「善。」因起師而從越[②]。越王怒,將擊之。大夫種曰:「不可!吾豪士盡,大甲傷。我與戰,必不克,不如賂之。」乃割露山之陰五百里以賂之。

　　荊伐陳,吳救之,軍間三十里。雨十日,夜星。左史倚相謂子期曰:「雨十日,甲輯而兵聚。吳人必至,不如備之。」乃為陳[③]。陳未成也而吳人至,見荊陳而反。左史曰:「吳反覆六十里,其君子必休,小人必食。我行三十里擊之,必可敗也。」乃從之,遂破吳軍。

注釋

　　①大甲:能遮蔽全身的鎧甲。
　　②從:追擊。
　　③陳:古「陣」字。為陳,即擺好陣勢。

譯文

　　越國戰勝吳國之後,又向楚國索要士卒準備攻打晉國。楚國的左史倚相對楚王說:「那越國在攻破吳國的過程中,勇敢的人大都戰死沙場,精銳的部隊損失殆盡,遮蔽全身的鎧甲等

裝備也多有損傷。如今又向我們索要部隊去攻打晉國，分明是向我們顯示他們還有餘力。我們倒不如起兵與越國瓜分吳國。」楚王說：「好吧。」於是發兵追擊越軍。越王很是氣惱，準備回擊楚兵，大夫文種卻說：「不可以這樣做。我們的勇敢之士大都戰死，鎧甲等裝備也多有損傷。我們現在與楚國交戰，一定不能取勝，倒不如賄賂他們。」於是割讓露山北面五百里的土地送給楚國。

　　楚國討伐陳國，吳國趕來救助，吳、楚兩軍之間相距三十里。雨連續下了十天十夜後，晚上放晴了。楚國的左史倚相對子期說：「連續下了十天的雨，鎧甲和兵器收攏在一起，戰士尚未準備好，吳國人必定會來襲擊我們，不如準備一下。」於是擺開作戰的陣勢。陣勢還未擺好，吳國人就來了，當看到楚國人的陣勢後又返回去了。倚相說：「吳軍來回走了六十里路，他們的長官一定在休息，士兵一定在吃飯。我們行軍三十里去攻擊他們，必定能打敗他們。」子期於是追擊吳軍，並戰勝了吳國的軍隊。

▶原文

　　韓、趙相與為難。韓索兵於魏，曰：「願借師以伐趙。」魏文侯曰：「寡人與趙兄弟，不可以從。」趙又索兵攻韓，文侯曰：「寡人與韓兄弟，不敢從。」二國不得兵，怒而反。已乃知文侯以搆於己①，乃皆朝魏。

　　齊伐魯，索讒鼎，魯以其雁往②。齊人曰：「雁也。」魯人曰：「真也。」齊曰：「使樂正子春來，吾將聽之。」魯君請樂正子春，樂正子春曰：「胡不以其真往也？」君曰：「我愛之。」答曰：「臣亦愛臣之信。」

　　韓咎立為君，未定也。弟在周，周欲重之，而恐韓咎不立也。綦毋恢曰：「不若以車百乘送之。得立，因曰『為戒』；不立，

則曰『來效賊』也③。」

注釋

①構：和解。
②雁：即「贋」，假的。
③效：致，獻。

譯文

　　韓趙兩國相互作對。韓國向魏國借兵，說：「請求借貴國的部隊攻伐趙國。」魏文侯說：「我與趙國本為同姓兄弟，不能從命。」趙國又向魏國借兵攻打韓國，魏文侯說：「我與韓國本為同姓兄弟，不能從命。」韓、趙二國沒有借到部隊，都憤怒地返回去了。不久才知道魏文侯是用這種方法使他們兩國和解，於是都去朝拜魏國國君。

　　齊國攻伐魯國，向魯國索要讒鼎。魯國便拿了一個假的送給齊國。齊國人說：「這是假的。」魯國人說：「是真的。」齊國人說：「讓樂正子春來驗證，我們就相信你。」魯國國君請樂正子春去一趟齊國，樂正子春說：「為什麼不將真的送去呢？」魯國國君說：「我十分愛惜它，捨不得。」樂正子春回答道：「我也很愛惜我的信譽。」

　　韓國公子韓咎將被立為國君，可是尚未最後定下來。韓咎的弟弟在周國，周國國君想器重韓咎的弟弟從而來討好韓國，可是又擔心韓咎當不上國君。大臣綦毋恢說：「不如用一百輛車送他回韓國。韓咎立為君，就說『送他回來並用兵車為他警戒』；韓咎當不上君主，便淪為韓國的反賊，這時就說『用兵車將反賊的弟弟獻給韓國』。」

原文

靖郭君將城薛^①，客多以諫者。靖郭君謂謁者曰：「毋為客通。」齊人有請見者曰：「臣請三言而已。過三言，臣請烹。」靖郭君因見之。客趨進，曰：「海大魚。」因反走。靖郭君曰：「請聞其說。」客曰：「臣不敢以死為戲。」靖郭君曰：「願為寡人言之。」答曰：「君聞大魚乎？網不能止，繳不能絓也^②，蕩而失水，螻蟻得意焉。今夫齊，亦君之海也。君長有齊，奚以薛為？君失齊，雖隆薛城至於天，猶無益也。」靖郭君曰：「善。」乃輟，不城薛。

荊王弟在秦，秦不出也。中射之士曰^③：「資臣百金，臣能出之。」因載百金之晉，見叔向曰：「荊王弟在秦，秦不出也。請以百金委叔向。」叔向受金，而以見之晉平公，曰：「可以城壺丘矣。」平公曰：「何也？」對曰：「荊王弟在秦，秦不出也，是秦惡荊也，必不敢禁我城壺丘。若禁之，我曰：『為我出荊王之弟，吾不城也。』彼如出之，可以德荊^④；彼不出，是卒惡也，必不敢禁我城壺丘矣。」公曰：「善。」乃城壺丘，謂秦公曰：「為我出荊王之弟，吾不城也。」秦因出之。荊王大說，以煉金百鎰遺晉^⑤。

注釋

①城薛：在薛這個地方築城。

②繳（ㄓㄨㄛˊ）：繫在箭上的生絲繩。　絓（ㄍㄨㄚˋ）：絆住。

③中射之士：宮廷侍衛。

④德：感激，此處是使動用法。

⑤煉金：純金。

譯文

　　靖郭君田嬰想在薛地築城，門客中很多人都前來勸諫。靖郭君對主管通報的人說：「不要替門客通報。」有一個請求接見的齊國人說：「為臣我只請求說三個字，如果超過三個字，就請將我煮了。」靖郭君於是接見了他。這個門客小步快走進來說：「海大魚。」說完之後轉身就跑。靖郭君說：「請讓我聽聽你的見解。」門客說：「為臣我可不敢將死亡當兒戲。」靖郭君說：「請你為我詳細說明。」這個門客回答道：「您聽說過海中的大魚嗎？魚網捕捉不住它，帶絲繩的箭絆不住它，可是當它到處亂游離開了海水，螻蛄和螞蟻都敢在它身上為所欲為。如今的齊國，也猶如您的大海，您長久地掌握齊國的大權，還要薛地做什麼？如果您失去了齊國，即使將薛地的城修築得如天一般高，也還是沒什麼好處啊。」靖郭君說：「說得好。」於是就停止行動不再在薛地築城。

　　楚王的弟弟被扣押在秦國，秦國不放他出來。楚王的宮廷侍衛說：「資助我百金，我能讓他回來。」於是帶上百金來到晉國，拜見叔向後，說：「楚王的弟弟在秦國，秦國不放他出來。我將這百金留給您，委託您辦理這件事。」叔向接受了金子，帶侍衛去見晉平公，說：「我們可以在壺丘修築城堡了。」晉平公說：「為什麼呢？」叔向回答說：「楚王的弟弟在秦國，秦國不放他回去，這說明秦國怨恨楚國，為避免樹敵太多，必不敢禁止我們在壺丘修築城堡。秦國如果禁止，我們就說：『將楚王的弟弟放回，我們就不築城。』秦國人若放回楚王之弟，我們就能讓楚國感激不盡；秦國人若不放回楚王之弟，就說明他們始終怨恨楚國，必定不敢禁止我們在壺丘築城。」晉平公說：「好吧。」於是就在壺丘修築城堡，並對秦景公說：「給我把楚王的弟弟放回去，我們就不在此地築城了。」秦國無可奈何，只好將楚王之弟放回。楚王異常高興，將百鎰純金贈送給晉國。

▶原文

　　闔廬攻郢，戰三勝，問子胥曰：「可以退乎？」子胥對曰：「溺人者，一飲而止，則無遂者，以其不休也。不如乘之以沈之①。」

　　鄭人有一子，將宦，謂其家曰：「必築壞牆，是不善②，人將竊。」其巷人亦云。不時築，而人果竊之。以其子為智，以巷人告者為盜。

注釋

　　①沈：同「沉」。
　　②善：即修繕。

譯文

　　吳王闔廬攻打楚國的郢都，連續打了三次勝仗，於是就問伍子胥說：「可以撤退了嗎？」伍子胥回答道：「要想淹死別人卻只讓他喝一口水就停止，那是達不到目的的，因為他還未停止呼吸。對付楚國，不如乘勝追擊，將它沉到水底。」

　　鄭國一個人有個兒子，將要出去做官，臨行前對他的家人說：「一定得把坍塌的牆修繕好，不修好就會有人來偷盜東西。」他家同一巷子的鄰居也這樣說。家中的人未及時將牆修補好，果然被人偷走了東西。這個鄭國人卻認為他的兒子很明智，而認為那個說同樣話的鄰居是盜賊。

◎第十二篇：觀　行

題解

　　觀行即觀察行動。全文論述了觀察自己、觀察他人的準則。

▶原文

　　古之人目短於自見，故以鏡觀面；智短於自知，故以道正己。故鏡無見疵之罪，道無明過之惡。目失鏡則無以正鬚眉；身失道則無以知迷惑。西門豹之性急①，故佩韋以自緩②；董安于之心緩③，故佩弦以自急。故以有餘補不足，以長續短之謂明主。

注釋

①西門豹：魏文侯時的大臣，曾為鄴令，聲聞天下。
②韋：去毛後熟治的皮革，即柔(鞣)皮。
③董安于：春秋末期晉國人，晉卿趙鞅之家臣。

譯文

　　古代的人因為自己的眼睛看不到自己，所以就用鏡子來照面容；因為智力還達不到發覺自身過錯的程度，所以就用各種法則來使自己品行端正。所以說鏡子不應該有顯現瑕疵的罪過，法則也沒有彰明過失的惡意。有眼睛而沒有了鏡子，就無法修飾自己的鬍鬚眉毛；立身處事若失去法則，就無法知道是否迷惑。西門豹的性子很急躁，因而佩戴柔軟的熟牛皮令自己從容鎮靜；董安于本性舒緩，因而佩戴繃緊的弓弦令自己雷屬風行。所以說，能用多餘的去彌補不足的，用長的去續短的，

韓非子全書

就可以稱為明智的君主。

原文

天下有信數三①：一曰智有所不能立，二曰力有所不能舉，三曰強有所不能勝。故雖有堯之智，而無眾人之助，大功不立；有烏獲之勁②，而不得人助，不能自舉；有賁、育之強③，而無法術，不得長生。故勢有不可得，事有不可成。故烏獲輕千鈞而重其身，非其身重於千鈞也，勢不便也。離朱易百步而難眉睫④，非百步近而眉睫遠也，道不可也⑤。故明主不窮烏獲，以其不能自舉；不困離朱，以其不能自見。因可勢，求易道，故用力寡而功名立。時有滿虛，事有利害，物有生死，人主為三者發喜怒之色，則金石之士離心焉，聖賢之測淺深矣。故明主觀人，不使人觀己。明於堯不能獨成，烏獲之不能自舉，賁、育之不能自勝，以法術，則觀行之道畢矣。

注釋

①信數：必然規律。

②烏獲：戰國時秦國的大力士。

③賁（ㄅㄧ、）、育：即孟賁和夏育，皆為古代勇士。

④離朱：古代視力特別好的一個人，傳說他能於百步之外，見秋毫之末。

⑤道：客觀規律。

譯文

天下有三個必然規律：一是智慧再高，也總是有做不成的事；二是力氣再大，也總有舉不起的東西；三是力量再強也有戰勝不了的對手。所以即使具有堯的智慧，但若沒有眾人的幫

助，也不能建立大的功勳；即使有大力士烏獲那樣的力氣，但
若沒有眾人的幫助，也不能自己將自己舉起；即使有孟賁、夏
育一樣的勇猛，但若不以法術為原則，還是不能永遠獲勝。所
以說客觀條件有達不到的時候，事情就有辦不成的可能。因此，
烏獲能將千鈞之重輕鬆地舉起，但卻舉不起他自己，並非他自
身比千鈞還重，而是客觀條件不允許。離朱能將百步之外的秋
毫之末都看得一清二楚，可是卻難以看到自己的眉毛、睫毛，
並非百步近而眉毛、睫毛遠，而是自然的法則不允許。所以，
英明的君主不因為烏獲舉不起自己就使他困頓，不因為離朱看
不見自己的眉毛、睫毛而使他窘迫。依靠可能成功的客觀條件，
去探求易於取勝的法則，因而用力少卻能建立功業。時運有盛
有衰，事情有利有弊，萬物有生有死，人主如果因為這三種客
觀規律而表現出高興或憤怒的臉色，並且去苛求臣下，那麼即
使是堅如金石的忠貞之士也會離心離德的，因為聖賢之人已從
君主的高興或憤怒中推測出君主的好壞了。所以賢明的君主觀
察他人，而不讓他人觀察自己。明白了堯不能靠他一個人的智
慧成功，烏獲不能將自己舉起，孟賁、夏育不能光憑自己取勝
的道理，再遵循自然的法術，那麼觀察臣下行為的方法就具備
了。

◎第十三篇：用　人

題解

　　「用人」即使用臣下。本篇著重闡述了君主使用臣下時的
基本準則，如「循天順人」、「守法術」、「明賞罰」等。

▶原文

　　聞古之善用人者，必循天順人而明賞罰。循天，則用力寡而功立；順人，則刑罰省而令行；明賞罰，則伯夷、盜蹠不亂①。如此，則白黑分矣。治國之臣，效功於國以履位，見能於官以受職，盡力於權衡以任事②。人臣皆宜其能，勝其官，輕其任，而莫懷餘力於心，莫負兼官之責於君。故內無伏怨之亂，外無馬服之患③。明君使事不相干，故莫訟；使士不兼官，故技長；使人不同功，故莫爭。爭訟止，技長立，則強弱不觳力④，冰炭不合形。天下莫得相傷，治之至也。

　　釋法術而任心治，堯不能正一國；去規矩而妄意度，奚仲不能成一輪⑤；廢尺寸而差短長⑥，王爾不能半中⑦。使中主守法術，拙匠執規矩尺寸，則萬不失矣。君人者能去賢巧之所不能，守中拙之所萬不失，則人力盡而功名立。

注釋

　　①伯夷：商末孤竹君長子。武王伐紂，他與弟弟叔齊勸諫。武王滅商後，他們隱居首陽山，恥食周粟，最後餓死。　盜蹠（ㄓˊ）：春秋戰國之際人，本名蹠，「盜」是舊時對他的誣稱。

　　②權衡：權的本意是秤錘，衡的本意是秤桿，這裡的權衡比喻法度。

　　③馬服：即馬服子趙括（？～西元前260年），戰國時趙將，馬服君趙奢之子。空談其父所傳兵法而無實戰經驗，指揮長平之戰，結果大敗。

　　④觳（ㄏㄨˊ）：通「角」，角鬥。

　　⑤奚仲：傳說中車的發明者。

　　⑥差：區別，較量。

　　⑦王爾：古代的能工巧匠。　中（ㄓㄨㄥˋ）：符合。

譯文

　　我聽說古代擅於使用臣子的人，必定是遵循自然規律，順應民心並且賞罰分明。遵循自然規律，就能用很小的力量去建立功業；順應民心，就能減免刑罰而令行禁止；賞罰分明，就能令伯夷之類的高尚者與盜蹠之流的賊人截然分開。如此一來，是是非非便白黑分明了。管理國家的大臣，因為對國家有了貢獻才獲取官位，因為在官位上表現出才能而得到職務，因為在法度的規定之內盡了全力才擔任職事。大臣們在合適的崗位上都發揮他們的才能，勝任他們的官位，輕鬆地完成任務，而不將剩餘的精力私自保存，對君主也不負一身兼有二官的責任。這樣，國內便沒有臣民因私藏怨恨發生叛亂的危險，國外也沒有馬服子趙括紙上談兵那樣的禍患。英明的君主使臣民各自負責各自的事情，不相互干涉，因而沒有爭訟；使士人不一身兼二官，所以每個人都有一技之長；使老百姓發揮各自的作用，所以沒有爭鬥。停止了爭吵、爭鬥，人人都有一技之長，那麼，強的和弱的就不會去較量，猶如冰水和火炭不再同時放入一個容器中而發生衝突一樣。天下的人誰也不去傷害誰，這是治理國家的最高的境界。

　　拋開法術而憑君主的思想去處理政事，即使是堯那樣的明主也不能治理好一個國家；摒棄圓規和尺子而憑感覺揣測，即使是車的發明者奚仲也不能製成一個車輪；廢掉尺寸的度量而去區別短和長，即使是王爾那樣的能工巧匠也不能說對一半。但如果讓中等水準的君主堅守法術，讓笨拙的工匠手握圓規、尺子等去工作，那麼就會萬無一失。為君主的若能拋棄賢巧的儒士所不能拋棄的，堅守中等水準的君主和拙匠所具有的萬不失一的方法，那麼人人都會竭盡全力，事事都會功成名就。

▶原文

　　明主立可為之賞，設可避之罰。故賢者勸賞而不見子胥之禍①，不肖者少罪而不見傴剖背②，盲者處平而不遇深溪，愚者守靜而不陷險危。如此，則上下之恩結矣。古之人曰：「其心難知，喜怒難中也。」故以表示目③，以教語耳，以法教心。君人者釋三易之數④，而行一難知之心⑤，如此，則怒積於上而怨積於下。以積怒而御積怨，則兩危矣。明主之表易見，故約立；其教易知，故言用；其法易為，故令行。三者立而上無私心，則下得循法而治，望表而動，隨繩而斫，因嵼而縫。如此則上無私威之毒，而下無愚拙之誅。故上君明而少怒，下盡忠而少罪。

注釋

①勸賞：因為獎賞而受到激勵。
②傴剖背：指駝背的人由於天生的畸形而被剖開背部。
③表：標誌。
④數：道理。
⑤心：心計。

譯文

　　賢明的君主設立人民可以得到的獎賞，設置可以躲避的刑罰。所以賢能的人為獎賞所激勵，便不會得到伍子胥那樣的禍患；不賢能的人可以少犯罪，而不會遇上如駝背的人因天生的畸形而被剖開背部那樣無辜受刑的事情；盲人處在平坦的地方就不會遇到深深的溪水；愚笨的人只要保持安靜就不會陷入危險的境地。這樣一來，君臣上下之間的恩情就建立起來了。古時候的人說：「人的心思最難知曉，人的喜怒最難猜中。」所

以要用標誌來提示眼睛，用教化告訴耳朵，用法令訓導人心。統治人民的君主放棄這三種易於實施的措施，卻去施行一種讓人難以知曉的心計，如此一來，則上面的君主聚積了憤怒，下面的臣子聚積了怨氣。用積聚的怒氣去統治積聚的怨氣，君臣上下都危險了。賢明君主的標誌容易看清，所以他的約定可確立於人們的心中；他的教化容易瞭解，所以他的言論能為人們運用；他的法令容易實施，所以他能令行禁止。這三項確定而君主沒有私心雜念，那麼臣民就能夠依法而治，望著標誌行動，隨著墨線的要求而削斫，拿著針線去縫補。這樣，上面沒有因濫用私人的威風而給人民造成的毒害，下面也沒有因為愚笨而遭受處罰的事情發生。所以上面的君主處於明智的狀態而很少發怒，下面的臣子竭盡忠誠而很少獲罪。

▲原文

　　夫人主不塞隙穴而勞力於赭堊①，暴雨疾風必壞。不去眉睫之禍而慕賁、育之死，不謹蕭牆之患而固金城於遠境②，不用近賢之謀而外結萬乘之交於千里，飄風一旦起③，則賁、育不及救，而外交不及至，禍莫大於此。當今之世，為人主忠計者，必無使燕王說魯人，無使近世慕賢於古，無思越人以救中國溺者。如此，則上下親，內功立，外名成。

注釋

　　①赭堊（ㄓㄜˇ　ㄜˋ）：紅土和白土，塗牆的顏料，這裡用如動詞。
　　②蕭牆：門屏，借指內部。
　　③飄風：此處指政治風暴。

譯文

　　君主不去堵塞牆壁上的縫隙而一味在粉刷上下功夫，那麼暴雨狂風一到，牆壁必定會損壞。如若不剷除眼前的禍患而一味想得到孟賁和夏育那樣的勇士為自己賣命，不謹慎地防止內部的禍患而一味去修築加固邊境的城堡，不採納附近賢士的智謀而一味地結交千里之外的萬乘大國，那麼政治風暴一旦掀起，則孟賁和夏育來不及救助，外面的同盟國家也一時趕不來，禍患沒有比這更大的了。當今的世上，為君主忠心謀劃的人，一定不要使自己的君主像燕王愛魯國人那樣去愛其他國家的人，也不要讓近代的君主去仰慕古代的賢士，更不要謀劃讓善於游泳的越國人前來救助中原各國的落水者。如此一來，君臣上下能相互親近，在國內可以建功立業，在國外可以成就威名。

◎第十四篇：內儲說上·七術

題解

　　儲說，積聚傳說。積聚的這些傳說都是君主的內謀，所以叫「內儲說」。由於篇幅太長，用上、下分開。上篇的「七術」即七種政治手段。

一、眾端參觀①

▶**原文**

　　衛靈公之時，彌子瑕有寵②，專於衛國。侏儒有見公者，曰：「臣之夢踐矣。」公曰：「何夢？」對曰：「夢見灶，為見公也。」公怒曰：「吾聞見人主者夢見日，奚為見寡人而夢見灶？」對曰：「夫日兼燭天下，一物不能當也。人君兼燭一

國，一人不能擁也。故將見人主者夢見日。夫灶，一人煬焉③，則後人無從見矣。今或者一人有煬君者乎？則臣雖夢見灶，不亦可乎？」

注釋

①眾端參觀：這是第一種政治手段。端，頭緒；參觀，參驗。意思是頭緒眾多，因而必須相互參驗。

②彌子瑕：春秋時衛靈公的寵臣，曾偽託君命駕衛君車，又食桃而甘，以其半奉衛君。

③煬（一ㄤˋ）：烘烤。

譯文

衛靈公執政之時，彌子瑕被靈公所寵愛，在衛國獨斷專行。有個侏儒，見到衛靈公後，說：「為臣我的夢應驗了。」衛靈公說：「什麼夢？」侏儒回答說：「我夢見了灶，預示著會見到您。」衛靈公生氣地說：「我聽說將要見到君主的人會夢見看到太陽，為什麼你將見到我卻是夢見灶？」侏儒回答說：「那太陽普照天下萬物，一種東西是不能阻擋它的光輝的。人君的恩德普降一國之人，一個人是不能獨自擁有的。所以將要見到人君的人會夢見太陽。而那灶，一個人在它前面烤火，後面的人便看不到它的火焰。如今或者有一人在您跟前烤火吧？那麼為臣我即使夢見灶，不也是可以的嗎？」

原文

魯哀公問於孔子曰：「鄙諺曰：莫眾而迷。今寡人舉事，與群臣慮之，而國愈亂，其故何也？」孔子對曰：「明主之問臣，一人知之，一人不知也。如是者，明主在上，君臣直議於下。

今群臣無不一辭同軌乎季孫者^①，舉魯國盡化為一，君雖問境內之人，猶不免於亂也。」

齊人有謂齊王曰：「河伯^②，大神也。王何不試與之遇乎？臣請使王遇之。」乃為壇場大水之上，而與王立之焉。有間^③，大魚動，因曰：「此河伯。」

注釋

①季孫：指季康子，魯國貴族。春秋末年，執政於魯國。
②河伯：傳說中的河神。
③有間：過了一會兒。

譯文

魯哀公向孔子請教，說：「民間的諺語說，辦事不和眾人商量，必定迷惑。現在我凡做什麼事，總是與群臣協商，可是國家卻越來越混亂，這是什麼原因呢？」孔子回答道：「賢明的君主向臣下詢問事情，有的人知道，有的人不知道。這樣一來，賢明的君主在上面詢問，眾多的大臣在下面直率地議論，透過爭論，使正確的意見確立從而不致迷惑。而如今的臣子們卻沒有一句話不與季孫氏一樣，全魯國都變成了一個人，您做事時即使與國境內所有的人商量，也好像只問了季孫一個人，所以仍然免不了混亂。」

齊國有一個人對齊王說：「河伯，是一位大神，大王您何不嘗試與河伯見一面呢？為臣請求您允許我讓大王您與河伯相見。」於是在黃河邊上設立壇場，這個人與齊王立在那裡。過了一會兒，有一條大魚在水中遊動，這個人便說：「這就是河伯。」

▶原文

　　張儀欲以秦、韓與魏之勢伐齊、荊①，而惠施欲以齊、荊
偃兵②。二人爭之。群臣左右皆為張子言，而以攻齊、荊為利，
而莫為惠子言。王果聽張子，而以惠子言為不可。攻齊、荊事
已定，惠子入見。王曰：「先生毋言矣。攻齊、荊之事果利矣，
一國盡以為然。」惠子因說：「不可不察也。夫齊、荊之事也
誠利，一國盡以為利，是何智者之眾也？攻齊、荊之事誠不可
利，一國盡以為利，何愚者之眾也？凡謀者，疑也。疑也者，
誠疑，以為可者半，以為不可者半。今一國盡以為可，是王亡
半也。劫主者，固亡其半者也。」

注釋

　　①張儀（西元前？～西元前 309 年）：戰國時魏國人，縱
橫家。相秦惠王，以連橫之策說六國，使六國背縱約而共同事
秦。

　　②惠施：戰國時宋國人，名家代表人物之一。主張「合同
異」說，認為一切事物的差別、對立都是相對的。

譯文

　　張儀想聯合秦國、韓國與魏國的力量討伐齊國和楚國，
而惠施卻想以齊國、楚國為魏國的外援，使魏國擺脫戰爭。二
人爭執不下。魏王的群臣及身邊的人都替張儀說話，認為攻伐
齊國、楚國有利，而不為惠施說話。魏王最終聽從了張儀的建
議，而認為惠施的主張不可行。攻伐齊國和楚國的事情定下來
之後，惠施入宮求見魏王。魏王說：「先生不要講了。攻伐齊
國和楚國之事果然有利，全國的人都這樣認為。」惠施於是說：
「這件事不能不細察。攻打齊國、楚國的事若確實有利，而

全國的人也都認為有利，為什麼聰明的人會這麼多呢？攻打齊國、楚國的事若確實不利，而全國的人卻都認為有利，為什麼愚蠢的人這麼多呢？凡是謀劃，都是有所懷疑的。所謂有所懷疑，就是認為可行的人占一半，認為不可行的人占一半。如今全國的人都認為可行，說明君主已沒有敢於懷疑之人，已失去了一半之人。劫持君主的人，就是使君主失去敢持懷疑態度的這一半人的人啊。」

▶原文

　　叔孫相魯^①，貴而主斷。其所愛者曰豎牛，亦擅用叔孫之令。叔孫有子曰壬，豎牛妒而欲殺之，因與壬游於魯君所。魯君賜之玉環，壬拜受之而不敢佩，使豎牛請之叔孫。豎牛欺之曰：「吾已為爾請之矣，使爾佩之。」壬因佩之。豎牛因謂叔孫：「何不見壬於君乎？」叔孫曰：「孺子何足見也。」豎牛曰：「壬固已數見於君矣。君賜之玉環，壬已佩之矣。」叔孫召壬見之，而果佩之，叔孫怒而殺壬。壬兄曰丙，豎牛又妒而欲殺之。叔孫為丙鑄鐘，鐘成，丙不敢擊，使豎牛請之叔孫。豎牛不為請，又欺之曰：「吾已為爾請之矣，使爾擊之。」丙因擊之。叔孫聞之曰：「丙不請而擅擊鐘。」怒而逐之。丙出走齊。居一年，豎牛為謝叔孫，叔孫使豎牛召之，又不召而報之曰：「吾已召之矣，丙怒甚，不肯來。」叔孫大怒，使人殺之。二子已死，叔孫有病，豎牛因獨養之而去左右，不內人^②，曰：「叔孫不欲聞人聲。」因不食而餓死。叔孫已死，豎牛因不發喪也，徙其府庫重寶空之而奔齊。夫聽所信之言而子父為人僇^③，此不參之患也。

注釋

①叔孫：魯國貴族。春秋末年，與孟孫、季孫一起，執政於魯國。

②內：通「納」，使……進入。

③僇：通「戮」，殺戮。

譯文

叔孫為魯國的宰相，地位顯貴且專權獨斷。叔孫所寵愛的人叫豎牛，也常常擅自借叔孫之名發號施令。叔孫有個兒子叫壬，豎牛嫉妒壬並且想殺死壬，於是就故意不經過叔孫的同意而與壬一道在魯君的住所遊玩。魯君賞賜給壬一個玉環，壬跪拜著收下卻不敢佩戴它，便委派豎牛去向叔孫請示這件事。豎牛欺騙壬說：「我已經替你請示過了，宰相讓你佩戴上玉環。」壬於是佩戴上了玉環。豎牛便對叔孫說：「為什麼不讓壬去拜見國君呢？」叔孫說：「小孩子怎麼可以拜見國君呢？」豎牛說：「壬已經見過國君好幾次了。國君賞賜給他的玉環他已佩戴上了。」叔孫將壬召來一看，見他果然佩戴著玉環，於是一怒之下，竟將壬殺掉。壬的哥哥叫做丙，豎牛又嫉妒丙且想殺死他。叔孫為丙鑄造了一口鐘，鐘成之後，丙不敢擊鐘，於是派豎牛徵求叔孫的意見。豎牛沒去徵求叔孫的意見，又欺騙丙說：「我已替你徵求過宰相的意見了，他讓你擊鐘。」丙於是擊鐘。叔孫聽到鐘聲之後說：「丙不徵求我的意見就敢擅自擊鐘。」於是憤怒地將丙驅逐出境，丙逃到齊國。過了一年，豎牛假意替丙向叔孫請罪，叔孫讓豎牛將丙召回，豎牛又不召丙而回報說：「我已經通知他了，可是丙十分生氣，不肯回來。」叔孫大怒，派人將丙殺死。兩個兒子都死後，叔孫生病了，豎牛於是單獨一人照料叔孫，不讓叔孫身邊的侍從靠近，也不允許別人進入，並且謊稱：「叔孫不想聽到別人的聲音。」最後叔孫因為沒有

東西可吃而餓死。叔孫死後，豎牛也不發喪，竟將叔孫府庫中的貴重寶物全部搬空，然後逃奔到齊國。叔孫一味聽信所寵愛和信任者的話，竟致父子三人都被殺戮，這就是對臣子的話不加以多方驗證的禍患啊。

▶原文

江乙為魏王使荊，謂荊王曰：「臣入王之境內，聞王之國俗曰：『君子不蔽人之美，不言人之惡。』誠有之乎？」王曰：「有之。」「然則若白公之亂①，得庶無危乎②？誠得如此，臣免死罪矣。」

衛嗣公重如耳③，愛世姬，而恐其皆因其愛重以壅己也④，乃貴薄疑以敵如耳，尊魏姬以耦世姬⑤，曰：「以是相參也。」嗣公知欲無壅，而未得其術也。夫不使賤議貴，下坐上，而必待勢重之鈞也，而後敢相議，則是益樹壅塞之臣也。嗣公之壅乃始。

夫矢來有鄉⑥，則積鐵以備一鄉；矢來無鄉，則為鐵室以盡備之⑦。備之則體不傷。故彼以盡備之不傷，此以盡敵之無奸也。

注釋

①白公之亂：白公所發動的叛亂。白公即白公勝，春秋時期楚平王太子建之子，封於白，因以為姓。曾劫惠王，自立為王，敗後自縊而死。

②無危：指白公一類的叛亂者沒有危險。

③如耳：魏國人，在衛國當官。

④壅：蒙蔽。

⑤耦（ㄡˇ）：相對，抗衡。

⑥鄉：通「向」，方向。

⑦鐵室：指從頭到腳的鎧甲。

譯文

　　江乙受魏王的派遣出使楚國，對楚王說：「我進入大王的國境之內，聽說貴國的風俗是：『君子不遮擋別人的美德，不談論別人的惡行，真有這樣的風俗嗎？」楚王回答說：「有啊。」江乙又說：「果真如此，那麼像白公勝那樣的叛亂，不也是沒有危險的嗎？若真的如此，臣子就該免去死罪了。」

　　衛嗣公器重如耳，寵愛世姬，但又擔心他們因為受器重被寵愛而蒙蔽自己，於是就提高薄疑的地位以便與如耳匹敵，讓魏姬尊貴以便與世姬抗衡，並且說：「用這種方法可以讓他們相互牽制。」衛嗣公已經意識到不能讓自己受蒙蔽，只是還沒有掌握不使自己受蒙蔽的方法。不讓低賤的議論高貴的，不讓下面的超過上面的，而一定得等到他們勢均力敵之時，才讓他們相互議論，這種做法，是在更多地培養蒙蔽國君的大臣。所以說，衛嗣公的受蒙蔽才剛剛開始。

　　箭矢射來時如果有方向，那麼就聚鐵打成胸甲防備從這個方向射來的箭；箭矢射來時如果沒有方向，那麼就打造從頭到腳的全副鎧甲來全面防備。有了防備，身體才不會受到傷害。所以說，那防箭的人打造鎧甲，全面防備，因而身體不會受傷；作為君主，要將臣子看成敵對的勢力，全面防備，才能杜絕奸邪。

原文

　　龐恭與太子質於邯鄲，謂魏王曰：「今一人言市有虎①，王信之乎？」曰：「不信。」「二人言市有虎，王信之乎？」曰：

韓非子全書

「不信。」「三人言市有虎，王信之乎？」王曰：「寡人信之。」龐恭曰：「夫市之無虎也明矣，然而三人言而成虎。今邯鄲之去魏也遠於市，議臣者過於三人，願王察之。」龐恭從邯鄲反[2]，竟不得見。

注釋

①市：指集市。
②反：同「返」，返回。

譯文

魏國的大臣龐恭與太子一起到邯鄲去當人質，臨行前對魏王說：「現在若有一個人說集市上有老虎，大王相信這話嗎？」魏王說：「我不相信。」「兩個人說集市上有老虎，大王相信嗎？」魏王說：「不相信。」「三個人說集市上有老虎，大王相信嗎？」魏王說：「我相信。」龐恭說：「集市上不可能有老虎是很明白的事實，可是三個人都說有老虎，便有人相信真有老虎。如今邯鄲與魏國的距離，遠於集市與王宮的距離，而議論我的人肯定超過三個人，希望大王明察這些議論。」但是當龐恭從邯鄲返回來後，竟再也沒有見到魏王。

二、必罰明威[1]

原文

董閼於為趙上地守[2]。行石邑山中，見深澗，峭如牆，深百仞，因問其旁鄉左右曰：「人嘗有入此者乎？」對曰：「無有。」曰：「嬰兒、盲聾、狂悖之人，嘗有入此者乎？」對曰：「無有。」「牛馬犬彘，嘗有入此者乎？」對曰：「無有。」董閼於喟然太息曰[3]：「吾能治矣。使吾法之無赦，猶入澗之必死也，

130

則人莫之敢犯也，何為不治？」

故子產相鄭，病將死，謂游吉曰：「我死後，子必用鄭，必以嚴蒞人。夫火形嚴，故人鮮灼；水形懦，故人多溺。子必嚴子之刑，無令溺子之懦。」子產死，游吉不忍行嚴刑，鄭少年相率為盜，處於萑澤④，將遂以為鄭禍。游吉率車騎與戰，一日一夜，僅能克之。游吉喟然歎曰：「吾蚤行夫子之教⑤，必不悔至於此矣。」

注釋

①必罰明威：這是第二種政治手段，即明確懲罰以彰顯威嚴。

②上地：即上郡，在今山西晉東南一帶。

③太息：歎息。

④萑（ㄏㄨㄢˊ）澤：有蘆葦的沼澤地。

⑤蚤：通「早」。

譯文

董閼於擔任趙國上黨地區的官員。有一次巡視，來到石邑山中，看到一條深澗，陡峭如牆壁，深達百仞，於是就詢問居住於深澗旁的本地人：「曾經有人進入這條深澗嗎？」回答說：「沒有。」又問：「嬰兒、盲人、聾子以及瘋子一類的人，有無進去過？」回答道：「沒有。」再問：「牛馬狗豬等動物，是否曾經進去過？」回答道：「從來沒有。」董閼於喟然歎息道：「我能治理好本地的百姓了，如果我制定的法令嚴懲不貸，犯罪的人猶如進入這條深澗就必死無疑一樣，那麼人們就沒有敢觸犯法令的，還有什麼治理不好他們的呢！」

子產做鄭國的宰相，將要病死之時，對游吉說：「我死之

後，你必定會在鄭國執政，你一定得從嚴治人。火苗的樣子極
其兇猛，所以很少有人被燒傷；水的外形極其柔順，所以很多
人被淹死。你必須實行嚴刑峻法，不要讓人看到你的懦弱從而
淹死。」子產死後，游吉不忍心推行嚴厲的刑法，鄭國的年輕
人結夥為盜，盤踞在有蘆葦的沼澤地，竟成為鄭國的禍害。游
吉統率兵馬與他們交戰，用了一天一夜，方才戰勝他們。游吉
喟然長歎道：「我如果能早點聽從子產先生的教導，一定不會
像今天這樣懊悔！」

原文

魯哀公問於仲尼曰：「《春秋》之記曰：『冬十二月①，
霣霜②，不殺菽。』何為記此？」仲尼對曰：「此言可以殺而
不殺也。夫宜殺而不殺，桃李冬實。天失道，草木猶犯干之③，
而況於人君乎！」

殷之法，刑棄灰於街者。子貢以為重，問之仲尼。仲尼曰：
「知治之道也。夫棄灰於街，必掩人；掩人，人必怒；怒則鬥，
鬥必三族相殘也。此殘三族之道也，雖刑之可也。且夫重罰者，
人之所惡也，而無棄灰，人之所易也。使人行之所易④，而無
離所惡⑤，此治之道。」

注釋

①十二月：周代的十二月，相當於今天的十月。
②霣（ㄩㄣˋ）：同「隕」，降。
③干：冒犯。
④行：去，拋棄。
⑤離：遭受。

譯文

魯哀公問孔子道：「《春秋》一書上記載：『冬天十二月，降下霜，可是卻沒有將草凍死。』為什麼要記這件事呢？」孔子回答說：「這是說本來應當被凍死卻沒有凍死。如果應該凍死卻不去凍死，那麼桃樹李樹就會在冬天開花結果。自然規律違背常理，草木尚且敢冒犯它，何況是人間的君主呢？」

商朝的法律規定：那些在大街上倒灰的人要受到刑罰。子貢認為這樣的刑律太嚴酷，就向孔子請教。仲尼說：「這是知道治國之道的法律。因為在大街上倒灰，必定會塵土飛揚；弄得行人灰頭土臉，人們必定生氣；生氣就要發生鬥毆，鬥毆的結果，必定是家族之間相互殘殺。因此說在大街上倒灰是引起家族間相互殘殺的根源，即使嚴刑懲罰也是可以的。再說那嚴厲的刑罰，是人們所厭惡的，而不在大街上倒灰，卻是人們易於辦到的。讓人們做那些容易做到的事，而免於遭受所厭惡的，這是統治人民的好方法。」

原文

中山之相樂池，以車百乘使趙，選其客之有智能者以為將行①，中道而亂。樂池曰：「吾以公為有智能，而使公為將行，今中道而亂，何也？」客因辭而去，曰：「公不知治。有威足以服之，而利足以勸之②，故能治之。今臣，君之少客也，夫從少正長③，從賤治貴，而不得操其利害之柄以制之，此所以亂也。嘗試使臣：彼之善者，我能以為卿相；彼不善者，我得以斬其首，何故而不治？」

公孫鞅之法也重輕罪④。重罪者，人之所難犯也；而小過者，人之所易去也。使人去其所易，無離其所難，此治之道。夫小過不生，大罪不至，是人無罪而亂不生也。

注釋

①將行：隊伍的指揮者。

②勸：賣力，起勁。

③從：以。

④公孫鞅：即商鞅（約西元前 390 年～西元前 338 年），戰國衛人。姓公孫名鞅，因封於商，也稱商鞅、商君。相秦十九年，輔助秦孝公變法，使秦國富強。

譯文

中山國的相國樂池將帶領一百輛車馬去出使趙國，他挑選了他的門客中最有智慧和才能的人當隊伍的指揮者，可是剛走到半路，隊伍就亂了。樂池對指揮者說：「我以為你最有智慧和才能，所以才讓你當隊伍的指揮者。如今半路上隊伍就亂了，為什麼呢？」這個門客於是告辭離去，臨行前說：「你還不瞭解管理人的方法。有了威勢就足以讓人服從，有了利益就足以讓人賣勁，所以能夠管理好人。現在的我，只是你門下最年輕的一名門客，讓我這個年輕的管理年長的，讓地位低的去領導地位尊貴的，而又沒有給我賞罰的權柄以制約他們，這就是隊伍混亂的原因。如果能讓我做到以下兩點：那些聽指揮的，我有權封其為卿相；那些不聽指揮的，我能夠斬其首級，還有什麼管理不好的呢！」

商鞅制定的法令，是對輕罪。加重處罰那些重大的罪行，是人們不易犯的；而小小的過失，則又是人們可以改正的。讓人們拋棄他們容易做到的，不要遭受他們所難以冒犯的，這是治理人的好方法。小的過失沒有了，大的罪行又不會輕易去犯，這樣一來，人們便沒有犯罪的，自然也就沒有禍亂了。

▶原文

荊南之地，麗水之中生金，人多竊采金。采金之禁：得而輒辜磔於市①。甚眾，壅離其水也，而人竊金不止。夫罪莫重辜磔於市，猶不止者，不必得也。故今有於此曰：「予汝天下而殺汝身。」庸人不為也。夫有天下，大利也，猶不為者，知必死。故不必得也，則雖辜磔，竊金不止；知必死，則雖予之天下不為也。

魯人燒積澤。天北風，火南倚。恐燒國，哀公懼，自將眾趣救火。左右無人，盡逐獸，而火不救，乃召問仲尼。仲尼曰：「夫逐獸者樂而無罰，救火者苦而無賞，此火之所以無救也。」哀公曰：「善。」仲尼曰：「事急，不及以賞。救火者盡賞之，則國不足以賞於人。請徒行罰。」哀公曰：「善。」於是仲尼乃下令曰：「不救火者，比降北之罪②；逐獸者，比入禁之罪。」令下未遍③，而火已救矣。

注釋

①辜磔：古代的一種酷刑，將軀體肢解。
②比：等同，比照。
③未遍：還未傳遍。

譯文

楚國南部的麗水流域，儲藏著黃金，很多人偷偷去開採。官府對採金的禁令是：抓到採金的，肢解軀體並棄於鬧市。因為偷採黃金而被治罪的人很多，屍體幾乎堵塞了麗水，可是照樣煞不住偷採之風。要說罪行，沒有比肢解軀體並丟棄於鬧市更重的了，可是仍然屢禁不止，那是因為私自採金的不一定都被抓住治罪。如今假若有人說：「給你天下但要殺死你。」即

使是愚蠢的人也不幹。享有天下，那是多麼大的利益啊，還不肯接受，那是因為他知道必定會死去。所以說不一定被治罪，即使有可能受到分屍的刑罰，偷採黃金之風仍然不止；知道必定會死的結果後，那麼即使送給他天下，他也不幹。

魯國人放火焚燒沼澤地。正巧趕上刮北風，將火苗向南吹。因擔心會燒到國都，魯哀公十分恐懼，親自率眾前去救火。可是身旁沒有人，都去追逐野獸，火也撲不滅，哀公於是召來孔子詢問辦法。孔子說：「那追逐野獸的人有樂趣而不受懲罰，救火的人辛苦但沒有獎賞，這就是火撲不滅的原因。」哀公道：「說得對。」孔子又說：「事情危急，來不及給予獎賞。而且如果救火的人都給予獎賞，那麼國家的財富怕不夠用。我建議只用懲罰。」哀公說：「好吧。」於是孔子就下命令道：「不救火的人，與打仗中逃跑的人同罪；追逐野獸的人，與私闖君王禁地的人同罪。」所下達的命令還未傳遍，火已被撲滅了。

原文

成驩謂齊王曰：「王太仁，太不忍人。」王曰：「太仁，太不忍人，非善名邪？」對曰：「此人臣之善也，非人主之所行也。夫人臣必仁，而後可與謀；不忍人，而後可近也。不仁，則不可與謀；忍人，則不可近也。」王曰：「然則寡人安所太仁？安不忍人？」對曰：「王太仁於薛公，而太不忍於諸田。太仁薛公，則大臣無重；太不忍諸田，則父兄犯法。大臣無重，則兵弱於外；父兄犯法，則政亂於內。兵弱於外，政亂於內，此亡國之本也。」

魏惠王謂卜皮曰：「子聞寡人之聲聞亦何如焉？」對曰：「臣聞王之慈惠也。」王欣然喜曰：「然則功且安至？」對曰：「王之功至於亡。」王曰：「慈惠，行善也，行之而亡，何也？」卜皮對曰：「夫慈者不忍，而惠者好與也。不忍則不誅有過，

好予則不待有功而賞。有過不罪，無功受賞，雖亡不亦可乎？

譯文

　　成驩對齊王說：「您太仁慈，對人太不殘忍了。」齊王說：「太仁慈，對人太不殘忍，不是好名聲嗎？」成驩回答道：「這是人臣的善名，而不是君主所應做的。人臣必須仁慈，然後才能與他謀劃大事；對人不殘忍，然後才能與他親近。不仁慈，便不能與他謀事；對人太殘忍則不可親近。」齊王說：「既然如此，那麼我哪些地方太仁慈，哪些地方又太不殘忍呢？」成驩回答道：「您對薛公太仁慈，對田氏家族不夠殘忍。對薛公太仁慈，那麼別的大臣便無權勢；對田氏家族不夠殘忍，那麼他們父子兄弟便會觸犯法令。別的大臣無權勢，那麼對外作戰就會失敗；田氏父子兄弟觸犯法令，那麼國內的政治就會混亂。對外作戰失敗，國內政治混亂，這是國家滅亡的根本原因。」

　　魏惠王對卜皮說：「你聽說我的名聲怎麼樣呢？」卜皮回答道：「我聽說您很仁慈，也肯施恩惠。」魏惠王得意洋洋地說：「那麼達到什麼程度了呢？」卜皮答道：「到了快要亡國的地步了。」魏惠王說：「仁慈和施予恩惠，是在行善，行善而能導致亡國，為什麼呢？」卜皮回答道：「對人仁慈就不狠心，好施恩惠免不了要賞賜。不狠心就不會責罰有過錯的人，好賞賜則不等有功勞就獎勵。有過錯而不治罪，無功勞卻受獎賞，這種賞罰不分的君主即使亡國，不也是正常的嗎？」

原文

　　齊國好厚葬，布帛盡於衣衾，材木盡於棺槨。桓公患之，以告管仲曰：「布帛盡則無以為幣；材木盡則無以為守備。而人厚葬之不休，禁之奈何？」管仲對曰：「凡人之有為也，非

名之，則利之也。」於是乃下令曰：「棺槨過度者，戮其屍，
罪夫當喪者。」夫戮死，無名；罪當喪者，無利，人何故為之也？

衛嗣公之時，有胥靡逃之魏[1]，因為襄王之後治病。衛嗣
公聞之，使人請以五十金買之，五反而魏王不予[2]，乃以左氏
易之[3]。群臣左右諫曰：「夫以一都買一胥靡，可乎？」王曰：
「非子之所知也。夫治無小而亂無大。法不立而誅不必，雖有
十左氏無益也；法立而誅必，雖失十左氏無害也。」魏王聞之曰：
「主欲治而不聽之，不祥。」因載而往，徒獻之。

注釋

①胥靡：古代對奴隸的一種稱謂。因被用繩索牽連著強迫
勞動，故名。

②五反：往返五次。反，同「返」。

③左氏：城池的名稱。

譯文

齊國人喜歡葬禮隆重，以致布帛全用來做死人的衣服，木
材全用來做棺木。齊桓公很是擔憂，於是告訴管仲：「布帛用
盡了，就不能當流通的錢幣了；木材用盡了，就不能構築防禦
工事了。可是人們的厚葬之風不止，如何才能禁止呢？」管仲
回答道：「凡是人們所做的，不是為了名，就是為了利。」於
是就發佈命令：「棺木超過規定的標準，就殺戮死者的屍體，
並且懲罰辦喪事的人。」殺戮死者的屍體，得到的不是好名聲；
懲罰辦喪事的人，他們便無利可圖，這樣無名無利的事，誰還
去做呢？

衛嗣公執政時，有一個奴隸逃到魏國，為魏襄王的王后去
治病。衛嗣公聽說這件事後，派人請求用五十金買回這個奴隸，

往返了五次，魏襄王都不肯給，於是想用左氏這座城來交換這個奴隸。衛嗣公身邊的大臣們勸諫道：「用一座城池去換一個奴隸，值得嗎？」衛嗣公說：「這不是你們能理解的。治理國家不能忽略小事，混亂也不一定非由大事引起。法令不制定，懲罰不執行，即使有十座左氏城也沒用；法令制定了，懲罰執行了，即使損失掉十座左氏城，也無妨害。」魏襄王聽說這件事後，說：「衛嗣公想治理好國家而不支持他，那不是吉祥之事。」於是用車將那個奴隸遣返回衛國，獻給衛嗣公，不取分文。

三、信賞盡能①

▶原文

　　齊王問於文子曰：「治國何如？」對曰：「夫賞罰之為道，利器也。君固握之，不可以示人。若如臣者，猶獸鹿也，唯薦草而就②。」
　　越王問於大夫文種曰：「吾欲伐吳，可乎？」對曰：「可矣。吾賞厚而信，罰嚴而必。君欲知之，何不試焚宮室？」於是遂焚宮室，人莫救之。乃下令曰：「人之救火死者，比死敵之賞；救火而不死者，比勝敵之賞；不救火者，比降北之罪。」人之塗其體，被濡衣而走火者③，左三千人，右三千人。此知必勝之勢也。

注釋

　　①信賞盡能：這是第三種政治手段，意思是：對有功勞的人依法獎賞，以便臣子竭盡才能。
　　②薦草：野獸所吃的草。

③被：同「披」。

譯文

　　齊王問文子道：「怎麼樣才能治理好國家呢？」文子回答說：「獎賞和懲罰的功效，如同銳利的武器。君主應該牢牢地握住這種武器，不可以輕易地讓人看。當人臣的，就像獸鹿一樣，哪兒有它喜歡的草就往哪兒跑。」

　　越王問大夫文種道：「我想討伐吳國，可以嗎？」文種回答道：「已經可以了。我們推行的政策是，獎賞豐厚而守信用，懲罰嚴厲而一定做到。您要想瞭解實際情況，何不試著將宮室焚燒？」於是就故意將宮室焚燒，可是人們都不去救火。越王就下命令道：「因救火而犧牲的人，賞賜與陣亡的將士相當；救火後仍活著的人，賞賜與打了勝仗的戰士相當；凡是不救火的人，罪責相當於打仗當逃兵者。」命令下達之後，往身上塗抹防火的東西，披著濕衣服跑去救火的人，左邊有三千人，右邊有三千人。從這件事就能預測到越軍戰無不勝的形勢。

原文

　　吳起為魏武侯西河之守。秦有小亭臨境，吳起欲攻之。不去，則甚害田者；去之，則不足以徵甲兵。於是乃倚一車轅於北門之外而令之曰：「有能徙此南門之外者，賜之上田上宅。」人莫之徙也。及有徙之者，還賜之如令①。俄又置一石赤菽東門之外而令之曰②：「有能徙此於西門之外者，賜之如初。」人爭徙之。乃下令曰：「明日且攻亭，有能先登者，仕之國大夫，賜之上田上宅。」人爭趨之。於是攻亭，一朝而拔之。

　　李悝為魏文侯上地之守，而欲人之善射也，乃下令曰：「人之有狐疑之訟者，令之射的，中之者勝，不中者負。」令下而

人皆疾習射，日夜不休。及與秦人戰，大敗之，以人之善射也。

注釋

①還（ㄒㄩㄢˊ）：迅速、立刻。
②石（ㄉㄢˋ）：古代容量單位，一石等於十斗。

譯文

　　吳起當了魏武侯的西河郡守。秦國有一個小亭臨近西河的邊境，吳起想攻打這個小亭。不拔掉這個小亭，對魏國種田的人十分有害；而要除掉他，又徵調不到足夠的士兵。於是吳起將一個車轅斜立在北門之外，並下命令道：「凡是能將這個車轅移到南門之外的人，賞賜給他上等的田地和住宅。」人們都不去移動車轅。等到有一個人將車轅移到規定的地方，吳起就照命令所說的，立即賞賜給他上等的田地和住宅。不久又在東門之外放置了一石紅豆，並下命令道：「凡是能將這一石紅豆移到西門之外的人，獎賞如同上次。」人們爭著去轉移紅豆。這時，吳起又下命令道：「明天將要攻打小亭，凡是最先登上小亭的人，就封他為大夫，賞賜給他上等的田地和住宅。」人們爭先恐後前去應徵。於是下令攻打小亭，一個早晨就將其攻下了。

　　李悝在擔任魏文侯上地郡守期間，想讓境內的人民都會射箭，於是發佈命令道：「人們有難以決斷的訴訟案件，就讓他們射靶子，射中的人為勝訴，射不中的人為敗訴。」命令一下，人們很快就開始練習射箭，日夜不停。等到與秦國人交戰，將秦國人打得大敗，這是因為當地的人都善於射箭。

原文

越王慮伐吳，欲人之輕死也。出見怒蛙，乃為之式[1]。從者曰：「奚敬於此？」王曰：「為其有氣故也。」明年之請以頭獻王者歲十餘人。由此觀之，譽之足以殺人矣。

韓昭侯使人藏弊褲，侍者曰：「君亦不仁矣，弊褲不以賜左右而藏之。」昭侯曰：「非子之所知也。吾聞明主之愛，一顰一笑[2]，有為，而笑有為笑。今夫褲，豈特笑哉？褲之與笑相去遠矣。吾必待有功者，故收藏之未有予也。」

注釋

①式：表示敬意。
②顰：皺眉。

譯文

越王謀劃討伐吳國，想讓每個人都視死如歸。出征的路途中看見一隻發怒的青蛙，就向它表示敬意。跟隨越王的侍從說：「為什麼要對它表示敬意呢？」越王說：「是因為它有勇氣的緣故啊。」第二年，願意將自己的頭顱獻給越王的人，一年之中就有十幾個。由此看來，讚譽也足以讓人犧牲啊。

韓昭侯讓人將他的破褲子藏起來，侍奉他的人說：「君王您也太不仁厚了，連破褲子都不送給身邊的人，反而收藏了起來。」韓昭侯說：「這不是你們所能懂得的。我聽說賢明君主的仁愛，一皺眉，一發笑，皺眉有皺眉的原因，發笑有發笑的原因。如今這褲子，難道僅僅像皺眉、發笑一樣嗎？褲子與皺眉、發笑相差太遙遠了。我是在等待有功勞的人，所以收藏起來不送給別人。」

四、一聽責下①

▶原文

魏王謂鄭王曰②：「始鄭梁一國也，已而別，今願復得鄭而合之梁。」鄭君患之，召群臣而與之謀所以對魏。鄭公子謂鄭君曰：「此甚易應也。君對魏曰：『以鄭為故魏而可合也，則弊邑亦願得梁而合之鄭。』」魏王乃止。

注釋

①一聽責下：這是第四種政治手段，意思是專聽一理，考察臣下專司之事。

②鄭王：此處指韓王。

譯文

魏王對韓王說：「剛開始之時，韓國和梁國本為一個國家，不久才分開。現在我們希望再將韓國合併到梁國。」韓國國君很害怕，召集群臣與他們謀劃如何對付魏國。韓國公子對韓國國君說：「這很容易應付啊。您對魏王說：『因為韓國與從前的魏國是合在一起的，那麼我們韓國也願意讓梁國合併到韓國來。』」魏王聽到這話之後，不再說什麼。

▶原文

齊宣王使人吹竽，必三百人。南郭處士請為王吹竽，宣王說之①，廩食以數百人②。宣王死，湣王立，好一一聽之，處士逃。

一曰，韓昭侯曰：「吹竽者眾，吾無以知其善者。」田嚴

對曰：「一一而聽之。」

注釋

　　①説：同「悦」，喜歡。
　　②廩（ㄌㄧㄣˇ）食：供給食物。竽（ㄩˊ）樂器名，吹管樂器。形似笙而較大，三十六管，後減至二十三管。

譯文

　　齊宣王讓人吹竽，必定要有三百人一齊吹才滿意。南郭的一個人請求為齊宣王吹竽，宣王很高興，供給他食物的標準同那幾百人一樣。齊宣王死後，齊湣王即位，喜歡一個一個地聽，這個人因為不會吹竽，就逃跑了。另一種說法是，韓昭侯聽人吹竽，說：「吹竽的人太多，我無法知道誰吹得好。」田嚴回答說：「一個一個地聽他們吹。」

▶原文

　　三國兵至函谷，秦王謂樓緩曰：「三國之兵深矣！寡人欲割河東而講①，何如？」對曰：「夫割河東，大費也；免國於患，大功也。此父兄之任也，王何不召公子泛而問焉？」王召公子泛而告之，對曰：「講亦悔，不講亦悔。王今割河東而講，三國歸，王必曰：『三國固且去矣，吾特以三城送之。』不講，三國也入函谷，則國必大舉矣②，王必大悔，曰：『不獻三城也。』臣故曰：『王講亦悔，不講亦悔。』」王曰：「為我悔也，寧亡三城而悔，無危乃悔，寡人斷講矣。」

注釋

①講：講和。
②舉：徵召部隊。

譯文

三個國家的部隊兵臨函谷關，秦王對樓緩說：「三國的部隊已深入到我國了，我想割讓河東一帶的土地與他們講和，怎麼樣？」樓緩回答道：「割讓河東之地，是很大的損失；使國家免遭禍亂，是很大的功勳。這都是國君家族內父兄的職責，您為什麼不召來公子泛問問呢？」秦王於是召來公子泛，將情況告訴他。公子泛回答道：「這件事講和也要後悔，不講和也要後悔。如今您若割讓河東之地去講和，三國的部隊退回，您一定會說：『三國的部隊本來就要退回去的，我白白地將三座城送給他們。』若不講和，三國的部隊攻入函谷關，那麼秦國一定得徵召軍隊，勞役人民，您一定會很後悔，並且說：『這都是因為沒有獻上三座城池。』所以為臣我斷言：『您是講和也後悔，不講和也後悔。』」秦王說：「與其要後悔，我寧肯因為失去三座城池而後悔，也不肯因為國家處於危難的境地而後悔。我已決定，講和吧。」

五、疑詔詭使①

原文

龐敬，縣令也。遣市者行②，而召公大夫而還之。立有間，無以詔之，卒遣行。市者以為令與公大夫有言，不相信，以至無奸。

韓非子全書

注釋

①疑詔詭使：這是第五種政治手段，意思是有所懷疑而使用詭譎之計，使臣下不敢隱瞞真情。

②市者：市場管理員。

譯文

龐敬是一個縣令。他派出集市管理員外出執行任務，又將公大夫從集市上召回來。公大夫站了一會兒，龐敬卻沒有給他什麼指示，最後又讓他回去了。市場管理員認為龐敬對公大夫說了什麼，公大夫雖極力辯白，他也不相信，更不敢胡作非為。

原文

戴驩，宋太宰。夜使人曰：「吾聞數夜有乘輼車至李史門者①，謹為我伺之。」使人報曰：「不見輼車，見有奉笥而與李史語者。有間，李史受笥。」

周主亡玉簪，令吏求之，三日不能得也。周主令人求，而得之家人之屋間②。周主曰：「吾知吏之不事事也。求簪三日不得之，吾令人求之，不移日而得之③。」於是吏皆聳懼，以為君神明也。

注釋

①輼（ㄨㄣ）車：古代一種較高級的臥車。

②家人：普通百姓家。

③不移日：移日表示時間長久，不移日即時間很短。

146

譯文

　　戴驩擔任宋國的太宰,晚上派人出去,說:「我聽說幾個晚上都有乘坐臥車的人到李史的家門,請你小心為我察看。」不久,被派去的人回來報告說:「沒有看見有臥車,只看見有個人拿著方形的竹器皿與李史交談,過了一會兒,李史收下了竹器皿。」

　　周國國君丟了玉簪,派出官吏去尋找,找了三天都未找見。周國國君又派人去找,結果在一家百姓的房間中找到。周國國君說:「我的官吏如此不盡職責。讓他們找玉簪,三天都未找到;我又派人去找,不一會兒就找見了。」於是官吏們都驚懼害怕,認為國君是神通廣大而賢明的君主。

原文

　　商太宰使少庶子之市①,顧反而問之曰②:「何見於市?」對曰:「無見也。」太宰曰:「雖然,何見也?」對曰:「市南門之外,甚眾牛車,僅可以行耳。」太宰因誡使者:「無敢告人吾所問於女③。」因召市吏而誚之曰④:「市門之外何多牛屎?」市吏甚怪太宰知之疾也,乃悚懼其所也⑤。

注釋

　　①商:此處指宋。　庶子:官名。
　　②顧反:返回。
　　③女:同「汝」,你。
　　④誚(ㄑㄧㄠˋ):責備。
　　⑤所:這裡指工作崗位。

譯文

宋國的太宰派一個年輕的官員到市場，待他返回來後問他道：「在市場上看到了什麼？」那人回答說：「什麼也沒見。」太宰說：「即使如此，總有所見吧？」這位年輕官員回答道：「市場的南門之外，聚集了好多牛車，擁擠不堪，勉強能通行。」太宰於是告誡這個官員：「不要將我所問你的話告訴別人。」太宰隨後召來管理市場的官吏責備道：「市場的門外為什麼那麼多牛糞？」管理市場的官員非常奇怪太宰這麼快就知道了市場的情況，因而小心謹慎地堅守自己的工作崗位。

六、挾知而問[①]

原文

韓昭侯握爪，而佯亡一爪，求之甚急。左右因割其爪而效之。昭侯以此察左右之誠不（ㄈㄨˇ）。

韓昭侯使騎於縣[②]。使者報，昭侯問曰：「何見也？」對曰：「無所見也。」昭侯曰：「雖然，何見？」曰：「南門之外，有黃犢食苗道左者。」昭侯謂使者：「毋敢泄吾所問於女。」乃下令曰：「當苗時，禁牛馬入人田中。固有令，而吏不以為事，牛馬甚多入人田中。亟舉其數上之；不得，將重其罪。」於是三鄉舉而上之[③]。昭侯曰：「未盡也。」復往審之，乃得南門之外黃犢。吏以昭侯為明察，皆悚懼其所而不敢為非。

注釋

①挾知而問：這是第六種政治手段，即拿自己已掌握的情況詢問臣下，進而考察他是否誠實。
②騎（ㄐㄧˋ）：騎馬的人。

③三鄉：這裡指東、西、北三個方向。鄉，通「向」。

譯文

韓昭侯握住自己的手指甲，卻假裝掉了一片指甲，十分焦急地找尋。身邊的侍從於是剪下自己的手指甲獻給韓昭侯。韓昭侯憑這件事考察出身邊的侍從誠實不誠實。

韓昭侯派騎士外出視察縣城。騎士回來彙報，昭侯問他：「看見些什麼？」騎士回答道：「沒看見什麼。」昭侯說：「即使如此，總有所見吧？」騎士回答：「南門外面，有黃牛犢在吃道路左側的青苗。」昭侯對騎士說：「不要洩露我所問你的話。」於是就發佈命令：「禾苗生長期間，禁止牛馬踏入農戶的田中。本來已有這樣的命令，可是官吏們卻不當一回事，致使很多牛馬踏入農戶的田中。立即將這些數字上報；不上報的，將加重處罰。」於是東門、西門、北門三個方向的數字報了上來。昭侯說：「尚未統計完全。」有關人員又前去調查，於是發現了南門之外的黃牛犢。官吏們都認為韓昭侯明察秋毫，因而誠惶誠恐地堅守職責，不敢為非作歹。

原文

卜皮為縣令，其御史污穢而有愛妾。卜皮乃使少庶子佯愛之，以知御史陰情。

西門豹為鄴令，佯亡其車轄，令吏求之不能得，使人求之而得之家人屋間。

譯文

卜皮擔任縣令，他手下的御史劣跡斑斑，並且有一個寵愛的小妾。卜皮於是派手下一個年輕的官員去假意喜歡這個御史

的愛妾，以便瞭解御史的隱情。

　　西門豹擔任鄴地的縣令期間，假裝丟了一個車軸頭上的零件，派官吏去找而沒有找見，又派身邊的人去找，結果在一戶百姓的房屋中找到了。

七、倒言反事①

▶原文

　　山陽君相衛②，聞王之疑己也，乃偽謗樛豎以知之。

　　淖齒聞齊王之惡己也，乃矯為秦使以知之。

　　齊人有欲為亂者，恐王知之，因詐逐所愛者，令走王知之。

　　子之相燕，坐而佯言曰：「走出門者何？白馬也？」左右皆言不見。有一人走追之，報曰：「有。」子之以此知左右之不誠信。

　　有相與訟者，子產離之，而無使得通辭，倒其言以告而知之。

　　衛嗣公使人為客過關市，關市苛難之，因事關市以金，關吏乃舍之。嗣公為關吏曰：「某時有客過而所③，與汝金，而汝因遣之。」關市乃大恐，而以嗣公為明察。

注釋

　　①倒言反事：這是第七種政治手段，即故意說與本意相反的話，做與實際相反的事，從而瞭解臣下的隱情。

　　②衛：即魏國。此時衛國已削弱，屬於魏國，所以也稱魏為衛。

　　③而所：你那裡。

譯文

　　山陽君做魏國的宰相，聽說魏王懷疑自己，於是假裝誹謗魏王的寵臣樛豎，以便瞭解國君是否真的猜疑自己。

　　淖齒聽說齊湣王討厭自己，於是派人假裝成秦國的使者，去打聽這件事。

　　齊國有個人想要作亂，擔心齊國國王知道，於是就假裝驅逐自己所喜歡的人，讓他逃到齊王那裡從而刺探齊王是否已知道他要作亂這件事。

　　子之當燕國的宰相，坐在那裡故意說：「剛才從門口跑出去的是什麼？是一匹白馬嗎？」身邊的人都說沒有看見。有一個人跑出門去觀看，回來報告道：「是有一匹白馬剛出去。」子之用這種方法知道身邊的人誰不誠實。

　　有兩個人相互爭吵，子產將他們隔離開，讓他們聽不到對方的話，而後將他們各自所說的話倒過來告訴另一方，從而瞭解事情的真相。

　　衛嗣公派人裝扮成客商路過關市，守關的人員刁難他，他就拿出金子賄賂守關的人，守關者這才放他過去。衛嗣公對守關的人說：「某月某日，有個客商路過你那裡，送給你金子，你才放他過去。」守關者十分恐懼，認為衛嗣公能夠明察秋毫。

◎第十五篇：內儲說下‧六微

題解

　　「六微」即六種隱微，韓非認為這六種情形足以危害君主，所以必須嚴加防範。

一、權借在下①

▶原文

勢重者，人主之淵也；臣者，勢重之魚也。魚失於淵而不可復得也，人主失其勢重於臣而不可復收也。古之人難正言，故托之於魚。賞罰者，利器也。君操之以制臣，臣得之以擁主②。故君先見所賞，則臣鬻之以為德③；君先見所罰，則臣鬻之以為威。故曰：「國之利器，不可以示人④。」

靖郭君相齊⑤，與故人夕語，則故人富；懷左右刷⑥，則左右重。夕語懷刷，小資也，猶以成富，況於吏勢乎？

注釋

①權借在下：這是第一種隱微，即君主的權勢轉借給臣下。

②擁：通「壅」，蒙蔽。

③鬻（ㄩˋ）：賣。

④引文見《老子》第三十六章。

⑤靖郭君：即田嬰。戰國時齊人，孟嘗君之父。歷事威王、宣王、湣王，相齊十一年，封於薛，號靖郭君。

⑥懷左右刷：讓身邊的人懷藏理髮用具。懷刷比喻親近得寵。

譯文

厚重的權勢，猶如君主所擁有的深淵；做人臣的，猶如權勢這個深淵中的魚。魚一旦在深淵中丟失了，就不可能再找到；君主在臣子們那裡失去了厚重的權勢，也不可能再收回來。古時候的人對這個道理難以直說，所以用魚來比喻。賞賜和懲罰，是君主的統治手段。君主掌握賞罰大權，就可以用來制約臣子；而臣子若得到這賞罰大權，就會蒙蔽君主。所以君主若先將賞

賜的意向表現出來，那麼臣子便會借機賣賞以作為自己的恩德；
君主若先將懲罰的意向表現出來，那麼臣子便會借機用懲罰樹
立自己的威勢。所以《老子》說：「賞和罰是國家的統治手段，
不可以輕意讓人看見。」

靖郭君田嬰做齊國的宰相，與一個老朋友交談了一晚上，
這個朋友就逐漸富了起來；讓身邊的侍從懷藏理髮的用具，這
個侍從逐漸有了威勢。與人晚上交談，讓人懷藏理髮工具，都
是小事一樁，尚且能使人富貴有威勢，何況是給官員以權勢
呢？

▊原文

晉厲公之時，六卿貴①。胥僮、長魚矯諫曰：「大臣貴重，
敵主爭事，外市樹黨，下亂國法，上以劫主，而國不危者，未
嘗有也。」公曰：「善。」乃誅三卿。胥僮、長魚矯又諫曰：
「夫同罪之人，偏誅而不盡，是懷怨而借之間也。」公曰：「吾
一朝而夷三卿，予不忍盡也。」長魚矯對曰：「公不忍之，彼
將忍公。」公不聽。居三月，諸卿作難，遂殺厲公而分其地。

州侯相荊，貴而主斷。荊王疑之，因問左右，左右對曰「無
有」，如出一口也。

燕人無惑②，故浴狗矢③。燕人，其妻有私通於士，其夫早
自外而來，士適出，夫曰：「何客也？」其妻曰：「無客。」
問左右，左右言「無有」，如出一口。其妻曰：「公惑易也。」
因浴之以狗矢。

注釋

①六卿：指當時晉國的六大家族：韓、趙、魏、智、中行
（ㄏㄤˊ）、范，世代為晉卿。

②惑：一種病，精神失常。
③狗矢：狗屎。

譯文

　　晉厲公執政之時，六卿十分顯貴。胥僮、長魚矯勸諫厲公：「大臣們顯貴勢重，敵國的君主爭相拉攏他們，他們會在國外建立自己的私黨，對下則擾亂國法，對上則憑藉私黨來要脅君主，在這種形勢之下而國家不危險的，從未有過。」晉厲公說：「說得好。」於是誅殺了其中的三卿。胥僮、長魚矯又勸諫道：「同等罪行的人，只殺部分而不全部治罪，這是給他們心懷怨恨提供機會啊。」晉厲公說：「我一天就誅殺三卿，我不忍心斬盡殺絕。」長魚矯回答道：「您不忍心殺他們，他們將會忍心對付您。」晉厲公不聽勸諫。過了三個月，其他幾個貴族造反，於是殺死晉厲公，並且瓜分了他的領土。

　　州侯在楚國當宰相，地位顯貴，獨斷專行。楚王對他有所懷疑，於是就問身邊的人。身邊的人回答說「沒有啊」，這些人的話好像是從一個人的嘴裡說出來一般。

　　有一個燕國人並未中邪，反而被用狗屎澆身來驅邪。原來這個燕國人的妻子與另一個人私通，她的丈夫早上從外面回來，與她私通的那個人剛好從家中走出，丈夫便問：「那是什麼客人？」妻子說：「沒有客人呀。」丈夫問家中的奴僕，奴僕們也都說「沒有客人」，這話好像出自一個人的口。妻子便說：「你中邪氣了。」於是就用狗屎澆他全身。

二、利異外借①

▶原文

　　衛人有夫妻禱者，而祝曰：「使我無故②，得百束布。」

其夫曰：「何少也？」對曰：「益是，子將以買妾。」

荊王欲宦諸公子於四鄰。戴歇曰：「不可。」「宦公子於四鄰，四鄰必重之。」曰：「子出者重，重則必為所重之國黨，則是教子於外市也，不便。」

魯孟孫、叔孫、季孫相戮力劫昭公，遂奪其國而擅其制。魯三桓逼公，昭公攻季孫氏，而孟孫氏、叔孫氏相與謀曰：「救之乎？」叔孫氏之御者曰：「我，家臣也，安知公家？凡有季孫與無季孫於我孰利？」皆曰：「無季孫必無叔孫。」「然則救之。」於是撞西北隅而入。孟孫見叔孫之旗入，亦救之。三桓為一，昭公不勝。遂之齊，死於乾侯。

注釋

①利異外借：這是第二種隱微，指君主與臣下的利益不統一，臣下便借助國外的勢力來牟取自己的利益。
②故：災難。

譯文

衛國有一對夫妻雙雙禱告，妻子求願道：「讓我無災無難，並且有一百束布。」丈夫說：「為什麼才要這麼一點兒？」妻子回答道：「超過了一百束，你就會用來買小老婆。」

楚王計畫讓自己的幾個兒子到四方的鄰國去做官。戴歇說：「不可以。」楚王說：「讓公子們到鄰國去做官，四方的鄰國必定會器重他們。」戴歇說：「外出的兒子受到器重，必定會成為器重他的國家的死黨，那麼這是在教導兒子在國外樹立黨羽，相互勾結，對本國沒有什麼好處。」

魯國的孟孫氏、叔孫氏、季孫氏合力劫持魯昭公，於是奪走了魯昭公的國君之位而且掌握了國家大權。魯國這三氏起初

威逼公室時，魯昭公攻擊季孫氏，孟孫氏與叔孫氏相互謀劃道：「救不救季孫氏呢？」叔孫氏的車夫說：「我只是一個家臣，怎麼知道王公家的事呢？有季孫氏與無季孫氏哪一樣對我更有利益？」眾人都說：「沒有季孫氏必定不會有叔孫氏。」車夫說：「既然如此，那就去救援吧。」於是撞開魯昭公西北角的包圍圈，進去救季孫氏。孟孫氏看見叔孫氏的旗幟進入了包圍圈，也去救援。三家的力量合在一起，魯昭公不能取勝。無奈之下，魯昭公到了齊國，最後死於晉國的乾（ㄍㄢ）侯。

▍原文

越王攻吳王，吳王謝而告服，越王欲許之。范蠡、大夫種曰：「不可。昔天以越與吳，吳不受。今若反夫差，亦天禍也。以吳予越，再拜受之，不可許也。」太宰嚭亂遺大夫種書，曰：「狡兔盡則良犬烹，敵國滅則謀臣亡。大夫何不釋吳而患越乎？」大夫種受書讀之，太息而歎曰：「殺之越，與吳同命。」

白圭相魏，暴譴相韓。白圭謂暴譴曰：「子以韓輔我於魏，我以魏待子於韓。臣長用魏，子長用韓。」

譯文

越王句踐攻打吳王夫差，吳王向越王請罪投降，越王想答應他。可是范蠡和大夫文種都說：「不可。從前老天將越國送給吳國，吳國沒有接受。如今若讓夫差返回本國，也是天禍。上天將吳國送給越國，應再拜而受，不能答應吳王投降的請求。」吳國的太宰伯嚭派人送給大夫文種一封信，信中說：「狡猾的兔子被獵盡之後，優良的獵狗就該被煮著吃了，敵對的國家被滅亡之後，也是謀臣們死亡的時候。您何不放吳國一馬讓它成為越國的禍害呢？」大夫文種收下信閱讀之後歎息道：「我

這謀臣被殺死在越國，這與吳國被越國滅亡同樣是上天註定的命運。」

白圭在魏國做宰相，暴譴在韓國做宰相。白圭對暴譴說：「您用韓國作後盾輔助我在魏國為官，我用魏國作後盾輔助您在韓國為官。這樣，我能夠長期為魏國所用，您也能長期為韓國所用。」

三、托於似類[①]

▌原文

齊中大夫有夷射者，御飲於王，醉甚而出，倚於郎門。門者刖跪請曰[②]：「足下無意賜之餘瀝乎？」夷射曰：「叱！去！刑餘之人，何事乃敢乞飲長者！」刖跪走退。及夷射去，刖跪因捐水郎門霤下[③]，類溺者之狀。明日，王出而訶之曰：「誰溺於是？」刖跪對曰：「臣不見也。雖然，昨日中大夫夷射立於此。」王因誅夷射而殺之。

魏王臣二人不善濟陽君，濟陽君因偽令人矯王命而謀攻己。王使人問濟陽君曰：「誰與恨？」對曰：「無敢與恨。雖然，嘗與二人不善，不足以至於此。」王問左右，左右曰：「固然。」王因誅二人者。

季辛與爰騫相怨。司馬喜新與季辛惡，因微令人殺爰騫。中山之君以為季辛也，因誅之。

〈注釋〉

①托於似類：這是第三種隱微，指臣下憑藉類似的事件來瞞騙君主，從而牟取自己的利益。

②刖（ㄩㄝˋ）跪：守門者的綽號。

③霤（ㄌㄧㄡˋ）：屋簷滴水之處。

韓非子全書

譯文

　　齊國有個中大夫，叫夷射，他在齊王的宮中喝酒，醉得很厲害，走出宮中，靠在廊門上。一個被砍掉腿的守門人請求道：「您難道不想將剩餘的酒賞賜給我點兒？」夷射喝叱道：「呸！滾開！一個受過刑罰的人，竟敢向地位高的人索要酒喝！」守門人快速退下。等夷射離開之後，守門人故意將水潑在廊門的屋簷滴水處，好像是小便的樣子。第二天，齊王外出而大聲斥責道：「是誰尿在這裡？」守門人回答道：「為臣沒有看見。雖然如此，但昨天我曾看見中大夫夷射站在那個地方。」齊王於是責罰夷射並最終將他殺掉。

　　魏王有兩個大臣與濟陽君關係不好，濟陽君於是故意讓人假託齊王的命令謀劃攻打自己。魏王派人問濟陽君：「誰和你有仇？」濟陽君回答道：「我不敢與別人結怨。雖然如此，但是曾經與兩個人關係不好，但也不至於到這一步啊。」魏王詢問身邊的人，身邊的人說：「他們關係確實不好。」魏王於是殺了那兩個人。

　　中山國的季辛與爰騫相互有矛盾，司馬喜則剛剛與季辛關係惡化。於是就暗中派人將爰騫殺害。中山國的國君想當然地認為是季辛幹的，於是將季辛誅殺掉。

原文

　　楚王所愛妾有鄭袖者。楚王新得美女，鄭袖因教之曰：「王甚喜人之掩口也，為近王①，必掩口。」美女入見，近王，因掩口。王問其故，鄭袖曰：「此固言惡王之臭。」及王與鄭袖、美女三人坐，袖因先誡御者曰：「王適有言，必亟聽從王言。」美女前，近王甚，數掩口。王悖然怒曰：「劓之②！」御因揄

158

刀而劓美人③。

費無極，荊令尹之近者也。郤宛新事令尹，令尹甚愛之。無極因謂令尹曰：「君愛宛甚，何不一為酒其家？」令尹曰：「善。」因令之為具於郤宛之家。無極教宛曰：「令尹甚傲而好兵，子必謹敬，先瓬陳兵堂下及門庭。」宛因為之。令尹往而大驚，曰：「此何也？」無極曰：「君殆，去之。事未可知也。」令尹大怒，舉兵而誅郤宛，遂殺之。

中山有賤公子，馬甚瘦，車甚弊。左右有私不善者，乃為之請王曰：「公子甚貧，馬甚瘦，王何不益之馬食？」王不許。左右因微令夜燒芻廄。王以為賤公子也，乃誅之。

注釋

①為：如果。
②劓（一丶）：古代五刑之一，割掉鼻子。
③揄（ㄩˊ）刀：揮動刀子。

譯文

楚懷王有個寵愛的小姬妾叫鄭袖。楚王剛剛又得到一個美女，鄭袖想陷害她，於是假意指點她：「楚王非常喜歡別人手掩口的樣子，你若接近楚王，一定要用手掩口。」這個美女進去見楚王，每次靠近楚王時，便用手將口掩上。楚王問其中的緣故，鄭袖說：「這個女人本來就說過討厭大王您的口臭。」等到有一次楚王與鄭袖、這個美女三人坐在一起時，鄭袖預先告訴侍衛道：「大王剛才有指示，一定要立即聽從他的命令。」美女靠前講話，與楚王相距很近，她幾次用手掩口。楚王見狀，勃然大怒道：「割掉她的鼻子！」侍衛於是揮刀割掉了美女的鼻子。

費無極是楚國令尹的近臣。郤（ㄒㄧˋ）宛新來，侍奉令尹，令尹非常喜歡他。費無極於是對令尹說：「您十分喜歡郤宛，為什麼不去他家喝一次酒呢？」令尹說：「好吧。」於是就讓費無極在郤宛的家中安排酒席。費無極教導郤宛說：「令尹非常傲慢，又喜歡兵器，宴會開始之前，你必須小心敬重地將兵器陳列在大堂之下和門庭之中。」郤宛於是照辦。令尹來後看見這一切，大驚道：「這是什麼意思？」費無極說：「您危險了，必須馬上離開。事情不可預料啊。」令尹十分生氣，發兵討伐郤宛，殺死了他。

中山國有一個地位低賤的公子，他的馬十分瘦弱，車十分破舊。公子身邊的侍從中有人與他不和，於是就替他向君王請求道：「公子非常窮，馬非常瘦弱，大王為什麼不給他增加馬的飼料？」君王沒有答應。這個人於是悄悄地派人在夜間燒毀了君王的馬廄。中山國的君王還以為是這個地位低賤的公子幹的，於是就將他殺了。

四、利害有反①

▶原文

韓昭侯之時，黍種常貴甚。昭侯令人覆廩，吏果竊黍種而糶之甚多。

昭僖侯之時，宰人上食而羹中有生肝焉。昭侯召宰人之次而誚之曰：「若何為置生肝寡人羹中？」宰人頓首服死罪，曰：「竊欲去尚宰人也。」

文公之時，宰臣上炙而髮繞之。文公召宰人而譙之曰：「女欲寡人之哽邪？奚為以髮繞炙？」宰人頓首再拜，請曰：「臣有死罪三：援礪砥刀，利猶干將也，切肉，肉斷，而髮不斷，臣之罪一也；援錐貫臠，而不見髮，臣之罪二也；奉熾爐炭，肉盡赤紅，炙熟而髮不焦，臣之罪三也。堂下得無微有疾臣者

乎②？」公曰：「善。」乃召其堂下而譙之，果然，乃誅之。

注釋

①利害有反：這是第四種隱微，指由於人們的利害關係存在著相反、相衝突的情況，臣下常常會用危害君主和他人利益的手段來牟取自己的利益。

②微：暗中。　疾：憎恨。

譯文

韓昭侯執政之時，黍子的種子比平常貴出好多。韓昭侯派人檢查倉庫，管糧庫的官員果然偷竊黍種偷賣，而且數量巨大。

昭僖侯執政之時，廚師端上飯食，可是湯中卻有一塊生的肝。韓昭侯召來廚師的助手責備道：「你為什麼要將生的肝放在我的湯中？」這個廚師叩頭不已，對死罪心服口服，並承認：「我私下想憑此除掉我的師傅。」

晉文公執政之時，膳食官端上烤肉而有頭髮繞在肉上。晉文公將廚師叫來責罵道：「你想將我噎死嗎？為什麼要把頭髮纏繞在烤肉上？」廚師連連叩頭，拜了又拜，向晉文公請罪道：「為臣我有三條該死的罪狀。拿磨刀石磨刀，使刀如同有名的干將寶劍一樣鋒利，切肉肉斷，而頭髮竟然切不斷，這是為臣我的第一條罪狀；拿上鐵籤穿肉，可是竟沒有看見有頭髮，這是為臣我的第二條罪狀；用熾熱的炭火烤肉，肉都變成了紅色，肉已烤熟而上面的頭髮仍未燒焦，這是為臣我的第三條罪狀。堂下那麼多人，難道就沒有憎恨我的人嗎？」晉文公說：「說得好。」於是召來堂下的人責問，果然找出了那個陷害者，晉文公於是誅殺了這個陷害者。

五、參疑內爭①

▶原文

晉獻公之時，驪姬貴，擬於後妻②，而欲以其子奚齊代太子申生，因患申生於君而殺之，遂立奚齊為太子。

鄭君已立太子矣，而有所愛美女，欲以其子為後，夫人恐，因用毒藥賊君殺之。

衛州籲重於衛，擬於君。群臣百姓盡畏其勢重。州籲果殺其君而奪之政。

公子朝，周太子也。弟公子根甚有寵於君。君死，遂以東周叛，分為兩國。

注釋

①參疑內爭：這是第五種隱微，指由於臣下的權勢相當而引發的內部鬥爭。參疑，匹敵，勢均力敵。

②擬：比擬，相當。

譯文

晉獻公執政的時候，驪姬地位顯貴，相當於獻公的正妻。驪姬想讓她生的兒子奚齊取代太子申生，於是在晉獻公跟前陷害申生，終於讓晉獻公殺了申生，然後立奚齊為太子。

鄭國國君已經確立了太子，可是國君所寵愛的美女，想讓自己所生的兒子為君王的繼承人。國君的夫人很害怕，於是就用毒藥加害國君並毒死了國君。

衛國的州籲在衛國權傾一時，可與君王比擬。上自群臣，下至百姓，都害怕他的權高位重。後來，州籲果然殺死國君，篡奪了政權。

公子朝是周國的太子。他的弟弟公子根，在國君那裡很受

寵愛。國君死後,公子根在東周反叛,於是把周國分成西周、東周兩個國家。

▶原文

楚成王以商臣為太子,既而又欲置公子職。商臣作亂,遂攻殺成王。一曰,楚成王以商臣為太子,既欲置公子職。商臣聞之,未察也,乃為其傅潘崇曰:「奈何察之也?」潘崇曰:「饗江芊而勿敬也。」太子聽之。江芊曰:「呼!役夫①!宜君王之欲廢女而立職也。」商臣曰:「信矣。」潘崇曰:「能事之乎?」曰:「不能。」「能之諸侯乎?」曰:「不能。」「能舉大事乎?」曰:「能。」於是乃起宿營之甲,而攻成王。成王請食熊蹯而死②,不許。遂自殺。

注釋

①役夫:供人役使的人。此處有貶義。

②熊蹯(ㄈㄢˊ):即熊掌。熊掌難熟,楚成王請求吃了熊掌再死,意在拖延時間,等待外援。

譯文

楚成王立商臣為太子,不久又想改立公子職為太子。商臣反叛作亂,於是攻打並殺死了楚成王。還有一種說法是,楚成王立商臣為太子,不久又想改立公子職為太子。商臣有所耳聞,不敢確信,於是對他的老師潘崇說:「怎麼樣才能探明這件事?」潘崇說:「請江芊吃飯但不要尊重他。」太子依計而行。江芊不被尊重,罵道:「唉!你這個被人役使的奴僕!怪不得君王想廢掉你改立職呢。」商臣說:「此事確切了。」潘崇說:「你能侍奉他嗎?」商臣說:「不能。」潘崇又說:「能到其

他國家躲避嗎?」商臣說:「不能。」潘崇最後說:「能發動大事(指政變嗎?」商臣說:「能。」於是率領宮中的宿衛軍去攻打楚成王。楚成王請求吃了煮熟的熊掌再死,商臣不答應。楚成王於是自殺身亡。

▌原文

韓廆相韓哀侯,嚴遂重於君,二人甚相害也。嚴遂乃令人刺韓廆於朝。韓廆走君而抱之,遂刺韓廆而兼哀侯。

田恒相齊,闞止重於簡公。二人相憎而欲相賊也。田恒因行私惠以取其國,遂殺簡公而奪之政。

戴驩為宋太宰,皇喜重於君。二人爭事而相害也。皇喜遂殺宋君而奪其政。

狐突曰:「國君好內,則太子危;好外,則相室危。」

鄭君問鄭昭曰:「太子亦何如?」對曰:「太子未生也。」君曰:「太子已置,而曰『未生』,何也?」對曰:「太子雖置,然而君之好色不已,所愛有子,君必愛之,愛之則必欲以為後,臣故曰『太子未生』也。」

譯文

韓廆給韓哀侯當宰相,嚴遂又被哀侯重用,兩個人有極深的矛盾。嚴遂就派人在朝堂之上刺殺韓廆。韓廆跑到韓哀侯的跟前並抱住了哀侯,行刺的人刺韓廆時連帶著刺死了韓哀侯。

田常在齊國當宰相,闞止被齊簡公所重用。兩個人由相互憎恨發展到相互起賊心。田常依憑推行個人的恩惠,最終奪取了齊國,於是殺死齊簡公並奪取了他的政權。

戴驩當宋國的太宰,皇喜被國君重用。兩個人爭權奪利,矛盾極深。皇喜於是殺了宋君並奪取了他的政權。

狐突說：「國君寵愛內宮的嬪妃，那麼太子就很危險；國君寵愛外朝的嬖臣，那麼宰相就很危險。」

　　鄭國國君問鄭昭道：「太子怎麼樣呢？」鄭昭回答道：「太子還未出生呢。」鄭君說：「太子已立，可是你卻說『還未出生』，為什麼？」鄭昭回答道：「太子雖然已立，可是國君您一直喜好美色，您所寵愛的妃子有了兒子，您必定喜歡，喜歡就一定想立為太子，所以為臣我才說『太子還未出生』呢。」

六、敵國廢置①

▶原文

　　文王資費仲，而游於紂之旁，令之諫紂而亂其心。

　　荊王使人之秦，秦王甚禮之。王曰：「敵國有賢者，國之憂也。今荊王之使者甚賢，寡人患之。」群臣諫曰：「以王之賢聖，與國之資厚，願荊王之賢人②，王何不深知之而陰有之，荊以為外用也，則必誅之。」

　　仲尼為政於魯，道不拾遺，齊景公患之。梨且謂景公曰：「去仲尼，猶吹毛耳。君何不迎之以重祿高位，遺哀公女樂以驕榮其意？哀公新樂之，必怠於政，仲尼必諫，諫必輕絕於魯。」景公曰：「善。」乃令梨且以女樂二八遺哀公，哀公樂之，果怠於政。仲尼諫，不聽，去而之楚。

注釋

　　①敵國廢置：這是第六種隱微，指敵對的國家相互干涉內政，對臣下的廢黜與起用加以干涉。

　　②願：擔心，擔憂。

韓非子全書

譯文

周文王資助費仲，讓他到殷紂王的身旁，使他勸諫紂王而擾亂紂王的思想。

楚王派使者到秦國，秦王對使者十分尊重。秦王說：「敵國有賢能的人，是本國的憂患。如今楚國的使者十分賢能，我很擔憂。」群臣勸諫道：「憑大王的賢能聖明，以及我們秦國雄厚的財富，如果您擔心楚王有賢能之人，為什麼不進一步與這個使者來往從而暗中控制他呢？這樣一來，楚國以為這個使者被外國利用了，一定會誅殺他的。」

孔子在魯國推行治國方略之時，社會秩序安定，丟失在路上的東西都沒有人去拾，齊景公引以為患。梨且對齊景公說：「讓孔子離開魯國，猶如吹走一根毫毛一樣容易。您為什麼不用優厚的俸祿和高貴的職位將他迎到齊國來，再送給魯哀公一隊女樂讓他驕傲自滿？魯哀公剛開始定會喜歡這些女樂的，那麼必定會懈怠政事，孔子一定會勸諫魯哀公，一勸諫，他們的關係必定破裂。」齊景公說：「說得好。」於是讓梨且將十六個人的女樂送給魯哀公，魯哀公喜歡上了這些歌舞，果然懈怠了朝政。孔子勸諫，魯哀公不聽從，孔子於是離開魯國到楚國去了。

▶原文

楚王謂干象曰：「吾欲以楚扶甘茂而相之秦，可乎？」干象對曰：「不可也。」王曰：「何也？」曰：「甘茂少而事史舉先生。史舉，上蔡之監門也，大不事君，小不事家，以苛刻聞天下，茂事之順焉。惠王之明，張儀之辯也，茂事之，取十官而免於罪，是茂賢也。」王曰：「相人敵國而賢，其不可何也？」干象曰：「前時王使邵滑之越，五年而能亡越。所以然者，越亂而楚治也。昔者知用之越，今忘之秦，不亦太蓮忘乎？」

166

王曰：「然則為之奈何？」干象對曰：「不如相共立。」王曰：「共立可相，何也？」對曰：「共立少見愛幸，長為貴卿，被玉衣①，含杜若②，握玉環，以聽於朝，且利以亂秦矣。」

注釋

①被：通「披」。

②杜若：一種香草名。

譯文

　　楚王對干象說：「我想憑藉楚國的力量扶持甘茂當秦國的宰相，可以嗎？」干象回答說：「不可以。」楚王說：「為什麼？」干象說：「甘茂在年輕的時候曾侍奉史舉先生。史舉是上蔡這個地方的守門人，他上不侍奉君王，下不屑於治家，以苛刻聞名天下，可是甘茂侍奉他，對他十分恭順。秦惠文王極明智，張儀極明察，甘茂侍奉他們，得到十個官位而沒有被治罪，這說明甘茂很賢能。」楚王說：「讓敵國的宰相賢能，為什麼不可以呢？」干象說：「從前大王您派邵滑到越國，五年就讓越滅亡。之所以這樣，那是因為越國混亂而楚國安定。從前您知道將這一策略用於越國，今天卻忘記用於秦國，您不也太健忘了嗎？」楚王說：「那麼怎麼辦呢？」干象答道：「倒不如讓共立當秦國的宰相。」楚王說：「為什麼可讓共立為秦國的宰相？」干象說：「共立在年輕之時被寵愛，長大成人之後是貴卿，身穿玉衣，口含杜若，手握玉環。讓這樣的人當宰相，在朝堂之上聽政，有利於擾亂秦國。」

原文

　　吳攻荊，子胥使人宣言於荊曰：「子期用，將擊之；子常

用，將去之。」荊人聞之，因用子常而退子期也。吳人擊之，
遂勝之。

晉獻公欲伐虞、虢，乃遺之屈產之乘，垂棘之璧、女樂
二八，以熒其意而亂其政①。

叔向之讒萇弘也，為萇弘書，謂叔向曰：「子為我謂晉君，
所與君期者，時可矣，何不亟以兵來？」因佯遺其書周君之庭
而急去。周以萇弘為賣周也，乃誅萇弘而殺之。

(注釋)

①熒（一ㄥˊ）：炫惑。

【譯文】

吳國攻打楚國，伍子胥派人到楚國大肆宣揚：「楚國若用
子期為帥，吳國就攻擊他；若用子常為帥，將撤退離去。」楚
國人聽說後，信以為真，就任子常而罷免子期。吳國人攻擊子
常所率的部隊，戰勝了楚國。

晉獻公想討伐虞國和虢國，於是就送給他們屈產出的良
馬，垂棘出的玉璧，以及十六人組成的女子樂隊，用以炫惑他
們的心意，擾亂他們的政治。

叔向誣陷萇弘，就偽造了一份萇弘寫給自己的信，信中萇
弘對叔向說：「請您替我對晉國國君說，與他約定的事，時機
已成熟了，為什麼還不快派兵前來？」叔向又趁機假裝將這封
信丟失在周王的庭院，而後匆匆離去。周王以為萇弘在出賣周，
於是殺死了萇弘。

▶原文

鄭桓公將欲襲鄶①，先問鄶之豪傑、良臣、辯智、果敢之

士，盡舉姓名^②，擇鄶之良田賂之，為官爵之名而書之。因為設壇場郭門之外而埋之，釁之以雞豭^③，若盟狀。鄶君以為內難也，而盡殺其良臣。桓公襲鄶，遂取之。

注釋

①鄶（ㄎㄨㄞˋ）：西周侯國。
②舉：寫，記。
③雞豭（ㄐㄧㄚ）：公雞和公豬。

譯文

鄭桓公計畫襲擊鄶國，先打聽到鄶國的豪傑、良臣、善辯而智慧之士以及勇敢的人士，將他們的姓名全部羅列出來，再選擇鄶國的良田分封在他們名下，又捏造了官爵，列在他們名下，將這些都書寫下來。然後又在郭門之外設立一個祭壇，將名單埋好，用公雞和公豬的血祭祀，好像結盟發誓的樣子。鄶國國君發現後，以為這些人將發動叛亂，於是將他們全部殺掉。在這之後，鄭桓公向鄶國發動襲擊，輕而易舉地奪取了鄶國。

原文

秦侏儒善於荊王，而陰有善荊王左右^①，而內重於惠文君。荊適有謀，侏儒常先聞之，以告惠文君。

鄴令襄疵，陰善趙王左右。趙王謀襲鄴，襄疵常輒聞而先言之魏王。魏王備之，趙乃輟行。

衛嗣公之時，有人於縣令之左右。縣令發蓐而席弊甚^②，嗣公還令人遺之席，曰：「吾聞汝今者發蓐而席弊甚，賜汝席。」縣令大驚，以君為神也。

注釋

①有：同「又」。

②蓐（ㄖㄨˋ）：席子，墊子。

譯文

　　秦國有個侏儒，與楚王關係不錯，暗地裡又與楚王身邊的人交結，在秦國國內又受到惠文王的重用。楚國每次有什麼謀略和計畫，侏儒常常能夠事先聽到，並且告訴惠文王。

　　鄴地的縣令襄疵，暗中交結趙王身邊的人。趙王謀劃襲擊鄴地，襄疵事先打探到消息告訴了魏王。魏王有所準備，趙國停止了行動。

　　衛嗣公執政之時，暗中派人到縣令的身邊工作。有一次，縣令打開草席，席子十分破舊，衛嗣公便派人送給縣令一張席子，說：「我聽說你今天打開席子而席子十分破舊，所以賜給你一張新席。」縣令十分驚奇，認為衛嗣公十分神明。

◎第十六篇：外儲說‧左上

題解

　　外儲，明君觀聽臣下之言行，以決定其賞罰，賞罰在彼，所以叫「外」。由於篇幅太長，又用左、右、上、下分成四大部分。這一部分又分六個話題。

一、明主之道，如有若之應宓子①

▶原文

　　宓（ㄈㄨˊ）子賤治單父②，有若見之曰：「子何臞也③？」

宓子曰:「君不知不齊不肖④,使治單父,官事急,心憂之,故臞也。」有若曰:「昔者舜鼓五弦,歌《南風》之詩而天下治。今以單父之細也⑤,治之而憂,治天下將奈何乎?故有術而御之,身坐於廟堂之上,有處女子之色,無害於治;無術而御之,身雖瘁臞,猶未有益。」

注釋

①這句話的意思是:賢明君主的治國之道,要如有若回答宓子賤所說的一樣,講究法術和手段。

②單(ㄕㄢ、)父:地名,為當時魯國之邑,在今山東單縣。

③臞(ㄑㄩˊ):瘦弱。

④不齊:宓子賤的字。

⑤細:小。

譯文

宓子賤治理單父這個地方之時,有若見到他後,問:「你怎麼這麼瘦?」宓子賤說:「國君不知道我才疏學淺,讓我治理單父,公務繁雜,內心憂慮,所以瘦弱。」有若說:「從前舜彈奏五弦琴,吟誦《南風》詩,不經意間天下就治理好了。如今單父這個地方這麼小,治理它尚且憂心忡忡,治理天下時又該如何呢?所以說,有法術治理國家,即使他本人坐在朝堂之上,保養得臉色如同少女一般,也不妨害對國家的治理;沒有法術治理國家,即使自身憔悴消瘦,仍然沒有什麼成效。」

原文

楚王謂田鳩曰①:「墨子者,顯學也。其身體則可,其言

多不辯②，何也？」曰：「昔秦伯嫁其女於晉公子，令晉為之飾裝，從文衣之媵七十人③。至晉，晉人愛其妾而賤公女。此可謂善嫁妾，而未可謂善嫁女也。楚人有賣其珠於鄭者，為木蘭之櫃，薰以桂椒，綴以珠玉，飾以玫瑰④，輯以翡翠。鄭人買其櫝而還其珠。此可謂善賣櫝矣，未可謂善鬻珠也。今世之談也，皆道辯說文辭之言，人主覽其文而忘有用。墨子之說，傳先王之道，論聖人之言，以宣告人。若辯其辭，則恐人懷其文，忘其真，以文害用也。此與楚人鬻（ㄩ ㄟ）珠、秦伯嫁女同類，故其言多不辯。」

注釋

①田鳩：齊國人，墨子學說的傳人。
②辯：花言巧語。
③媵（一ㄥ ㄟ）：陪嫁的妾。
④玫瑰：一種有光澤的寶珠。

譯文

　　楚王對田鳩說：「墨子的學派，是個很時髦很顯赫的學派。他們身體力行還可以，言辭卻大多笨拙，這是為什麼？」田鳩說：「從前秦穆公將他的女兒嫁給晉國的公子，讓令晉替她裝飾打扮，還讓七十個穿著華麗的女子當陪嫁之妾。到了晉國，晉國人喜歡這些穿著華麗的小妾而看不起秦伯的女兒。這叫做善於嫁妾，不能叫善於嫁女。有一個楚國人，到鄭國去賣寶珠，用香木做了一個匣子，再用肉桂、花椒等香料加以薰蒸，最後再在匣子上綴上珠玉，用有光澤的寶珠裝飾，採集翡翠點綴。結果鄭國人買了他的匣子而將寶珠送還。這叫做善於賣匣子，不能叫善於賣寶珠。現在社會上的言談，都是些花言巧語、淺

薄浮泛的言論,君主往往只注意它們表面的華美而忘記瞭解它的真正價值。墨子的學說,承傳先王的道理,闡述聖人的言論,向世人宣揚。若將其學說弄得言辭華麗,就擔心人們只注意它的外表而忘記它實用的價值,從而讓外表損害它的功用。這與楚人賣珠、秦伯嫁女是同樣的道理,所以墨子的學說多半不是巧於辭令的。」

▶原文

墨子為木鳶①,三年而成,蜚一日而敗②。弟子曰:「先生之巧,至能使木鳶飛。」墨子曰:「吾不如為車輗者巧也③。用咫尺之木,不費一朝之事,而引三十石之任,致遠力多,久於歲數。今我為鳶,三年成,蜚一日而敗。」惠子聞之曰:「墨子大巧,巧為,拙為鳶。」

注釋

①鳶(ㄩㄢ):老鷹。

②蜚(ㄈㄟ):同「飛」。

③輗(ㄋㄧˊ):大車轅端與橫木相接的關鍵。古代稱牛拉的載重車為「大車」。

譯文

墨子製造木鷹,三年才製成,可是飛了一天就壞了。墨子的弟子說:「先生心靈手巧,竟然能夠讓木鷹飛起來。」墨子說:「我比不上製造車的人手巧。人家用一尺左右的木頭,不費一天的工夫,就能製成車,讓車承載幾千斤的重量,又能跑遠路,又有潛力,還可以用好多年。如今我造木鷹,三年才成,飛了一天就壞了。」惠施聽說此事後說:「墨子才懂得什麼是真正

的技巧，他認為製造簡單的車是大技巧，而製造複雜的木鷹卻是笨拙的。」

原文

宋王與齊仇也，築武宮，謳癸倡①，行者止觀，築者不倦。王聞，召而賜之。對曰：「臣師射稽之謳，又賢於癸。」王召射稽使之謳，行者不止，築者知倦。王曰：「行者不止，築者知倦，其謳不勝如癸美，何也？」對曰：「王試度其功。」癸四板，射稽八板；擿其堅②，癸五寸，射稽二寸。

注釋

①倡：同「唱」。
②擿（ㄓˊ）：本意為捶擊，此處意為測試。

譯文

宋王與齊國有仇，所以修築武宮城防備齊國。有一個叫癸的歌唱家唱歌，致使行路的人都停下來觀看，築城的人不知疲倦。宋王聽說之後，召來癸，賞賜給他禮物。癸回答道：「我的老師射稽的歌唱技術，又勝過我。」宋王召來射稽讓他唱歌，結果行路的人不停下來，築城的人感到很疲倦。宋王說：「行路的人不停下來，築城的人感到很疲倦，說明你的歌唱技術比不上癸，為什麼呢？」射稽回答道：「大王試著檢驗一下各人唱歌的效果。」檢驗的結果是，癸唱歌之時，築城的人築了四板牆，射稽唱歌之時，築城的人卻築了八板牆；測試牆體的堅硬程度，癸唱歌時人們築的牆能戳進五寸深，而射稽唱歌時人們築的牆卻只能戳進二寸深。

原文

夫良藥苦於口，而智者勸而飲之，知其入而已已疾也①。忠言拂於耳，而明主聽之，知其可以致功也。

注釋

①已：治療。

譯文

良藥往往是十分苦口的，可是明智的人卻主動喝良藥，是因為知道喝下藥後可以治好自己的疾病。誠懇勸告的言辭往往是不中聽的，可是賢明的君主仍去聽取忠言，那是因為他知道這些忠言可以成就功業。

二、人主之聽言，以功用為的①

原文

宋人有請為燕王以棘刺之端為母猴者，必三月齋②，然後能觀之。燕王因以三乘之奉養之。右御冶工言王曰：「臣聞人主無十日不燕之齋③，今知王不能久齋，以觀無用之器也，故以三月為期。凡刻削者，以其所以削必小。今臣冶人也，無以為之削。此不然物也，王必察之。」王因囚而問之，果妄。乃殺之。冶人謂王曰：「計無度量④，言談之士，多棘刺之說也。」

注釋

①這句話的意思是：君主聽取意見，應以實際的功效作為衡量的標準。

②齋：齋戒。
③燕：通「宴」，飲酒。
④計：考核。

譯文

宋國有個人，請求給燕王在酸棗樹針刺的頂端刻一隻母猴，說是必須得經過三個月的齋戒，然後才能觀察到。燕王信以為真，於是用三乘馬車的待遇將這個人養了起來。燕王的車夫是冶工出身，對燕王說：「為臣我聽說君主們沒有超過十天不宴飲的齋戒，如今這個人知道大王您不能夠長久齋戒，用以觀察那個所謂的無用的東西，所以才以三個月為期限。凡是雕刻東西，所用的雕刻工具必定小於成品。如今為臣我是冶工出身，我無法打造出這麼小的雕刻工具。這個人所說的在酸棗樹針刺上雕刻母猴的事，一定是不存在的，大王您必須明察。」燕王於是囚禁了這個宋國人並且審問他，他所說的話果然是虛妄的，燕王於是將他殺掉。這個冶工又對燕王說：「考核官吏沒有一定的標準，致使言談之士，大多敢說在酸棗樹針刺上雕刻母猴這樣的話。」

原文

兒說，宋人善辯者也，持「白馬非馬也」，服齊稷下之辯者。乘白馬而過關，則顧白馬之賦①。故籍之虛辭②，則能勝一國；考實按形，不能謾於一人。

注釋

①顧：這裡指納稅。
②籍：通「藉」，憑藉。

譯文

　　兒說,是宋國一個善於辯論的人,他堅持「白馬不是馬」這個論點,使齊國稷下善於辯論的人都折服。有一次,兒說乘一匹白馬過關口,收稅的人看到白馬之後,讓他按白馬的標準繳納稅金。所以說,兒說憑藉浮言虛辭,能夠戰勝一國之人,但是若按實際情況考察,他連一個守關口的人都瞞不過。

原文

　　夫新砥礪殺矢,彀弩而射①,雖冥而妄發,其端未嘗不中秋毫也,然而莫能復其處,不可謂善射,無常儀的也。設五寸之的,引十步之遠,非羿、逢蒙不能必全者,有常儀的也。有度難而無度易也。有常儀的,則羿、逢蒙以五寸為巧;無常儀的,則以妄發而中秋毫為拙。故無度而應之,則辯士繁說;設度而持之,雖知者猶畏失②,不敢妄言也。今人主聽說,不應之以度,而說其辯;不度以功,譽其行,而不入關③。此人主所以長欺,而說者所以長養也。

　　客有教燕王為不死之道者,王使人學之。所使學者未及學,而客死。王大怒,誅之。王不知客之欺己,而誅學者之晚也。夫信不然之物,而誅無罪之臣,不察之患也。且人所急,無如其身,不能自使其無死,安能使王長生哉?

注釋

　　①彀(ㄍㄡˋ):拉滿弓。
　　②知者:即「智者」。
　　③關:指衡量。

譯文

在磨刀石上新打磨出來的利箭，拉滿弓射出去，即使是閉著眼睛胡亂射去，那箭頭沒有射不中微小東西的。可是不可能再射到第一次所射的地方，還不能叫善於射箭，因為沒有固定的箭靶子。設置一個五寸大小的箭靶子，再後退十步遠，不是后羿、逢蒙這樣的神射手不能全部射中，那是因為有固定的箭靶子。有了標準就難辦到，沒有標準就易於辦到。有固定的箭靶子，那麼后羿、逢蒙這樣的神射手能射中五寸大的靶子，就被認為是技藝高超；沒有固定的箭靶子，那麼憑胡亂射出而擊中細微的東西，也只能算是笨拙。所以若沒有一定的標準來衡量言論，善辯的人便會信口開河；設立一定的標準而去衡量言論，即使是聰明睿智的人也擔心說錯，不敢胡說八道。可是如今的君主聽取言論，不用一定的標準去衡量，卻喜歡聽遊說之人巧辯；不用實際的功效去檢驗，卻讚譽他們的行為，也不用一定的規範加以考察。這就是君主長期被欺騙，遊說之士長期被供養的原因。

有一個客人，要教給燕王長生不死的法術，燕王於是派人前去學習。但是派去學習的人還未來得及學會，這個客人就死去了。燕王大怒，殺死了前去學習的人。燕王不知道那個客人是在欺騙自己，卻因為學習的人速度太慢而將他殺掉。輕信不可能的事情，而誅殺沒有罪過的臣子，這就是不明察的禍患啊。況且人最關切的，就是自身的生命，客人不能讓自己免於死亡，又怎能讓燕王長生不老呢？

原文

鄭人有相與爭年者。一人曰：「吾與堯同年。」其一人曰：「我與黃帝之兄同年。」訟此而不決，以後息者為勝耳。

客有為齊王畫者，齊王問曰：「畫，孰最難者？」曰：「犬馬最難。」「孰易者？」曰：「鬼魅最易。」夫犬馬，人所知

也，且暮罄於前①，不可類之，故難。鬼魅，無形者，不罄於前，故易之也。

　　齊有居士田仲者，宋人屈谷見之，曰：「谷聞先生之義②，不恃仰人而食。今谷有巨瓠③，堅如石，厚而無竅，獻之。」仲曰：「夫瓠所貴者，謂其可以盛也。今厚而無竅，則不可以盛物；而堅如石，則不可以剖而以斟。吾無以瓠為也。」曰：「然，谷將棄之。」今田仲不恃仰人而食，亦無益人之國，亦堅瓠之類也。

(注釋)

①罄：看見。
②義：此處指道德標準。
③瓠（ㄏㄨˋ）：一年生草本植物，類似葫蘆。

譯文

　　有兩個鄭國人，因為年紀的大小而爭執不已。一個人說：「我與堯同年出生。」另一個人則說：「我與黃帝的哥哥同年出生。」兩人因為這個問題而爭論不休，無法決斷，只好以最後停止爭論的人為勝者。

　　有個客人，為齊王作畫，齊王問他：「畫畫，什麼最難畫？」客人回答道：「畫狗畫馬最難。」齊王又問：「什麼最好畫？」客人說：「鬼魅一類的東西最好畫。」狗和馬，是人人所熟悉的，從早到晚都在眼前走動，畫出來不能不像，所以難畫。鬼魅之類是無形的東西，誰也沒見過，因而容易畫。

　　齊國有一個隱士，名叫田仲。宋國人屈谷前去拜見他，說：「我聽說先生的道德標準，是不依靠別人而生活。如今我有一隻巨大的葫蘆，堅硬如石，實心不空，我將它獻給你。」田仲說：

「葫蘆的價值，在於它能裝東西。如今它實心無空，就不可能裝東西；又堅硬如石，也就不能剖開舀東西。我要它沒什麼用處。」屈谷說：「說得對，我將扔掉它。」如今田仲不依靠別人生活，也是無益於國家的人，猶如堅硬的實心葫蘆。

三、挾夫相為則責望，自為則事行[1]

▶ 原文

　　人為嬰兒也，父母養之簡，子長而怨。子盛壯成人，其供養薄，父母怒而誚之[2]。子父，至親也，而或誚或怨者，皆挾相為而不周於為己也。夫賣庸而播耕者，主人費家而美食，調布而求易錢者[3]，非愛庸客也，曰：如是，耕者且深、耨者且熟耘也。庸客致力而疾耘耕，盡巧而正畦陌者，非愛主人也，曰：如是，羹且美、錢布且易云也。此其養功力，有父子之澤矣，而心調於用者，皆挾自為心也。故人行事施予，以利之為心，則越人易和；以害之為心，則父子離且怨。

（注釋）

　　①這句話的意思是：心懷依賴別人的打算，便會相互責備怨恨；心懷為自己著想的打算，事事都能成功。
　　②誚（ㄑㄧㄠ丶）：責罵。
　　③布：錢幣。

譯文

　　人在嬰兒時期，父母如果不精心撫養他，他長大成人後就會心生怨恨。孩子成家立業後，如果對父母的贍養不豐厚，父母就會氣憤並且責罵他。父子關係是最親密的關係，可是仍要發生責罵或怨恨的現象，那是因為他們都懷著依賴對方的心

理，而認為對方對自己不周到。那些出賣勞力而為人播種、耕作的人，主家費盡心思為他們準備可口的飯菜，設法付給他們工錢，不是主家喜歡雇工，而是他認為，只有這樣，雇工才會深深地耕作，仔細地鋤草。雇工竭盡全力加速耕作，用盡技巧精心整理田壟，也不是因為喜歡主家，而是認為，只有這樣，主家才會提供精美的飯食，自己才容易拿到工錢。在這種買賣關係中，含有父子一般的恩澤，都在為他人周到地考慮，其本質卻都是懷著自己為自己的打算。所以人們在處理付出與回報的關係時，以利己利人為原則，那麼即使是荒遠之地的越國人，也容易相處；以損人利己為原則，那麼即使是親如父子的關係，也會離心離德，產生怨恨。

▌原文

蔡女為桓公妻，桓公與之乘舟，夫人蕩舟，桓公大懼，禁之，不止，怒而出之[1]。乃且復召之，因復更嫁之。桓公大怒，將伐蔡。仲父諫曰：「夫以寢席之戲，不足以伐人之國，功業不可冀也。請無以此為稽也[2]。」桓公不聽。仲父曰：「必不得已，楚之菁茅不貢於天子三年矣，君不如舉兵為天子伐楚。楚服，因還襲蔡，曰：『余為天子伐楚，而蔡不以兵聽從，因遂滅之。』此義於名而利於實，故必有為天子誅之名，而有報仇之實。」

吳起為魏將而攻中山。軍人有病疽者[3]，吳起跪而自吮其膿。傷者之母立而泣，人問曰：「將軍於若子如是，尚何為而泣？」對曰：「吳起吮其父之創而父死，今是子又將死也，吾是以泣。」

注釋

①出：指男子將妻子休棄。

②稽：即「計」。

③疽（ㄐㄩ）：毒瘡。

譯文

　　蔡侯的女兒嫁給齊桓公為妻，桓公與夫人乘船遊玩，夫人搖晃船身，桓公十分害怕，讓她不要再搖，可是夫人卻不停止。桓公一怒之下，將她休回娘家。不久，桓公又召她回來，可是蔡侯已將女兒另嫁他人。桓公十分生氣，準備討伐蔡國。管仲勸諫道：「憑夫妻之間開玩笑的小事，不足以成為討伐別國的理由，也不要希望能建立什麼功業，請不要以此作為計策。」齊桓公不聽勸阻。管仲又說：「若實在咽不下這口氣，可以這樣：楚國已經有三年沒有按規定向天子進貢菁茅了，您不如率領部隊替天子討伐楚國。征服了楚國之後，在回來的路上趁機襲擊蔡國，並且說：『我替天子討伐楚國，可是蔡國卻不聽從命令，因而要滅掉它。』這是用正義的名義取得實際的利益，所以必須有替天子實行誅殺的名義，才能達到報私仇的真實目的。」

　　吳起擔任魏國的將軍去攻打中山國。軍中有一個士兵長了毒瘡，吳起親自跪下為這個士兵吮吸毒瘡的膿血。這個士兵的母親看見後，站在那裡哭泣不止。有人問她：「將軍如此對待你的兒子，你為什麼還哭泣呢？」士兵的母親回答道：「吳起曾經為我的丈夫吮吸膿血，結果我的丈夫戰死了。如今眼看著我的兒子又將會戰死，我正是為此才哭泣。」

▶ 原文

　　文公反國，至河，令籩豆捐之①，席蓐捐之，手足胼胝②、

面目黧黑者後之。咎犯聞之而夜哭。公曰：「寡人出亡二十年，乃今得反國，咎犯聞之，不喜而哭，意不欲寡人反國邪？」犯對曰：「籩豆，所以食也，席蓐，所以臥也，而君捐之；手足胼胝、面目黧黑，勞有功者也，而君後之。今臣有與在後，中不勝其哀，故哭。且臣為君行詐偽以反國者眾矣，臣尚自惡也，而況於君？」再拜而辭。文公止之曰：「諺曰：『築社者，攘撅而置之③，端冕而祀之。』今子與我取之，而不與我治之；與我置之，而不與我祀之焉？」乃解左驂而盟於河。

注釋

①籩（ㄅㄧㄢ）豆：古代盛放食物的器皿。
②胼胝（ㄆㄧㄢˊ ㄓ）：手腳因長期勞動摩擦而生的厚繭。 趼子（ㄐㄧㄢˇ ˙ㄗ）：同於胼胝。
③攘撅（ㄐㄩㄝ ㄐㄩㄝˊ）：撩起衣服。

譯文

晉文公返回晉國之時，到了黃河邊，下令將盛放食物的器皿扔掉，將睡覺鋪的席子也扔掉，又命令手腳上長有趼子的人、臉面曬黑的人，都到隊伍的後面。咎犯聽說之後，晚上痛哭不已。晉文公說：「我在外流亡二十年，今天才得以返國，可是你知道此事之後，不是歡喜，反而哭泣，難道你不想讓我返回晉國嗎？」咎犯回答道：「籩豆，是用來吃飯的器皿，席子，是用來睡覺的，可是您卻拋棄；手腳長有趼子、臉面曬黑的人，是勞苦功高的人，可是您卻讓他們靠後。如今我也該走在隊伍的後面，我感到非常難過，所以哭泣。更不要說我為了使您能返回晉國，做了許多欺詐虛偽的事，連我自己都有點兒厭惡自己，更何況是您呢？」他拜了又拜，請求告辭。晉文公勸阻住

他，說：「俗話說：修築神社的人，撩起衣服賣力地工作，端正衣服帽子虔誠地去祭祀。如今你幫我取得了國家，卻不協助我去治理，豈不是與我一起修築了神社，卻不與我一同前去祭祀嗎？」晉文公於是解下左邊駕車的馬殺掉，在黃河邊與咎犯盟誓。

原文

　　鄭縣人卜子，使其妻為褲。其妻問曰：「今褲何如？」夫曰：「象吾故褲。」妻因毀新，令如故褲。

　　鄭縣人有得車軛者①，而不知其名，問人曰：「此何種也？」對曰：「此車軛也。」俄又復得一，問人曰：「此何種也？」對曰：「此車軛也。」問者大怒曰：「曩者曰車軛②，今又曰車軛，是何眾也？此女欺我也！」遂與之鬥。

　　衛人有佐弋者，鳥至，因先以其裷麾之③，鳥驚而不射也。

　　鄭縣人卜子妻之市，買鱉以歸。過潁水，以為渴也，因縱而飲之，遂亡其鱉。

注釋

　　①軛（ㄜˋ）：牛馬等拉東西時架在脖子上的器具。
　　②曩（ㄋㄤˇ）者：先前，從前。
　　③裷（ㄩㄢ）：遮蓋東西的巾帕。　麾：揮。

譯文

　　鄭縣有個叫卜子的人，他讓妻子給自己做一條褲子。妻子問道：「新褲子做成什麼樣子？」卜子說：「照我舊褲子的樣子去做。」他的妻子於是將新褲子弄破，讓它與舊褲子一模一樣。

有個鄭縣人，拾到一個車軛，不知道叫什麼，就問人：「這是什麼？」別人回答道：「這是車軛。」過了一會兒，他又撿到一個，又問人：「這是什麼？」人家回答道：「這是車軛。」這個鄭縣人非常生氣，說：「剛才說是車軛，現在又說是車軛，怎麼會有這麼多的車軛？你是在欺騙我！」於是和那個人打了起來。

　　有個衛國人，協助別人射鳥，鳥來了，他先拿了塊巾帕在那兒揮動，結果鳥受到驚嚇飛走了，沒有被射著。

　　鄭縣人卜子的妻子到集市，買了一隻甲魚回來。路過潁河，她認為甲魚口渴了，就將甲魚放入河水中讓它喝水，豈知竟丟了甲魚。

▶原文

　　書曰：「紳之束之。」宋人有治者，因重帶自紳束也。人曰：「是何也？」對曰：「書言之，固然。」

　　書曰：「既雕既琢，還歸其樸。」梁人有治者，動作言學，舉事於文，曰：「難之。」顧失其實。人曰：「是何也？」對曰：「書言之，固然。」

　　郢人有遺燕相國書者，夜書，火不明，因謂持燭者曰：「舉燭。」而誤書「舉燭」。舉燭，非書意也。燕相受書而說之，曰：「舉燭者，尚明也；尚明也者，舉賢而任之。」燕相白王，王大說，國以治。治則治矣，非書意也。今世學者多似此類。

　　鄭人有欲買履者，先自度其足，而置之其坐[1]，至之市而忘操之。已得履，乃曰：「吾忘持度。」反歸取之。及反，市罷，遂不得履。人曰：「何不試之以足？」曰：「寧信度，無自信也。」

韓非子全書

注釋

①坐：通「座」，座位。

譯文

　　古書上講：「約束自己，約束自己。」宋國有個人鑽研古書，沒有理解這句話的真正含義，於是按照字面意義，用重疊的衣帶束住自己腰圍。有人問道：「這是幹什麼？」他回答道：「古書上說要這樣做，我照書上說的來做。」

　　古書上講：「既雕刻又琢磨，回歸它本來的質樸樣子。」梁國有個人研究古書，沒有理解這句話的真實含義，只是按照字面意義，一舉一動都去刻意雕琢，還說：「做到這一點真難啊。」結果是反而失掉他原來的本性。有人問他：「這是為什麼？」他答道：「古書上這樣講，我照書上要求的來做。」

　　楚國郢都有個人要給燕國的宰相寫信，晚上書寫之時，燈火不明，於是對舉燭火的人說：「舉高蠟燭。」嘴裡說著，順手在信中也寫了「舉燭」二字。可是「舉燭」卻並非是信中的本意。燕國的宰相收到信後，很高興，說：「舉燭的含義，是崇尚光明；崇尚光明，即推舉賢能的人並任用他們。」燕國的宰相還將這一意思轉告給了燕王，燕王十分高興，推行這一政策，燕國大治。可是治理得好歸治理得好，卻並非信中的本意。如今社會上的學者，也多與此相類似。

　　鄭國有個人，想買鞋子，事先量好腳的大小，將尺碼放在座位上。等他到了集市，才發現忘記帶尺碼了。已經挑好了一雙鞋，才想起來說：「我忘記帶鞋的尺碼了。」於是返回去取。等他拿上尺碼再次回來時，集市已經散了。有人說：「為什麼不用腳去試鞋呢？」他說：「我寧願相信尺碼，也不相信自己的腳。」

四、利之所在，民歸之；名之所彰，士死之①

▶原文

　　壬登為中牟令，上言於襄主曰②：「中牟有士曰中章、胥己者，其身甚修，其學甚博，君何不舉之？」主曰：「子見之，我將以為中大夫。」相室諫曰：「中大夫，晉重列也，今無功而受③，非晉國之章。君其耳而未之目邪！」襄主曰：「我取登，既耳而目之矣；登之所取，又耳而目之。是耳目人絕無已也。」壬登一日而見二中大夫，予之田宅。中牟之人棄其田耘、賣宅圃而隨文學者，邑之半。

　　叔向御坐，平公請事。公腓痛足痺④，轉筋而不敢壞坐。晉國聞之，皆曰：「叔向賢者，平公禮之，轉筋而不敢壞坐。」晉國之辭仕托、慕叔向者，國之垂矣⑤。

注釋

　　①這句話的意思是：能得到利益的地方，民眾自然歸向；能夠彰顯名聲的事，士人自然賣命。
　　②襄主：即趙襄子。
　　③受：同「授」，授官。
　　④腓（ㄈㄟˊ）：腿肚子。　痺（ㄅㄧˋ）：肢體疼痛麻木。
　　⑤垂：一半。

譯文

　　壬登擔任中牟縣令之時，向趙襄子進言道：「中牟縣有兩個士子，名叫中章和胥己，他倆很有修養，學問也很淵博，您為什麼不提拔他們呢？」趙襄子說：「你讓他們來見我，告訴他們我將任用他們為中大夫。」相室規諫趙襄子說：「中大夫是晉國的重要官職，如今這兩個人沒有功勞就被授以這樣的官

職，不符合晉國任用人才的章程。您對他們只是耳聞其名而未親眼目睹啊！」趙襄子說：「我在任用壬登之時，已經耳聞其名，目睹其人了；壬登所舉薦的人，又耳聞目睹了。這樣說來用耳朵和眼睛考察人就從沒有停止過。」壬登一天之內就帶兩個人去見趙襄子，趙襄子任命他們為中大夫並授給他們田地和住宅。從此之後，中牟縣中放棄耕種、變賣住宅而去追隨文學之士的人，占了這個縣城的一半。

叔向陪晉平公在宮中坐著，晉平公向他請教問題。晉平公坐得腿肚子疼痛，腳麻木甚至抽筋，可是仍正襟危坐，不敢躺臥。晉國人聽說此事後，都說：「叔向是個賢明的人，平公那樣禮待他，即使腿抽筋都不敢躺臥。」於是在晉國，辭掉官職、捨棄權勢而仿效叔向的人，占了全國的一半。

▌原文

趙主父使李疵視中山可攻不也。還報曰：「中山可伐也。君不亟伐，將後齊、燕。」主父曰：「何故可攻？」李疵對曰：「其君見好岩穴之士，所傾蓋與車以見窮閭隘巷之士以十數，伉禮下布衣之士以百數矣。」君曰：「以子言論，是賢君也，安可攻？」疵曰：「不然。夫好顯岩穴之士而朝之，則戰士怠於行陣；上尊學者，下士居朝，則農夫惰於田。戰士怠於行陣者，則兵弱也；農夫惰於田者，則國貧也。兵弱於敵，國貧於內，而不亡者，未之有也。伐之不亦可乎？」主父曰：「善！」舉兵而伐中山，遂滅也。

譯文

趙國的主父派李疵去探察一下中山國是否可以攻伐。李疵回來後報告說：「中山國可以去討伐。您若不趕快去攻伐，

188

恐怕會落到齊國和燕國的後頭。」主父問:「憑什麼說可以攻伐?」李疵回答道:「中山國的國君接見並喜歡隱居之士,他親自乘車前去拜見的小街小巷中的隱士有幾十位,用平等禮節對待的普通人士也達數百位。」主父說:「依照你的話來評價,應該是個賢明的君主,怎麼可以攻伐呢?」李疵說:「不能這樣認為。君主喜歡隱士並且拜見他們,那麼戰士就會在作戰時懈怠;君主尊重學者,文士在朝廷中做官,那麼農夫就會懶於種地。戰士在作戰時懈怠,則兵力削弱;農夫懶於種田,則國家貧困。對外作戰兵力削弱,本國之內國家貧困,在這樣的形勢下國家不滅亡的,從未有過。討伐中山國不也是可行的嗎?」主父說:「說得好!」於是起兵討伐中山國,將它滅掉了。

五、「不躬不親,庶民不信」①

▌原文

齊桓公好服紫,一國盡服紫。當是時也,五素不得一紫。桓公患之,謂管仲曰:「寡人好服紫,紫貴甚,一國百姓好服紫不已,寡人奈何?」管仲曰:「君欲止之,何不試勿衣紫也?謂左右曰:『吾甚惡紫之臭②。』於是左右適有衣紫而進者③,公必曰:『少卻!吾惡紫臭。』」公曰:「諾。」於是日,郎中莫衣紫;其明日,國中莫衣紫;三日,境內莫衣紫也。

子產相鄭,簡公謂子產曰:「飲酒不樂,俎豆不大,鐘、鼓、竽、瑟不鳴,寡人之任也。國家不定,百姓不治,耕戰不輯睦,亦子之任。子有職,寡人亦有職,各守其職。」子產退而為政。五年,國無盜賊,道不拾遺,桃棗之蔭於街者,莫援也;錐刀遺道,三日可反。三年不變,民無飢也。

韓非子全書

注釋

①這句話出自《詩經‧小雅‧節南山》，意思是：君主若不親自身體力行，群眾便不會相信。
②臭（ㄒㄧㄡˋ）：氣味。
③適：若，如果。

譯文

　　齊桓公喜歡穿紫色的衣服，致使紫色的衣服在全國風行。當時，五匹沒有染色的布還換不到一匹紫色的布。桓公對此很憂慮，就對管仲說：「我喜歡穿紫色的衣服，所以紫色的衣料特別昂貴，全國的百姓都流行穿紫衣而沒完沒了，我該怎麼辦呢？」管仲說：「想要止住這種風氣，為什麼不去嘗試自己不穿紫衣呢？您可以對身邊的人說：『我非常討厭紫衣的氣味。』如果這時正好有一個穿紫衣的侍從走進來，您一定得說：『靠後一點！我討厭紫衣的氣味。』」齊桓公說：「好吧。」依照管仲所說的去做，當天，君主的侍從便沒人穿紫衣服了；第二天，都城中的人沒有穿紫衣服的了；到了第三天，全國都沒有穿紫衣服的人了。

　　子產任鄭國的宰相，鄭簡公對子產說：「如果飲酒不快樂，俎豆等祭器不大，鐘、鼓、竽、瑟等樂器不響亮，那是我的失職。如果國家不安定，老百姓治理不好，耕種和作戰的人不團結和睦，也該是你的失職。你有你的職責，我也有我的職責，我們倆各守其職。」於是子產全心全意地執政。五年之後，國境之內沒有盜賊，道不拾遺，桃樹、棗樹成蔭結果，樹枝垂到街面上，也沒人伸手攀摘；錐子、刀子之類的東西丟失在路上，三天後還能找回來。鄭國多年來一直如此，老百姓沒人挨餓。

▶原文

宋襄公與楚人戰於涿谷上。宋人既成列矣,楚人未及濟。右司馬購強趨而諫曰:「楚人眾而宋人寡,請使楚人半涉未成列而擊之,必敗。」襄公曰:「寡人聞君子『不重傷,不擒二毛①,不推人於險,不迫人於阨,不鼓不成列。』今楚未濟而擊之,害義。請使楚人畢涉成陳而後鼓士進之②。」右司馬曰:「君不愛宋民,腹心不完,特為義耳。」公曰:「不反列,且行法。」右司馬反列,楚人已成列撰陳矣,公乃鼓之。宋人大敗,公傷股,三日而死。此乃慕仁義之禍。夫必恃人主之自躬親,而後民聽從,是則將令人主耕以為食,服戰雁行也,民乃肯耕戰,則人主不泰危乎?而人臣不泰安乎?

齊景公遊少海③,傳騎從中來謁曰④:「嬰疾甚,且死,恐公後之。」景公遽起,傳騎又至。景公曰:「趨駕煩且之乘,使騶子韓樞御之。」行數百步,以騶為不疾,奪轡代之御;可數百步,以馬為不進,盡釋車而走。以煩且之良,而騶子韓樞之巧,而以為不如下走也。

注釋

①二毛:指長有白頭髮的老年人。
②陳(ㄓㄣˋ):同「陣」,戰陣。
③少海:渤海。
④傳騎(ㄓㄨㄢˋ ㄐㄧˋ):驛站的騎士,傳遞公文和情報。

譯文

宋襄公與楚國人在涿谷展開戰鬥。宋國人已經擺好陣勢了,楚國人還沒有渡過河水。宋襄公的右司馬購強有禮貌地小

步走上前來勸諫道：「楚國人多而宋國人少。請您下令讓我們在楚國人渡了一半河還未擺好陣勢時出擊，一定能擊敗他們。」宋襄公說：「我曾聽說：『正人君人不傷害已受傷的人，不俘虜頭髮花白的人，不將人置於險地，不逼人到困境之中，不擊鼓進攻沒有擺好陣勢的敵人。』如今楚國人尚未渡過河就攻擊他們，不合道義。等楚國人渡過河擺開陣勢後，再擊鼓進攻他們吧。」右司馬說：「不憐惜宋國的民眾被剖腹剜心，卻一味地講什麼道義。」宋襄公說：「你如果還不返回佇列中去，將用軍法治罪。」右司馬只好返回佇列，此時楚國人已經排成行列，擺開陣勢了，宋襄公於是擊鼓進攻。結果宋國人大敗，宋襄公大腿受傷，三日後即死去。這就是徒慕親自實行仁義的禍患。凡事如果一定得等君主親自去做，然後民眾才聽從，那麼是在讓君主耕田而食，像大雁一樣親自排在佇列中作戰，然後民眾才肯耕種作戰，這樣一來，君主不也太危險了嗎？人臣不也太安逸了嗎？

齊景公在渤海遊玩，驛站的騎士從國都馳來報告說：「宰相晏嬰病情危急，將要死去，請您快回去，否則就見不上他了。」齊景公立刻啟程，又一個驛站的騎士馳來。齊景公說：「快去駕那匹名叫煩且的良馬，讓馬夫韓樞駕車。」走了幾百步，齊景公認為馬夫駕車不快，奪過韁繩親自駕車；又走了幾百步，認為良馬還不夠快，便從車上跳下來自己向前奔跑。憑著煩且這樣的良馬以及馬夫韓樞這樣高的駕車技巧，齊景公竟然認為不如跳下車自己跑快。

▶原文

孔子曰：「為人君者，猶盂也，民，猶水也。盂方水方，盂圓水圓。」

鄒君好服長纓。左右皆服長纓，纓甚貴。鄒君患之，問左

右，左右曰：「君好服，百姓亦多服，是以貴。」君因先自斷其緱而出，國中皆不服長緱。君不能下令為百姓服度以禁之，乃斷緱出以示民，是先剹以菑民也。

韓昭侯謂申子曰：「法度甚不易行也。」申子曰：「法者，見功而與賞，因能而受官[1]。今君設法度，而聽左右之請，此所以難行也。」昭侯曰：「吾自今以來，知行法矣，寡人奚聽矣。」一日，申子請仕其從兄官。昭侯曰：「非所學於子也。聽子之謁、敗子之道乎？亡其用子之術而廢子之謁？」申子辟舍請罪[2]。

注釋

①受：即「授」，授予官職。 盂（ㄩˊ）：盛食物或漿湯的容器。

②辟（ㄅㄧˋ）舍：避開正房不住而住在其他地方，表示誠惶誠恐。

譯文

孔子說：「當君主的，好似一個盂，而老百姓則好像水。盂是方的，水也是方的；盂是圓的，水也是圓的。」

鄒國的國君喜歡佩掛長帽帶，他身旁的侍從也都佩掛長帽帶，致使長帽帶十分昂貴。鄒君對此十分憂慮，詢問侍從，侍從說：「國君您喜歡佩掛長帽帶，老百姓也跟著佩掛長帽帶，所以長帽帶才昂貴。」鄒國國君於是首先自己剪斷長帽帶走出宮外巡視，因此國境內的人都不再佩掛長帽帶。國君不可能下命令讓百姓穿戴什麼不穿戴什麼，卻可以自己割斷帽帶出來巡視為百姓作表率，這是透過使自己先受處罰的方式來統治民眾。

韓昭侯對申不害說：「法度非常不容易施行啊！」申不害說：「所謂法度，就是有了功勞才獎賞，根據才能而授官。如今國君您雖然設立了法度，可是卻聽從身旁人的請求，這就是法度難以施行的原因。」韓昭侯說：「從今之後，我知道怎樣推行法度了，我也知道該聽從什麼意見了。」之後有一天，申不害請求昭侯授給他的堂兄一個官職。韓昭侯說：「這不是我從你那裡學到的那一套。你是讓我批准你的請求從而敗壞你的原則呢？還是堅持你所說的那一套而否決你的請求呢？」申不害趕忙不在正房居住以示請罪。

六、小信成則大信立，故明主積於信[1]

▲原文

　　晉文公攻原，裹十日糧，遂與大夫期十日。至原十日，而原不下，擊金而退，罷兵而去。士有從原中出者，曰：「原三日即下矣。」群臣左右諫曰：「夫原之食竭力盡矣，君姑待之。」公曰：「吾與士期十日，不去，是亡吾信也。得原失信，吾不為也。」遂罷兵而去。原人聞曰：「有君如彼其信也，可無歸乎？」乃降公。孔子聞而記之曰：「攻原得衛者，信也。」

　　文公問箕鄭曰：「救餓奈何？」對曰：「信。」公曰：「安信？」曰：「信名、信事、信義。信名，則群臣守職，善惡不逾，百事不怠；信事，則不失天時，百姓不踰；信義，則近親勸勉，而遠者歸之矣。」

注釋

　　[1]這句話的意思是：小的信用確立之後，大的信用便樹立起來了，所以英明的君主才不斷累積信用。

譯文

　　晉文公率兵攻打原邑，帶了十天的乾糧，於是與士大夫們約定十天後返回。到了原邑之後，在第十天頭上，原邑仍攻不下，於是鳴金收兵，撤退離去。有從原邑出來的人說：「原邑再有三天即可攻下。」大臣及身邊的人都勸諫道：「那原邑已食物斷絕，力量用完了，國君姑且再堅持一下。」晉文公說：「我與大家約定好十天，若仍不離去，是在喪失我的信譽。得到原邑而失掉我的信譽，我不幹。」於是收兵撤去。原邑的人聽說後道：「有這樣守信譽的國君，我們能不歸順嗎？」於是投降了晉文公。衛國人聽後，也說：「有這樣守信譽的國君，我們能不歸順嗎？」於是也向晉文公投降。孔子聽說後，記錄到：「晉文公攻打原邑而意外得到衛國，那是靠信譽啊。」

　　晉文公問箕鄭道：「如何才能救濟饑荒？」箕鄭回答說：「靠守信用。」晉文公說：「怎麼去講信用？」箕鄭說：「在名位、政事、道義三個方面講信用。在名位方面講信用，那麼群臣就會堅守本職，善惡分明，任何事都不敢懈怠；在政事方面守信用，那麼就不會失去天時，百姓也不會犯上作亂；在道義方面講信用，那麼親近的人會相互勸勉鼓勵，遠方的人也會前來歸附。」

原文

　　吳起出遇故人而止之食。故人曰：「諾。期返而食。」吳子曰：「待公而食。」故人至暮不來，吳起至暮不食而待之。明日早，令人求故人，故人來，方與之食。

　　魏文侯與虞人期獵。明日，會天疾風，左右止文侯，不聽，曰：「不可。以風疾之故而失信，吾不為也。」遂自驅車往，犯風而罷虞人。

　　曾子之妻之市，其子隨之而泣。其母曰：「女還，顧反為

女殺彘。」妻適市來，曾子欲捕彘殺之。妻止之曰：「特與嬰兒戲耳。」曾子曰：「嬰兒非可與戲也。嬰兒非有知也，待父母而學者也，聽父母之教。今子欺之，是教子欺也。母欺子，子而不信其母，非以成教也。」遂烹彘也。

譯文

　　吳起外出，碰見一個老朋友，於是挽留朋友一同吃飯。這位老朋友說：「好吧，等我返回來一起吃。」吳起說：「我等著你一起用飯。」結果老朋友到晚上也沒回來，吳起到晚上也沒吃飯而一直等他。第二天早上，吳起派人找見老朋友，老朋友到來後，才與他一同進食。

　　魏文侯與虞人約定好次日一起去打獵。第二天正好刮大風，侍從都阻止文侯，可文侯不聽從。他說：「不行。因為刮大風的緣故而失去信用，我不幹這樣的事。」於是親自驅車前往，冒著大風通知虞人取消打獵活動。

　　曾子的妻子要到集市，她的兒子哭著要跟她一起去。她哄騙兒子道：「你先回家去，等我返回來後給你殺豬吃肉。」妻子剛從集市回來，曾子就準備捉住豬殺掉。妻子制止住他，說：「我不過是與孩子開玩笑罷了。」曾子說：「小孩子是不能與他開玩笑的。孩子生下來沒有辨別是非的能力，他必須從父母那裡學習，聽從父母的教導。如今你欺騙他，是在教育他也欺騙別人。做母親的欺騙兒子，兒子就不會相信他的母親，這不是教育兒子的方式。」於是把豬殺掉，煮肉給兒子吃。

原文

　　楚厲王有警鼓，與百姓為戒。飲酒醉過而擊，民大驚。使人止之，曰：「吾醉而與左右戲而擊之也。」民皆罷。居數月，

有警，擊鼓而民不赴。乃更令明號，而民信之。

　　李悝警其兩和曰：「謹警敵人，旦暮且至擊汝。」如是者再三，而敵不至。兩和懈怠，不信李悝。居數月，秦人來襲之，至幾奪其軍。此不信患也。一曰，李悝與秦人戰，謂左和曰：「速上！右和已上矣。」又馳而至右和曰：「左和已上矣。」左右和於是皆爭上。其明年，與秦人戰。秦人襲之，至，幾奪其軍。此不信之患。

譯文

　　楚厲王設置了一面鼓，與百姓們約定，遇有緊急情況，擊鼓相救。一次，楚厲王喝醉了酒，路過警鼓就敲了幾下，老百姓都大驚失色。楚厲王派人制止了百姓們的行動，說：「我喝醉了酒，與身旁的人開玩笑敲擊了鼓，不是有緊急情況。」百姓這才作罷。過了幾個月，真的有了緊急情況，楚厲王擊鼓，可是百姓都不來。於是不得不重新申明號令，百姓這才相信他。

　　李悝警告他左右兩邊部隊的將士說：「小心警惕，敵人遲早會來襲擊你們。」說了好多次，可是敵人並沒有來。兩邊的部隊都有點兒懈怠，也不再相信李悝的話。過了幾個月，秦國人前來襲擊，李悝的部隊幾乎全軍覆沒。這是不講信用所造成的禍患。另一種說法是，李悝率兵與秦國人作戰，對左邊的部隊說：「快衝鋒！右邊的部隊已衝上去了。」又飛馳到右邊，對右邊的部隊說：「左邊的部隊已衝上去了。」左邊和右邊的部隊於是爭先恐後地衝鋒。第二年，又與秦國人作戰，秦國人襲擊他們，幾乎全軍覆沒。這是不講信用所造成的禍患。

◎第十七篇：外儲說・左下

題解

這是《外儲說》的第二部分，用六個話題舉例闡述主題。

一、以罪受誅，人不怨上；以功受賞，臣不德君①

▌原文

孔子相衛，弟子子皋為獄吏，刖人足②，所刖者守門③。人有惡孔子於衛君者曰：「尼欲作亂。」衛君欲執孔子。孔子走，弟子皆逃。子皋從後門，刖危引之而逃之門下室中④，吏追不得。夜半，子皋問刖危曰：「吾不能虧主之法令，而親刖子之足，是子報仇之時也，而子何故乃肯逃我？我何以得此於子？」危曰：「吾斷足也，固吾罪當之，不可奈何。然方公之欲治臣也，公傾側法令，先後臣以言，欲臣之免也甚，而臣知之。及獄決罪定，公愀然不悅⑤，形於顏色，臣見又知之。非私臣而然也，夫天性仁心固然也。此臣之所以悅而德公也。」孔子曰：「善為吏者樹德，不能為吏者樹怨。概者，平量者也；吏者，平法者也。治國者，不可失平也。」

注釋

①這兩句話的意思是：由於犯罪而受懲處，受懲處的人不怨恨長官；由於立功而受到獎賞，受獎賞的臣子不會感激君主。

②刖（ㄩㄝˋ）：古代的一種酷刑，砍掉腳或腿。

③刖（ㄩㄝˋ）：砍掉腳或腿。

④刖危：指古代受過刖刑的人，因其行路顛危，故稱。

⑤愀（ㄘㄨˋ）然：不安的樣子。

譯文

孔子在衛國擔任宰相，他的弟子子臯擔任主管刑罰的官員。按照刑律，子臯砍掉了一個犯人的腳，這個被砍掉腳的人當了守門人。有個人在衛國國君面前惡意中傷孔子，說：「孔子要造反。」衛君聽信謠言，要捉拿孔子。孔子逃走，他的弟子也四散躲避。子臯從後門逃出，那個被砍掉腳的守門人引著他逃到門下的暗室中，官吏們沒有捉拿到子臯。夜半時分，子臯問守門人：「我不能夠違反君主的法令，因此砍掉了你的腳，今天正是你報仇雪恨的好時機，可是你卻為什麼帶我逃生呢？我憑什麼從你那裡得到這麼大的恩惠呢？」守門人說：「我的腳被砍斷，本來就是我罪有應得，這是無可奈何的事。可是當你準備審理我的案件時，你仔細琢磨有關的法令，先後多次找我談話核實情況，非常希望能為我免去刑罰，我心中十分清楚。等到我的罪名確定之後，您心中不安，臉上也很不高興，我看見後也心知肚明。這並不是您私下偏袒我一人才這樣，而是您本來的天性和仁愛之心的反映。這就是我高興地報答您的原因啊。」聽到這件事後，孔子說：「善於做官的人在百姓之中樹立恩德，不會做官的人在百姓之中樹立怨恨。概，是稱量糧食時刮斗升的用具；官吏，也是像概一樣秉持法令的人員。治理國家，是不能失去法令的公正的。」

原文

田子方從齊之魏，望翟黃乘軒騎駕出。方以為文侯也，移車異路而避之，則徒翟黃也。方問曰：「子奚乘是車也？」曰：「君謀欲伐中山，臣薦翟角，而謀得；果且伐之，臣薦樂羊，而中山拔；得中山，憂欲治之，臣薦李克，而中山治。是以君賜此車。」方曰：「寵之稱功尚薄。」

秦、韓攻魏，昭卯西說而秦、韓罷；齊、荊攻魏，卯東說

而齊、荊罷。魏襄王養之以五乘之奉[1]。卯曰：「伯夷以將軍葬於首陽山之下，而天下曰：『夫以伯夷之賢與其稱仁，而以將軍葬，是手足不掩也。』今臣罷四國之兵，而王乃與臣五乘，此其稱功，猶贏勝而履蹻[2]。」

少室周者，古之貞廉潔愨者也[3]，為趙襄主力士。與中牟徐子角力，不若也，入言之襄主以自代也。襄主曰：「子之處[4]，人之所欲也，何為言徐子以自代？」曰：「臣以力事君者也。今徐子力多臣，臣不以自代，恐人言之而為罪也。」

注釋

①奉：同「俸」，俸祿。
②蹻（ㄐㄧㄠˇ）：草鞋。
③愨（ㄑㄩㄝˋ）：誠實。
④處：職位。

譯文

田子方從齊國到魏國，遠遠望見翟黃乘坐著有篷的高車，後面還有輕騎跟隨。田子方還以為是魏文侯的車駕，於是將車靠在路邊迴避，可是走近後才發現，只有翟黃一人坐在車中。田子方問道：「您如何坐上這麼高級的車呢？」田子方說：「君主謀劃想攻伐中山國，我推薦了翟角，於是計謀定了下來；計謀付諸實施，真的討伐時，我推薦了樂羊，於是攻下了中山國，得到了這個國家；君主為如何治理好它而擔憂時，我又推薦了李克，於是中山國治理得很好。所以君主賜給我這輛車。」田子方說：「若與你的功勞相比，這個獎賞還不太夠。」

秦國和韓國攻打魏國，昭卯西行遊說，於是秦、韓二國罷兵而退；齊國和楚國攻打魏國，昭卯又東行遊說，於是齊、楚

兩國也罷兵而去。魏襄王用五乘車馬的俸祿來供養昭卯。昭卯說：「伯夷死後，人們用將軍的禮儀將他安葬在首陽山下，可是天下仍有人說：『憑伯夷的賢明和仁義，只用將軍的禮儀安葬他，簡直草率得好像連手腳都未掩埋一般。』如今為臣我阻止了四個國家的軍隊，可是君王您卻只給我五乘車馬的俸祿，這待遇與我的功勞比起來，簡直猶如一個人做買賣發了大財卻穿著草鞋一樣不相稱。」

少室周，是古代一個堅貞廉潔、高尚誠實的人，他擔任趙襄主的衛士。有一次，少室周與中牟縣一個叫徐子的人比力氣，結果輸給了徐子，於是少室周便進宮對趙襄主說了這件事，並且請求用徐子取代自己。趙襄主說：「你的這個職位，是人人所嚮往的，為什麼要讓徐子取代你自己呢？」少室周說：「為臣我是憑力氣侍奉君主您的，如今徐子比我更有力氣，我若不讓他取代我，擔心別人將此事告訴您，您會責怪我的。」

二、有術之主，信賞以盡能，必罰以禁邪[①]

▌原文

齊桓公將立管仲，令群臣曰：「寡人將立管仲為仲父。善者入門而左，不善者入門而右。」東郭牙中門而立。公曰：「寡人立管仲為仲父，令曰：『善者左，不善者右。』今子何為中門而立？」牙曰：「以管仲之智，為能謀天下乎？」公曰：「能。」「以斷為敢行大事乎？」公曰：「敢。」牙曰：「若知能謀天下，斷敢行大事，君因專屬之國柄焉。以管仲之能，乘公之勢，以治齊國，得無危乎？」公曰：「善。」乃令隰朋治內，管仲治外，以相參。

注釋

①這句話的意思是：掌握了統治之術的君主，為了讓臣下各盡其能，講信用，論功行賞；為了禁止人們為非作歹，必定懲罰有罪之人。

譯文

齊桓公準備贈與管仲仲父的稱號，命令群臣道：「我準備贈給管仲仲父的稱號，同意的進門後立在左邊，不同意的進門後立在右邊。」東郭牙進門後，卻站在中間。齊桓公說：「我要贈給管仲仲父的稱號，剛才命令同意的站在左邊，不同意的站在右邊。現在你為什麼要站在中間？」東郭牙說：「憑管仲的智慧，您認為他能謀取天下嗎？」齊桓公說：「能。」東郭牙又說：「憑管仲的果斷，您認為他敢做大事嗎？」齊桓公說：「敢。」東郭牙最後說：「如果他憑智慧能夠謀取天下，憑果斷敢做大事，國君您又將一國之權柄交給他一人來用，以管仲的才能，再加上您授與他的權勢，以此來治理齊國，難道沒有危險嗎？」齊桓公說：「說得好。」於是讓隰朋負責內政，讓管仲負責外交，形成分權並立的局面。

原文

晉文公出亡，箕鄭挈壺餐而從，迷而失道，與公相失，饑而道泣，寢餓而不敢食。及文公反國，舉兵攻原，克而拔之。文公曰：「夫輕忍饑餒之患，而必全壺餐，是將不以原叛。」乃舉以為原令。大夫渾軒聞而非之曰：「以不動壺餐之故，怙其不以原叛也，不亦無術乎？」故明主者，不恃其不我叛也，恃吾不可叛也；不恃其不我欺也，恃吾不可欺也。

陽虎議曰：「主賢明，則悉心以事之；不肖，則飾奸而試

之。」逐於魯，疑於齊，走而之趙，趙簡主迎而相之。左右曰：「虎善竊人國政，何故相也？」簡主曰：「陽虎務取之，我務守之。」遂執術而御之。陽虎不敢為非，以善事簡主，興主之強，幾至於霸也。

譯文

　　晉文公外出流亡期間，箕鄭提著茶飯跟隨，因為迷失了道路，與文公失散。箕鄭餓壞了，在路旁哭泣，直到餓得躺倒了仍不敢動用飯食。等晉文公返回晉國後，發兵攻打原邑，攻克了原邑並且佔有了它。晉文公說：「箕鄭能夠不在乎饑餓帶來的痛苦，而一定要保全君主的飯食，這樣的人將不會憑藉原邑而叛亂。」於是就提拔箕鄭為原邑的縣令。大夫渾軒聽到此事後，非議道：「因為箕鄭沒有動用君主飯食的緣故，就堅信他不會憑藉原邑叛亂，不也是不懂治國之術的反映嗎？」所以說，賢明的君主，不依靠別人不反叛自己，而是依靠自己不可反叛；不依靠別人不欺騙自己，而是依靠自己不可被欺。

　　陽虎議論道：「君主賢明，就全心全意侍奉他；君主不肖，就掩飾住奸邪之心去試探他。」於是陽虎被魯國驅逐，被齊國懷疑。他逃跑到趙國，趙簡子迎接他並讓他當了宰相。趙簡子身邊的人說：「陽虎善於竊取國家的政權，為什麼要任用他為宰相呢？」趙簡子說：「陽虎力求竊取政權，我則力求把守政權。」於是趙簡子運用法術駕馭、控制陽虎，陽虎不敢為非作歹，只有好好地侍奉趙簡子，使趙簡子的統治逐漸振興強大，幾乎可以稱霸天下。

原文

　　魯哀公問於孔子曰：「吾聞古者有夔一足[①]，其果信有一

足乎？」孔子對曰：「不也，夔非一足也。夔者忿戾噁心，人多不說喜也[②]。雖然，其所以得免於人害者，以其信也。人皆曰：『獨此一，足矣。』夔非一足也，一而足也。」哀公曰：「審而是，固足矣。」一曰，哀公問於孔子曰：「吾聞夔一足，信乎？」曰：「夔，人也，何故一足？彼其無他異，而獨通於聲。堯曰：『夔一而足矣。』使為樂正。故君子曰：『夔有一，足。』非一足也。」

注釋

①夔（ㄎㄨㄟˊ）：一為怪獸名（《山海經・大荒東經》有記載），一為人名（堯、舜時的樂官叫夔）。這裡是指人名。
②說：通「悅」，高興。

譯文

魯哀公問孔子道：「我聽說古時候有個叫夔的人，只有一隻腳，難道真有一隻腳的人嗎？」孔子回答道：「不是這麼回事。夔不是只有一隻腳。夔這個人兇狠殘暴，人們都不喜歡他。即使這樣，他也沒有被人傷害，那是因為他講信用。人們都說：『僅憑這一點，就足夠了。』所以說，夔不是只有一隻腳，而是只有一個優點就足夠了。」魯哀公說：「若確實如此，當然足夠了。」另一種說法是：魯哀公問孔子道：「我聽說夔只有一隻腳，可信嗎？」孔子說：「夔是一個人，怎麼可能一隻腳？他與普通人沒什麼不同，只是通曉音樂。堯說：『夔有這一特長就足夠了。』於是任命他為樂正。所以君子說：『夔具有一個特長，足夠了。』而不是只有一隻腳。」

三、失臣主之理,則文王自履而矜;不易朝燕之處,則季孫終身莊而遇賊^①

▋**原文**

　　文王伐崇,至鳳黃虛^②,襪繫解,因自結。太公望曰:「何為也?」王曰:「君與處,上,皆其師;中,皆其友;下,盡其使也。今皆先君之臣,故無可使也。」一曰:晉文公與楚戰,至黃鳳之陵,履繫解,因自結之。左右曰:「不可以使人乎?」公曰:「吾聞:上,君所與居,皆其所畏也;中,君之所與居,皆其所愛也;下,君之所與居,皆其所侮也。寡人雖不肖,先君之人皆在,是以難之也。」

　　季孫好士,終身莊,居處衣服,常如朝廷。而季孫適懈,有過失,而不能長為也。故客以為厭易己,相與怨之,遂殺季孫。故君子去泰去甚。一曰:南宮敬子問顏涿聚曰:「季孫養孔子之徒,所朝服與坐者以十數,而遇賊,何也?」曰:「昔周成王近優侏儒以逞其意,而與君子斷事,是能成其欲於天下。今季孫養孔子之徒,所朝服而與坐者以十數,而與優侏儒斷事,是以遇賊。故曰:不在所與居,在所與謀也。」

注釋

　　①這幾句話的意思是:拋開君臣之間的等級,那麼周文王自己穿鞋卻自誇敬先君之臣;無論在朝廷之上還是在家閒居都不改變舉止,季孫即便如此一生莊重,仍遭遇了殺身之禍。
　　②虛:同「墟」,大土山。

譯文

　　周文王攻打崇國,到了鳳黃山,襪帶子鬆開了,於是自己

繫上。太公望說：「為什麼不讓別人給繫呢？」文王說：「與國君相處的人，上等的，都是國君的老師；中等的，都是國君的朋友；下等的，都是國君的僕人。現在我身邊的都是先君的舊臣，所以沒有可以役使的人。」另一種說法是：晉文公與楚國人作戰，來到黃鳳山，鞋帶開了，於是自己繫上。身邊的侍從說：「不可以讓別人繫上嗎？」晉文公說：「我曾聽說，上等的人，國君與他們交往時，都是國君所敬畏的人；中等的人，國君與他們交往時，都是國君所喜歡的人；下等的人，國君與他們交往時，都是國君所輕視的人。我雖不賢明，但先君的舊臣都在，所以難以使喚他們啊。」

季孫喜歡讀書人，一生都莊嚴持重，日常生活中的衣著，一如在朝堂上一樣。可是有一次季孫偶然疏忽，衣著上出了差錯，沒有能夠像往常那樣。因此，門客們還以為他是在討厭、輕視自己，一起怨恨季孫，最終殺了季孫。因此說，君子要去掉極端的、過分的行為。另一種說法是：南宮敬子問顏涿聚道：「季孫養著孔子的門徒，穿著上朝時才穿的禮服與他坐在一起的人，有幾十位，可是最終卻遭到了賊人的殺害，這是為什麼？」顏涿聚說：「從前，周成王親近優伶和侏儒以使自己心情暢快，可是決斷大事時，卻與正人君子商議，所以他才能在天下實現他的願望。如今季孫雖然養著孔子的門徒，穿著上朝時才穿的禮服與他坐在一起的人，有幾十位，可是他決斷大事時，是與優伶和侏儒商議，所以他最終被賊人殺害。所以說，不在於和什麼人相處，而在於和什麼人謀劃。」

▶原文

孔子侍坐於魯哀公，哀公賜之桃與黍。哀公曰：「請用。」仲尼先飯黍而後啗桃①，左右皆掩口而笑。哀公曰：「黍者，非飯之也，以雪桃也②。」仲尼對曰：「丘知之矣。夫黍者，

五穀之長也③，祭先王為上盛。果蓏有六④，而桃為下，祭先王不得入廟。丘之聞也，君子以賤雪貴，不聞以貴雪賤。今以五穀之長雪果蓏之下，是從上雪下也。丘以為妨義，故不敢以桃先於宗廟之盛也。」

　　費仲說紂曰：「西伯昌賢，百姓悅之，諸侯附焉，不可不誅。不誅，必為殷禍。」紂曰：「子言，義主，何可誅？」費仲曰：「冠雖穿弊，必戴於頭；履雖五采，必踐之於地。今西伯昌，人臣也，修義而人向之。卒為天下患，其必昌乎！人臣不以其賢為其主，非可不誅也。且主而誅臣，焉有過？」紂曰：「夫仁義者，上所以勸下也。今昌好仁義，誅之不可。」三說不用，故亡。

　　①啖（ㄉㄢˋ）：吃。
　　②雪：擦拭。
　　③五穀：黍（黃米）、稷（小米）、稻、麥、菽（豆子）。
　　④果蓏（ㄌㄨㄛˇ）：果品的總稱。

譯文

　　孔子陪坐在魯哀公的身邊，魯哀公賞賜給他桃和黍。哀公說：「請食用。」孔子先將黍吃掉，然後才吃桃子，哀公身邊的侍從都捂著嘴發笑。魯哀公說：「那黍子，不是用來吃的，而是用來擦拭桃子的。」孔子回答道：「我知道。黍，位居五穀的首位，祭祀先王之時，它是上等的祭品。果品有六大類，桃子是最下等的，祭祀先王時，不准拿進廟門。孔丘我聽說，正人君子用下等的東西擦拭高貴的東西，而沒有聽說過用高貴的東西擦拭下等的東西。如今用排在五穀首位的黍子擦拭果品

中最下等的桃子，也是用上等的東西擦拭下等的東西。我認為這樣做妨害禮義，所以不敢將桃子放在宗廟的祭品黍子前面來吃。」

商紂王的寵臣費仲勸說紂王道：「西伯侯姬昌賢明，老百姓都愛戴他，諸侯國都歸附他，必須將他殺掉。不殺他，必定會成為殷商的禍害。」商紂王說：「你所說的，是一個仁義之主，怎麼能夠殺掉呢？」費仲說：「帽子雖然有了破洞，一定還是要戴在頭上的；鞋子即使是色彩豔麗，也一定是踩在腳下的。現在的西伯侯姬昌，只是君主您的一個臣子，施行仁義而人們擁戴他。最終成為天下禍患的，一定是姬昌啊！作為人臣，不將他的賢明為君主所用，非誅殺不可。況且當君主的誅殺當臣子的，有什麼過錯？」商紂王說：「實施仁義，是君主勸勉臣下的，如今姬昌喜好仁義，殺掉他不合適。」費仲多次勸說，商紂王都不聽，結果商王朝滅亡了。

▶原文

齊宣王問匡倩曰：「儒者博乎？」曰：「不也。」王曰：「何也？」匡倩對曰：「博者貴梟，勝者必殺梟。殺梟者，是殺所貴也。儒者以為害義，故不博也。」又問曰：「儒者弋乎？」曰：「不也。弋者，從下害於上者也，是從下傷君也。儒者以為害義，故不弋。」又問：「儒者鼓瑟乎？」曰：「不也。夫瑟，以小弦為大聲，以大弦為小聲，是大小易序，貴賤易位。儒者以為害義，故不鼓也。」宣王曰：「善。」仲尼曰：「與其使民諂下也，寧使民諂上。」

譯文

齊宣王問匡倩：「儒家學派的人下棋嗎？」匡倩說：「不

下棋。」宣王說：「為什麼？」匡倩回答道：「下棋時以梟棋為尊貴，勝利的人必須將梟棋殺掉。殺掉梟棋，就是在殺尊貴的。儒家學派的人認為妨害禮義，所以不下棋。」齊宣王又問道：「儒家學派的人射鳥嗎？」匡倩說：「不射鳥。射鳥是站在下面傷害上面的行為，就好比是臣子在傷害君主。儒家學派的人認為這妨害禮義，所以不射鳥。」齊宣王又問：「儒家學派的人彈奏瑟嗎？」匡倩說：「不彈。彈奏瑟的時候，小弦發出大的聲音，大弦反而發出小的聲音，這是大小變換了順序，高貴的和低賤的顛倒了位置。儒家學派的人認為這妨害禮義，所以不彈奏瑟。」宣王說：「說得好啊！」孔子說：「與其讓百姓去討好臣子，還不如讓百姓去討好君主。」

四、利所禁，禁所利，雖神不行；譽所罪，毀所賞，雖堯不治[①]

▶原文

鉅者，齊之居士；孱者，魏之居士；齊、魏之君不明，不能親照境內而聽左右之言，故二子費金璧而求入仕也。

西門豹為鄴令，清克潔愨，秋毫之端無私利也[②]，而甚簡左右。左右因相與比周而惡之。居期年[③]，上計[④]，君收其璽。豹自請曰：「臣昔者不知所以治鄴，今臣得矣，願請璽，復以治鄴。不當，請伏斧鑕之罪[⑤]。」文侯不忍而復與之。豹因重斂百姓，急事左右。期年，上計，文侯迎而拜之。豹對曰：「往年臣為君治鄴，而君奪臣璽；今臣為左右治鄴，而君拜臣。臣不能治矣。」遂納璽而去。文侯不受，曰：「寡人曩不知子，今知矣。願子勉為寡人治之。」遂不受。

注釋

①這幾句話的意思是：該禁止的卻得利，該得利的卻禁止，即使神通廣大，禁令也難以施行；該懲處的卻讚譽，該獎賞的卻詆毀，即使是賢明如堯，也難以治理。

②秋毫之端：即秋毫之末，秋天野獸身上長出的細毛毛尖，形容極其細小。愨（ㄑㄩㄝˋ）：恭謹、敬謹。

③期（ㄐㄧ）年：一週年。

④上計：下級向上級彙報、總結。

⑤斧鑕（ㄓˋ）：古代酷刑腰斬時所用的刑具。

譯文

聚這個人，是齊國的一個尚未做官的讀書人；屛這個人，是魏國的一個尚未做官的讀書人。因為齊、魏二國的君主不賢明，不能夠親自洞察瞭解國境內的形勢，只是一味聽信身邊侍從的話，所以這兩個人不惜花費黃金玉璧去賄賂君主身邊的人，以求入朝當官。

西門豹任鄴縣的縣令，清正廉明，盡職誠實，沒有牟取絲毫的私利，可是卻十分怠慢君主身邊的人。君主身邊的人於是互相勾結起來中傷他。過了整一年，西門豹向君主彙報工作，魏文侯收回官印，將他免職。西門豹主動向魏文侯請求道：「為臣我從前不知道怎樣去治理鄴縣，如今我已知道了，我希望再將官印給我，讓我重新去治理鄴縣。若有失職，願受腰斬之罪。」魏文侯不忍心拒絕他的請求，於是又將官印授給他。西門豹於是對老百姓橫徵暴斂，並加緊侍奉君主身邊的人。一年之後，向君主彙報工作，魏文侯親自迎接他並向他致禮。西門豹回答道：「前年我替國君您治理鄴縣，可是您卻奪走了我的官印；今年我替您身邊的人治理鄴縣，可是您卻向我致禮。為臣我不能治理鄴縣了。」於是交還官印準備離去。魏文侯不

接受他的辭職，說：「我先前不太瞭解你，現在才真正瞭解了。希望你能竭盡全力為我治理鄴縣。」魏文侯最終沒有收下西門豹所上交的官印。

原文

齊有狗盜之子①，與刖危子戲而相誇。盜子曰：「吾父之裘獨有尾。」刖危子曰：「吾父獨冬不失褲。」

桓公謂管仲曰：「官少而索者眾，寡人憂之。」管仲曰：「君無聽左右之請，因能而受祿②，錄功而與官，則莫敢索官。君何患焉？」

韓宣子曰：「吾馬，菽粟多矣，甚臞③，何也？寡人患之」。周市對曰：「使騶盡粟以食④，雖無肥，不可得也。名為多與之，其實少，雖無臞，亦不可得也。主不審其情實，坐而患之，馬猶不肥也。」

注釋

①狗盜：偽裝成狗去偷東西，所以皮衣上有尾巴。
②受：通「授」，授給。
③臞（ㄑㄩˊ）：瘦弱。
④騶（ㄗㄡ）：車夫。

譯文

在齊國，有一個專門裝成狗偷盜東西的人的兒子與一個因犯罪而被砍掉腳的人的兒子開玩笑，他們相互炫耀各自的父親。盜賊的兒子說：「只有我父親的皮衣上才有尾巴。」被砍掉腳的人的兒子說：「只有我的父親在冬天不脫掉褲子。」

齊桓公對管仲說：「官位少可是求官的人多，我對此十分

擔憂。」管仲說：「您不要聽從身邊人的請求，根據個人的才能給予他俸祿，依照功勞給予他官位，如此一來，就沒有人敢來索要官位了。您還擔憂什麼呢？」

韓宣子說：「我的馬，豆類、穀物等已經餵得很多了，可是仍十分瘦弱，這是為什麼？我很擔憂。」周市回答說：「讓車夫將供給馬的全部飼料都餵了馬，即使不想讓馬肥壯，也是不可能的。如今名義上是多給了馬飼料，而實際上卻餵得很少，即使不讓馬瘦弱，也是不可能的。君主您不詳細考察實際情況，只是坐在那裡擔憂，馬還是不會肥壯的。」

原文

桓公問置吏於管仲，管仲曰：「辯察於辭①，清潔於貨，習人情，夷吾不如弦商，請立以為大理②。登降肅讓③，以明禮待賓，臣不如隰朋，請立以為大行④。墾草仞邑⑤，辟地生粟，臣不如甯武，請以為大田⑥。三軍既成陣，使士視死如歸，臣不如王子成父，請以為大司馬。犯顏極諫，臣不如東郭牙，請立以為諫臣。治齊，此五子足矣；將欲霸王，夷吾在此。」

注釋

①辯：通「辨」。　辭：獄辭。
②大理：司法大臣。
③肅：通「揖」。
④大行：外交大臣。
⑤仞：創立。
⑥大田：農業大臣。

譯文

　　齊桓公向管仲請教設置官吏的事,管仲說:「對原告、被告雙方的言辭辨別分析,對於財物等清廉不貪,又熟悉人情世故,我管夷吾比不上弦商,請任命他為司法大臣。在迎來送往時上下左右周旋,作揖謙讓,用明確而恰當的禮儀接待賓客,為臣我比不上隰朋,請任命他為外交大臣。開墾荒地,創立城市,開闢土地,生產糧食,為臣我比不上甯武,請任命他為農業大臣。三軍擺開陣勢後,讓將士們視死如歸,為臣我比不上王子成父,請任命他為軍事大臣。能夠冒犯君主的威嚴而全力勸諫君主,為臣我比不上東郭牙,請任命他為諫議大臣。治理好齊國,有這五個人就足夠了;而如果還想稱霸為王,那麼有我管夷吾在此。」

五、臣以卑儉為行,則爵不足以觀賞;寵光無節,則臣下侵逼[1]

原文

　　孟獻伯相魯[2],堂下生藋藜,門外長荊棘,食不二味,坐不重席,無衣帛之妾,居不粟馬,出不從車。叔向聞之,以告苗賁皇。賁皇非之曰:「是出主之爵祿以附下也。」一曰,孟獻伯拜上卿,叔嚮往賀,門有御,馬不食禾。向曰:「子無二馬二輿,何也?」獻伯曰:「吾觀國人尚有饑色,是以不秣馬;班白者多以徒行[3],故不二輿。」向曰:「吾始賀子之拜卿,今賀子之儉也。」向出,語苗賁皇曰:「助吾賀獻伯之儉也。」苗子曰:「何賀焉?夫爵祿旂章[4],所以異功伐、別賢不肖也。故晉國之法,上大夫二輿二乘,中大夫二輿一乘,下大夫專乘,此明等級也。且夫卿必有軍事,是故循車馬,比卒乘,以備戎事。有難則以備不虞,平夷則以給朝事。今亂晉國之政,乏不虞之備,以成節,以絜私名[5],獻伯之儉也可與?又何賀?」

韓非子全書

注釋

①這幾句話的意思是：臣子若將謙卑、節儉作為行為準則，那麼爵位不足以顯示獎賞的作用；臣子若驕橫榮寵沒有節制，就會侵害、威脅君主。

②孟：當作盂，盂即盂縣，是晉國大臣獻伯的食邑。　魯：當作晉。獻伯是晉國大臣。

③班白：頭髮蒼白。班，通「斑」。

④旗章：旌旗、服飾。

⑤絜（ㄐㄧㄝˊ）：同「潔」，清白。

譯文

孟獻伯當晉國的宰相時，廳堂前生滿了野草，大門外長滿了荊棘，吃飯不吃兩種食物，坐時不墊兩塊坐墊，家中沒有穿絲綢衣服的姬妾，家居期間不用穀類餵馬，外出時不讓副車跟從。叔向聽說之後，將這些情況告訴了苗賁皇。苗賁皇非議道：「這是拋棄君主的爵位和俸祿來與下等人親近。」另一種說法是：孟獻伯被任命為上卿，叔向前去祝賀，看見門口的馬不餵穀類飼料。叔向說：「你沒有副車和副馬，為什麼？」孟獻伯說：「我看到國境之內許多人面有饑色，所以不用穀類餵馬；頭髮花白的老者都在徒步行走，所以不配副車。」叔向說：「我剛開始是想祝賀你當了上卿，如今該祝賀你的節儉了。」叔向出來後，對苗賁皇說：「去幫我祝賀孟獻伯的節儉。」苗賁皇說：「有什麼可祝賀的？爵位俸祿，旌旗服飾，是用來區分功勞大小、德才高下的手段。所以晉國的法令規定：上大夫配備副車兩輛，中大夫配備副車一輛，下大夫只有正車一輛，這是在表明等級身分。況且凡是當了卿相的，必定要掌管軍隊事務，

所以要整頓好車馬、組織好步兵戰車，以應對戰爭。有災難之時則防備不測，和平年代就代步上朝。如今孟獻伯的做法是在擾亂晉國的政策，缺少對不測情況的防備，以此來成全他本人的名節和清白的形象。孟獻伯所謂的節儉可推行嗎？又有什麼值得祝賀的呢？」

原文

　　管仲相齊，曰：「臣貴矣，然而臣貧。」桓公曰：「使子有三歸之家①。」曰：「臣富矣，然而臣卑。」桓公使立於高、國之上②。曰：「臣尊矣，然而臣疏。」乃立為「仲父」。孔子聞而非之曰：「泰侈逼上。」一曰，管仲父出，朱蓋青衣，置鼓而歸，庭有陳鼎，家有三歸。孔子曰：「良大夫也，其侈偪上。」

　　孫叔敖相楚，棧車牝馬，糲飯菜羹，枯魚之膳，冬羔裘，夏葛衣，面有饑色。「則良大夫也，其儉偪下。」

　　陽虎去齊走趙，簡主問曰：「吾聞子善樹人。」虎曰：「臣居魯，樹三人，皆為令尹；及虎抵罪於魯，皆搜索於虎也。臣居齊，薦三人，一人得近王，一人為縣令，一人為候吏；及臣得罪，近王者不見臣，縣令者迎臣執縛，候吏者追臣至境上，不及而止。虎不善樹人。」主俛而笑曰：「夫樹橘柚者，食之則甘；樹枳棘者，成而刺人。故君子慎所樹。」

注釋

　　①三歸：全國總收入的十分之三。
　　②高、國：齊國的貴族，為姜太公的後裔。

譯文

　　管仲當了齊國的宰相後，對齊桓公說：「為臣我已經很顯貴了，可是卻貧困。」齊桓公說：「我讓你的俸祿達到全國總收入的十分之三。」管仲說：「為臣我已經很富有了，可是卻地位低下。」齊桓公於是讓管仲位居高、國兩大貴族之上。管仲說：「為臣我已經很尊貴了，可是卻與君主關係疏遠。」齊桓公於是便授給他「仲父」的稱號。孔子聽說後，非議道：「管仲太奢侈了，會威脅君主的地位。」另一種說法是：管仲外出，乘坐著紅色頂蓋、青色車帷的車子，回家時鼓樂開道，庭院之中陳列著大鼎，家中有全國總收入十分之三的收入。孔子說：「管仲雖說是個好大臣，可是他的奢侈會對君主構成威脅。」

　　孫叔敖做楚國的宰相，坐的是簡易的篷車，拉車的馬是下等的母馬，吃粗米飯，喝菜湯，用乾魚改善生活，冬天穿羊皮做的大衣，夏天穿粗布衣服，常常面帶饑色。孔子說：「孫叔敖是個好大夫，但他的過分節儉，會威脅到他的下級。」

　　陽虎離開齊國跑到趙國，趙簡子問道：「我聽說你善於培養人才。」陽虎說：「我在魯國居住期間，培養了三個人，都當上了縣令。等到我在魯國犯了罪，他們都出面搜索抓捕我。我在齊國居住期間，曾推薦了三個人，一個成了君王身邊的大臣，一個當了縣令，一個當了邊關守衛。等到我在齊國犯了罪，君王身邊的那個大臣不見我，那個當了縣令的人迎面用繩子捆縛我，那個當了邊關守衛的人追我追到國境邊上，直到追不上才停止。陽虎我不善於培養人才啊。」趙簡子低頭笑道：「種植山楂樹、梨樹和橘樹、柚樹，它們所結的果實吃起來甘美；種植枳樹和酸棗樹，它們長成後反而會刺人。所以君子要對所培養的人選謹慎小心。」

原文

中牟（ㄇㄡˊ）無令。晉平公問趙武曰：「中牟，三國之股肱，邯鄲之肩髀^①，寡人欲得其良令也，誰使而可？」武曰：「邢伯子可。」公曰：「非子之讎也？」曰：「私讎不入公門。」公又問曰：「中府之令，誰使而可？」曰：「臣子可。」故曰：「外舉不避讎，內舉不避子。」趙武所薦四十六人於其君，及武死，各就賓位，其無私德若此也。

平公問叔向曰：「群臣孰賢？」曰：「趙武。」公曰：「子黨於師人^②。」向曰：「武立如不勝衣，言如不出口，然其所舉士也數十人，皆令得其意，而公家甚賴之。況武子之生也不利於家，死不托於孤，臣敢以為賢也。」

解狐薦其讎於簡主以為相。其讎以為且幸釋己也，乃因往拜謝。狐乃引弓迎而射之，曰：「夫薦汝，公也，以汝能當之也。夫仇汝，吾私怨也。不以私怨汝之故，擁汝於吾君^③。」故私怨不入公門。

鄭縣人賣豚，人問其價。曰：「道遠日暮，安暇語汝。」

注釋

①肩髀（ㄅㄧˋ）：肩胛骨和大腿骨。
②黨：偏袒。
③擁：通「壅」，此處是埋沒的意思。

譯文

中牟沒有縣令。晉平公問趙武：「中牟縣，好比是趙、齊、燕三國的大腿和胳膊，又好比是邯鄲的肩胛骨和胯骨，地位非常重要，我想找一個好的縣令，派誰合適呢？」趙武說：「邢伯子可以。」晉平公說：「邢伯子不是你的仇人嗎？」趙武說：

「私人的仇恨不應帶到朝廷上。」晉平公又問道：「管理宮中的官員，派誰合適呢？」趙武說：「我的兒子可以。」所以有人就說：「舉薦外人時不迴避自己的仇人，舉薦內部人時不迴避自己的兒子。」趙武向君主推薦了四十六個人，等到趙武死後，都坐在賓客的位置上弔唁，他們之間好像根本沒有私人間的恩德一樣。

　　晉平公問叔向：「群臣之中誰最賢明？」叔向說：「是趙武。」晉平公說：「你是在偏袒你的上級。」叔向說：「趙武站著的時候，體力不支到好像連衣服也架不起來；說話的時候，好像不會措辭一樣，可是他所舉薦的幾十個讀書人，都達到了他所推薦的目的，國家也十分依賴這些人。況且趙武活著的時候，不謀私利，去世之後，也沒有將兒子託付給君主。所以為臣我敢肯定趙武最賢明。」

　　解狐將自己的仇人推薦給趙簡子當宰相。他的仇人認為解狐終於消除了對自己的怨恨，於是前去拜謝。誰知解狐卻拉開弓箭迎面射向他，並且說：「我推薦你，是出於公心，因為你能勝任這個職務。我仇視你，是我私人的怨恨。我不因為私下怨恨你的緣故，使你在君主跟前被埋沒。」所以說，私人之間的怨恨不應帶入朝廷的大門。

　　有個鄭縣人賣小豬，有人問他價錢。這個賣豬的人說：「我回家的路途遙遠，加之天又快黑了，哪有時間告訴你。」

六、公室卑，則忌直言；私行勝，則少公功[1]

▶原文

　　范文子喜直言，武子擊之以杖：「夫直議者不為人所容，無所容則危身。非徒危身，又將危父。」

　　子產者，子國之子也。子產忠於鄭君，子國譙怒之曰：「夫介異於人臣，而獨忠於主。主賢明，能聽汝；不明，將不汝聽。

聽與不聽,未可必知,而汝已離於群臣。離於群臣,則必危汝身矣。非徒危己也,又且危父矣。」

梁車新為鄴令,其姊往看之。暮而後至,閉門,因踰郭而入。車遂刖其足。趙成侯以為不慈,奪之璽而免之令。

管仲束縛,自魯之齊,道而饑渴,過綺烏封人而乞食。烏封人跪而食之,甚敬。封人因竊謂仲曰:「適幸及齊,不死而用齊,將何報我?」曰:「如子之言,我且賢之用,能之使,勞之論。我何以報子?」封人怨之。

注釋

①這幾句話的意思是:皇室的實力削弱,就以說直話為忌諱;謀取私利的活動興盛,就很少有人為皇室建立功業。

譯文

范文子喜歡說直話,他的父親范武子用拐杖打他:「那些說直話的人不為人們所容忍,沒有人能容忍便會危及自身。非但危及你本身,還將連累你的父親。」

子產是子國的兒子。子產忠於鄭國的君主,子國怒斥道:「你耿介獨特,異於群臣,獨自一人忠於君主。如果君主賢明,還能聽從你的建議;若君主不賢明,將不會聽從你的建議。聽從或者不聽從,不能肯定,可是你已經脫離了群臣,必定會危及你自身。非但危及你自身,還會危及你的父親。」

梁車新擔任鄴縣的縣令,他的姐姐前去看望他。天黑之後才來到城門口,城門已關閉了,於是翻越外城的城牆進了城。梁車依據法令砍掉了她的腳。趙成侯認為梁車的做法不仁慈,於是沒收了他的官印,免去了他的縣令之職。

管仲被捆綁著從魯國押解到齊國。半道上又饑又渴,路過

綺時，他問烏封人討要食物。烏封人跪著餵管仲吃的，十分敬重，又趁機悄悄地問管仲：「假若你幸運地活著到了齊國，被齊國任用，你將用什麼報答我？」管仲說：「假若真的如你所說的那樣，我將任用賢明的人，使用有才能的人，選拔有功勞的人。我根據哪一條來報答你呢？」烏封人因而怨恨管仲。

◎第十八篇：外儲說・右上

題解

　這是《外儲說》的第三部分，用三個話題，說明主題。

一、勢不足以化，則除之①

▌原文

　賞之譽之不勸，罰之毀之不畏，四者加焉不變，則除之。

　齊景公之晉，從平公飲，師曠侍坐。始坐，景公問政於師曠，曰：「太師將奚以教寡人？」師曠曰：「君必惠民而已。」中坐，酒酣。將出，又復問政於師曠，曰：「太師奚以教寡人？」曰：「君必惠民而已矣。」景公出，之舍，師曠送之，又問政於師曠。師曠曰：「君必惠民而已矣。」景公歸，思，未醒，而得師曠之所謂。

　公子尾、公子夏者，景公之二弟也，甚得齊民，家富貴而民說之②，擬於公室，此危吾位者也。今謂我惠民者，使我與二弟爭民耶？於是反國③，發廩粟以賦眾貧④，散府財以賜孤寡，倉無陳粟，府無餘財，宮婦不御者出嫁之，七十受祿米。鬻德惠施於民也，已與二弟爭民。居二年，二弟出走，公子夏逃楚，公子尾走晉。

注釋

①這句話的意思是：對於用權勢不能開導的人，就將他除掉。

②説：同「悅」，喜歡，愛護。

③反國：即返國，返回齊國。

④賦：賑濟。

譯文

　　賞賜和讚譽都不能使其受到鼓勵，懲罰和詆毀都不能使其感到害怕，將賞賜、讚譽、懲罰和詆毀四種手段都用上而仍不加改變的人，應該除掉他。

　　齊景公來到晉國，陪同晉平公喝酒，師曠在一旁陪坐。剛一坐下，齊景公就向師曠詢問治國之道，說：「太師將用什麼教導我呢？」師曠說：「你只要對民眾給予實惠就可以了。」宴會進行到一半之時，酒喝得很暢快。快出門之時，齊景公又向師曠詢問治國之道，說：「太師將用什麼教導我呢？」師曠又回答：「你只要對民眾給予實惠就可以了。」齊景公走出來，要回下榻的賓館，師曠送他，於是又趁機向師曠詢問治國之道。師曠仍是那句話：「你只要對民眾給予實惠就可以了。」齊景公回到賓館，反覆思考，酒還沒有醒，就明白了師曠話中的含意。

　　公子尾和公子夏，是齊景公的兩個弟弟，他們在齊國很得民心，家中富有財產，人民又愛戴他們，可與皇室相抗衡，他們是威脅到君位的人。如今師曠讓「我」對民眾給予實惠，難道是讓我與兩個弟弟爭奪民心？於是返回齊國，打開國家的糧倉賑濟貧困的人，散發府庫中的財物，賞賜給孤寡老人，糧倉中不存陳舊的谷米，府庫中不留多餘的財物，君主用不著陪睡的宮女就嫁出去，七十歲以上的老人發給固定的糧食。齊景公

兜售恩德，向民眾給予實惠，用這種手段與兩個弟弟爭奪民心。過了兩年，兩個弟弟外出逃走，公子夏逃到楚國，公子尾則逃到了晉國。

▶原文

景公與晏子游於少海①，登柏寢之臺而還望其國，曰：「美哉！泱泱乎！堂堂乎！後世將孰有此？」晏子對曰：「其田成氏乎！」景公曰：「寡人有此國也，而曰田成氏有之，何也？」晏子對曰：「夫田成氏甚得齊民。其於民也，上之請爵祿行諸大臣，下之私大斗、斛、區、釜以出貨②，小斗、斛、區、釜以收之。殺一牛，取一豆肉③，餘以食士。終歲，布帛取二制焉④，餘以衣士。故市木之價，不加貴於山，澤之魚、鹽、龜、鱉、蠃、蚌⑤，不加貴於海。君重斂，而田成氏厚施。齊嘗大饑，道旁餓死者不可勝數也，父子相牽而趨田成氏者，不聞不生。故周齊之民相與歌之曰：『謳乎，其已乎！苞乎⑥，其往歸田成子乎！』《詩》曰：『雖無德與女，式歌且舞。』今田成氏之德，而民歌舞之，民德歸之矣。故曰：『其田成氏乎！』」公泫然出涕，曰：「不亦悲乎？寡人有國，而田成氏有之。今為之奈何？」晏子對曰：「君何患焉？若君欲奪之，則近賢而遠不肖，治其煩亂，緩其刑罰，振貧窮而恤孤寡，行恩惠而給不足，民將歸君，則雖有十田成氏，其如君何？」

注釋

①少海：即渤海。

②斗、斛（ㄏㄨˊ）、區（ㄡ）、釜（ㄈㄨˇ）：四種大小不同的量具。四豆為區，區，斗六升　貨：當作「貸」。

③豆：容器名。

④制：古代長度單位，一制等於一丈八尺。

⑤蠃（ㄌㄨㄛˇ）：通「螺」。
⑥苞：通「飽」。

譯文

　　齊景公與晏子在渤海遊覽，他們登上柏寢的高臺，回頭眺望自己的國家，齊景公說：「真美啊！多麼浩瀚無際啊！多麼宏偉壯麗啊！後世誰將擁有它呢？」晏子回答道：「大概是田成子吧！」齊景公說：「明明我擁有這個國家，可是你卻說田成子擁有，為什麼呢？」晏子答道：「那田成子很得齊國的民心。對於民眾，他在朝廷上向君主求取爵位和俸祿賞賜給大臣，在民間則私自加大斗、斛、區、釜等量具貸出糧食，而後用小一號的斗、斛、區、釜等量具收回借出去的糧食。宰殺一頭牛，只取一豆牛肉自己吃，其餘的都給士人。一年到頭，布帛衣料等只用三丈六尺，其餘的都讓士人穿。因此市場上木材的價格，不比山上的更貴；湖泊中的魚、鹽、龜、鱉、螺、蚌的價格，也不比海濱的更貴。國君您大量地收斂財物，可田成子卻大量地施捨給百姓。齊國曾經遭受荒年，道路旁邊餓死的人不可勝數，父子倆牽著手去投靠田成子，沒聽說活不下來。我們全齊國的人民都在相互歌頌他：『唱吧，就定居在這裡吧！吃飽飯啊，前去投靠田成子吧！』《詩經》上說：『雖然沒有恩德送給你們，你們卻又是唱歌又是跳舞。』如今田成子的恩德，百姓用又歌又舞的方式表達，百姓的感激之情都歸於田成子了。所以我才說『大概是田成子吧』！」齊景公聽後，湧出了眼淚，說：「這不也是可悲的事嗎？我擁有國家，可實際上已成了田成子的。現在該怎麼辦呢？」晏子回答道：「國君您有什麼擔憂的呢？假若您想奪回民心，那麼只需要親近賢明之人，遠離不肖之人，整治混亂的局面，放寬國家的刑罰，賑濟貧窮的人，撫恤孤寡的人，施行恩惠而資助缺衣缺糧的人，民眾便會都向

您歸順，這樣，即使有十個田成子，又能將您怎麼樣呢？」

▶原文

季孫相魯，子路為郈令①。魯以五月起眾為長溝，當此之時，子路以其私秩粟為漿飯，要作溝者於五父之衢而餐之②。孔子聞之，使子貢往覆其飯，擊毀其器，曰：「魯君有民，子奚為乃餐之？」子路怫然怒③，攘肱而入④，請曰：「夫子疾由之為仁義乎？所學於夫子者，仁義也。仁義者，與天下共其所有而同其利者也。今以由之秩粟而餐民，其不可，何也？」孔子曰：「由之野也！吾以女知之，女徒未及也。女故如是之不知禮也！女之餐之，為愛之也。夫禮，天子愛天下，諸侯愛境內，大夫愛官職，士愛其家，過其所愛曰侵。今魯君有民，而子擅愛之，是子侵也，不亦誣乎？」言未卒，而季孫使者至，讓曰：「肥也起民而使之，先生使弟子止徒役而餐之，將奪肥之民耶？」孔子駕而去魯。以孔子之賢，而季孫非魯君也，以人臣之資，假人主之術，蚤禁於未形⑤，而子路不得行其私惠，而害不得生，況人主乎？以景公之勢，而禁田常之侵也，則必無劫　之患矣。

注釋

①郈（ㄏㄡ丶）：地名，叔孫氏邑，在今山東東平縣。
②五父之衢（ㄑㄩˊ）：五父即魯國都城，即今山東曲阜。衢，大道。
③怫（ㄈㄨˊ）然：憤怒的樣子。
④肱（ㄍㄨㄥ）：胳膊。
⑤蚤：通「早」。

譯文

　　季孫擔任魯國的宰相，子路被任命為郈縣的縣令。魯國在五月時發動民眾開掘長河，開工之後，子路用個人的俸祿所得做成粥，邀請參加開掘長河的人到五父的大道上用餐。孔子聽說此事後，派子貢前去倒掉粥，打碎盛粥的容器，說：「這些民眾為魯國國君所有，你憑什麼給他們吃飯？」子路怫然而怒，挽起袖子露出胳膊闖進孔子的住處，請問道：「先生您忌恨我施行仁義嗎？我從先生那兒學到的，就是仁義二字。仁義的含義，就是與天下之人共享受所有，共同分享利益。如今我用自己的俸祿所得做成粥讓民眾吃，這樣的行為都不允許，為什麼呢？」孔子說：「仲由你竟然如此粗野！我還以為你已知這中間的道理，你竟然不知道。你原來是這樣不瞭解禮制的啊！你給民眾吃飯，是因為愛護他們。根據禮制，天子愛護天下所有的人，諸侯愛護他所轄境內的人，大夫愛護他自己所擔任的官職，士人愛護他的家庭，凡是超越了界限的，就叫做侵犯。如今魯國國君擁有這些民眾，可你卻擅自超越界限去愛護他們，你這是在侵犯國君的權力，這不也太狂妄了嗎？」孔子的話還未說完，季孫派來的使者就已到了，責備孔子道：「我季孫肥發動民眾役使他們，先生您卻讓弟子阻止他們工作，讓他們吃飯，是想爭奪我季孫肥的民眾吧！」孔子於是駕著車離開魯國。憑藉孔子的賢能，而季孫還不是魯國國君，他依仗做人臣的資本，借用君主的權術，在患難尚未形成事實之前就提早禁止，致使子路不能夠施行自己個人的恩惠，而禍害也不可能發生，更何況是君主呢？憑藉齊景公的權勢，若能及早禁止田常的侵權行為，那麼必定不會發生　殺君主的禍患了。

原文

　　如耳說衛嗣公①，衛嗣公說而太息②。左右曰：「公何為不

相也？」公曰：「夫馬似鹿者，而題之千金，然而有百金之馬，而無一金之鹿者，馬為人用而鹿不為人用也。今如耳，萬乘之相也③，外有大國之意，其心不在衛，雖辯智，亦不為寡人用，吾是以不相也。」

注釋

①説（ㄕㄨㄟˋ）：遊説，勸諫。

②説（ㄩㄝˋ）：同「悦」，高興。

③萬乘（ㄕㄥˋ）：古代一車四馬稱為一「乘」，萬乘在這裡指擁有一萬輛戰車的大國。

譯文

如耳遊說衛嗣公，衛嗣公聽後很高興，但又歎息不已。他身邊的人說：「您為什麼不任命如耳為宰相呢？」衛嗣公說：「那跑起來如鹿一樣快的馬，可以給它標價千金，可是有價值百金之馬，而沒有價值一金之鹿，為什麼呢？那是因為馬能被人用而鹿不能為人所用。如今的如耳，是擁有萬乘兵車的大國的相才，他言外之意也有到大國去的打算，他的心思不在我們衛國，雖然善辯聰明，也不可能為我所用，因此我不讓他當宰相。」

原文

薛公之相魏昭侯也，左右有欒子者曰陽胡、潘①，其於王甚重，而不為薛公。薛公患之。於是乃召與之博，予之人百金，令其昆弟博；俄又益之人二百金。方博有間，謁者言客張季之子在門②，公怫然怒，撫兵而授謁者曰：「殺之！吾聞季之不為文也。」立有間，時季羽在側，曰：「不然。竊聞季為公甚，顧其人陰未聞耳。」乃輟不殺客而大禮之，曰：「曩者聞季之

不為文也，故欲殺之；今誠為文也，豈忘季哉？」告廩獻千石之粟，告府獻五百金，告驪私廄獻良馬固車二乘，因令奄將宮人之美妾二十人③，並遺季也④。孿子因相謂曰：「為公者必利，不為公者必害，吾曹何愛不為公？」因私競勸而遂為之⑤。薛公以人臣之勢，假人主之術也，而害不得生，況錯之人主乎⑥？夫馴烏者斷其下翎。斷其下翎，則必恃人而食，焉得不馴乎？夫明主畜臣亦然，令臣不得不利君之祿，不得無服上之名。夫利君之祿，服上之名，焉得不服？

注釋

①孿（ㄌㄨㄢ ˊ）子：即雙胞胎。
②謁（一ㄝ ˋ）者：主管通報賓客的官員。
③奄（一ㄢ）：通「閹」，指宦官。
④遺（ㄨㄟ ˋ）：送給。
⑤競勸：爭相賣力。
⑥錯：通「措」，放置。

譯文

　　薛公田文擔任魏昭侯宰相期間，魏昭侯身邊有一對雙胞胎叫陽胡、陽潘，他們很受魏昭侯的器重，可是不替薛公效勞。薛公對此非常擔心。於是將他倆召來一起賭博，給了他倆每人一百金，讓他們兄弟先賭；不一會兒，又給每人增加了二百金。賭博了一會兒，主管通報賓客的官員進來報告，說是客人張季的兒子在門口求見，薛公怫然大怒，握了握手中的兵器，然後把兵器遞給這個官員道：「殺掉他！我聽說張季不肯替我田文效勞。」站了一會兒，當時張季的黨羽正好在旁邊，說：「並不是這麼回事。我私下聽說張季很賣力地為您效勞，只是因為

227

他是暗中效勞，您沒有聽說到罷了。」於是薛公收回剛才的命
令，不再斬殺客人，而是用非常隆重的禮儀接待他，還說：「先
前聽說張季不替我效勞，所以想殺掉他的兒子；如今聽說張季
確實是替我效勞的，我哪敢忘記張季呢？」又通知管糧倉的從
糧倉拿出一千石糧食，通知管府庫的從府庫拿出五百金，通知
馬夫從自己的馬棚裡挑出良馬八匹、好車二輛，又命令宦官從
宮女中選出二十位漂亮的佳人，領來一併送給張季。那一對雙
胞胎兄弟於是相互商量道：「為薛公出力必定有利可圖，不為
薛公出力必定有禍害，我們為什麼不為薛公出力呢？」於是爭
相賣力地為薛公出力。薛公憑藉一個大臣的權勢，尚且能假借
君主的權術，致使禍害不發生，何況是將這種手段放到君主的
手中來使用呢？那馴養烏鴉的人，必須剪斷它的翅膀和尾巴上
的長羽毛。剪斷這些長羽毛，烏鴉就必須靠人餵養，哪能不馴
服呢？賢明的君主畜養大臣，也是同樣的道理，使大臣不得不
獲取君主的俸祿，不得不在君主安排的職位上工作。要獲取君
主的俸祿，服從君主的安排，哪有不馴服的呢？

二、人主者，利害之輶轂也[1]

▶原文

　　申子曰：「上明見[2]，人備之；其不明見，人惑之。其知見[3]，
人惑之；不知見，人匿之[4]。其無欲見，人司之[5]；其有欲見，
人餌之。故曰：吾無從知之，惟無為可以規之[6]。」
　　靖郭君之相齊也，王后死，未知所置[7]，乃獻玉珥以知之。
一曰：薛公相齊，齊威王夫人死，中有十孺子皆貴於王，薛公
欲知王所欲立而請置一人以為夫人。王聽之，則是說行於王，
而重於置夫人也；——王不聽，是說不行，而輕於置夫人也。
欲先知王之所欲置以勸王置之。——於是為十玉珥而美其一而
獻之。王以賦十孺子[8]。明日坐，視美珥之所在而勸王以為夫

人。

注釋

①這句話的意思是：君主是決定臣下利害的中心。　輗（ㄧㄠˊ）：古代一種輕便的馬車。　轂（ㄍㄨˇ）：車輻聚集的中心。

②見：同「現」，表現。這裡的六個「見」，用法都一樣。

③知：通「智」，智慧。

④匿之：蒙蔽他。

⑤司之：伺機探察他。

⑥規：通「窺」。

⑦置：設立，這裡是指新立王后。

⑧賦：贈送。

譯文

申不害說：「君主若表現出他的明察，臣子們便會防備他；若表現出他的糊塗，臣子們便會糊弄他。君主若表現出他的智慧，臣子們便會迷惑他；若表現出他的愚蠢，臣子們便會蒙蔽他。君主若表現出他沒什麼欲望，臣子們就會伺機探察他；若表現出他的慾望來，臣子們就會引誘他。所以說：我沒有什麼辦法可以瞭解臣子，只有用無所作為的方式來窺測臣子。」

靖郭君田嬰擔任齊國宰相期間，王后死了，他不知道誰將被立為新王后，於是就獻上玉製的耳飾來瞭解情況。另一種說法是：薛公田嬰在齊國任宰相，齊宣王的夫人死了，宮中有十個姬妾同時為宣王所寵愛，薛公想要知道宣王將要立誰為夫人，而後自己再去請求立這個人為夫人。——如果宣王聽從自己的請求，那麼表明自己的建議被宣王所採納，同時又會受到新夫人的器重；而如果宣王不聽從，那麼表明自己的建議不被

宣王所採納，同時又會受到新夫人的輕視。所以他想先瞭解到宣王準備立誰為新夫人，然後自己再去勸說宣王也立她。——於是他特意製作了十副玉製的耳飾，再將其中的一副精工細作，然後獻給宣王。宣王就將這十副耳飾分別贈送給十個姬妾。第二天，薛公陪宣王坐著，看見那副最美的耳飾戴在誰的耳朵上，就勸說宣王立這個人為夫人。

▶原文

甘茂相秦惠王，惠王愛公孫衍，與之間有所言，曰：「寡人將相子。」甘茂之吏道穴聞之，以告甘茂。甘茂入見王，曰：「王得賢相，臣敢再拜賀。」王曰：「寡人托國於子，安更得賢相？」對曰：「將相犀首。」王曰：「子安聞之？」對曰：「犀首告臣。」王怒犀首之泄，乃逐之。

譯文

甘茂為秦惠王當宰相，而秦惠王又寵愛公孫衍（即犀首），曾與公孫衍有秘密的談話，說：「我將任用你當宰相。」甘茂手下的一個官吏從牆洞中偶然聽到這個秘密，於是告訴了甘茂。甘茂進宮拜見秦惠王，說：「大王已得到了賢能的宰相，為臣我冒昧再拜前來祝賀。」秦惠王說：「我將國家託付給你，怎麼會說又得到了賢能的宰相呢？」甘茂回答道：「您將讓犀首當宰相。」秦惠王說：「你從哪裡聽到的？」甘茂答道：「是犀首告訴我的。」秦惠王很氣憤犀首洩露了秘密，於是將犀首驅逐。

三、術之不行，有故[①]

▶原文

　　宋人有酤酒者，升概甚平②，遇客甚謹，為酒甚美，縣幟甚高③，然而不售，酒酸。怪其故，問其所知閭長者楊倩。倩曰：「汝狗猛耶？」曰：「狗猛，則酒何故而不售？」曰：「人畏焉。或令孺子懷錢挈壺甕而往酤，而狗迓而齕之④，此酒所以酸而不售也。」夫國亦有狗，有道之士懷其術而欲以明萬乘之主，大臣為猛狗迎而齕之，此人主之所以蔽脅，而有道之士所以不用也。故桓公問管仲曰：「治國最奚患？」對曰：「最患社鼠矣。」公曰：「何患社鼠哉？」對曰：「君亦見夫為社者乎？樹木而塗之，鼠穿其間，掘穴托其中。熏之，則恐焚木；灌之，則恐塗阤⑤。此社鼠之所以不得也。今人君之左右，出則為勢重而收利於民，入則比周而蔽惡於君。內間主之情以告外，外內為重，諸臣百吏以為富。吏不誅，則亂法；誅之，則君不安。據而有之，此亦國之社鼠也。」故人臣執柄而擅禁，明為己者必利，而不為己者必害，此亦猛狗也。夫大臣為猛狗而齕有道之士矣，左右又為社鼠而間主之情，人主不覺。如此，主焉得無壅，國焉得無亡乎？

注釋

　　①這句話的意思是：統治之術難以實行是有原因的。
　　②升：量酒的器具，即「提子」。　概：本意為盛糧食時刮平容器的工具，此處是量酒的意思。
　　③縣：同「懸」。
　　④迓（一ㄚˋ）：迎著。　齕（ㄏㄜˊ）：咬。
　　⑤阤（ㄓˋ）：小範圍的崩塌。

譯文

　　宋國有個賣酒的人，用提子量酒時十分平穩，對待顧客十分謹慎熱情，釀造的酒也十分醇美，招牌懸掛得十分高，可是酒卻賣不出去，最後壞了。他十分納悶，找不出原因，於是向他認識的街坊的長者楊倩請教。楊倩說：「你家的狗是不是十分兇猛？」這個人說：「狗是十分兇猛，可是酒為什麼賣不出去呢？」楊倩說：「人們害怕狗啊。有的人讓小孩子拿上錢帶上酒壺前去打酒，你的狗迎面咬叫打酒的人，這就是你的酒變壞而賣不出去的原因。」國家也有猛狗，有治國策略的人胸懷他的法術，想去使擁有萬乘兵車的大國君主賢明起來，可是大臣卻像猛狗一樣迎面咬他，這就是君主受蒙蔽、脅迫，有治國策略的人士不被任用的原因。所以齊桓公問管仲道：「治理國家最擔心什麼？」管仲回答道：「最擔心鑽進神像中的老鼠。」齊桓公說：「為什麼說最擔心鑽進神像中的老鼠呢？」管仲回答道：「您曾見過塑神像的情形嗎？先樹起木頭架子，再用泥巴塗抹，可是老鼠卻鑽進其中挖鼠洞住在裡面。用煙火熏燒，則擔心焚燒了木頭；用水澆灌，則擔心所塑的泥巴小範圍內崩塌。這就是神像中的老鼠捉不住的原因。如今君主身邊的人，走出朝廷時則互相依靠厚重的權勢向人民收取利益，進入朝廷時則相互勾結在君主跟前掩藏邪惡。他們在宮中打探君主的動向，然後告訴宮外的黨羽，內外勾結逐漸勢重，群臣百官於是暴富。這些官吏若不誅殺，那麼會擾亂法制；誅殺掉他們，那麼君主又於心不安。他們依靠國君而存在並且操縱了國君，這也就如同是國家的社鼠啊！」所以大臣執掌了權柄，擅用禁令，就會向人們表明：為他效力的，必定有利益；不為他效力的，必定有禍害，這也就如同酒店中的猛狗。大臣像猛狗一樣咬那些懷有治國方略的人士，身邊的侍從又像社鼠一樣窺探君主的隱情，君主也發覺不了。如此一來，君主哪能不被蒙蔽，國家哪能不滅亡呢？

▶原文

　　吳起，衛左氏中人也^①，使其妻織組而幅狹於度^②。吳子使更之，其妻曰：「諾。」及成，復度之，果不中度，吳子大怒。其妻對曰：「吾始經之，而不可更也。」吳子出之。其妻請其兄而索入。其兄曰：「吳子，為法者也。其為法也，且欲以與萬乘致功，必先踐之妻妾，然後行之，子毋幾索入矣^③。」其妻之弟又重於衛君，乃因以衛君之重請吳子。吳子不聽，遂去衛而入荊也。

注釋

　　①左氏：衛國城邑名。
　　②組：絲帶。　度：標準。
　　③毋幾：沒有希望。

譯文

　　吳起是衛國左氏城中的人，他讓妻子編織絲帶，可是絲帶的寬幅比規定的標準要窄一些。吳起讓她更改，妻子說：「好吧。」等織成之後，又去度量，還是不合標準，吳起十分憤怒。他的妻子回答道：「開始編織時已定好了左右的經線，所以不可能再更改。」吳起便將妻子休了。他的妻子請求自己的哥哥說情想與吳起重婚。她哥哥說：「吳起，是崇尚法治的人。他推行法治是準備用來替擁有萬乘兵車的大國建功立業，因而一定要先在妻妾身上實行，然後再加以推廣，你沒有希望與他重婚了。」吳起妻子的弟弟中有一人被衛國國君器重，於是便憑著被衛國國君所器重的身分請求吳起回心轉意。吳起沒有聽從，遂離開衛國前往楚國。

◎第十九篇：外儲說・右下

題解

這是《外儲說》的第四部分，用五個話題進一步闡述主題。

一、賞罰共則禁令不行①

▶原文

造父御四馬②，馳驟周旋而恣欲於馬。恣欲於馬者，擅轡之制也。然馬驚於出彘而造父不能禁制者，非轡之嚴不足也，威分於出彘也。王子於期為駙駕，轡（ㄆㄟ丶）不用而擇欲於馬，擅芻水之利也。然馬過於圃池而駙馬敗者③，非芻水之利不足也，德分於圃池也。故王良、造父，天下之善御者也，然而使王良操左革而叱咤之，使造父操右革而鞭笞之，馬不能行十里，共故也。田連、成竅，天下善鼓琴者也，然而田連鼓上、成竅擽下而不能成曲④，亦共故也。夫以王良、造父之巧，共轡而御，不能使馬，人主安能與其臣共權以為治？以田連、成竅之巧，共琴而不能成曲，人主又安能與其臣共勢以成功乎？

注釋

①這句話的意思是：君臣共同掌握賞罰大權，禁令便難以實行。

②造父：傳說中的駕車高手。

③駙馬：這裡當為「駙駕」。

④擽（ㄐㄧㄝ）：按住。

譯文

造父駕馭著四匹馬拉的車，或者快速飛馳，或者原地轉圈，隨心所欲地馭使著馬。他之所以能夠隨心所欲地馭使馬，靠的是馬韁繩和馬鞭的控制。可是馬被突然竄出來的豬所驚嚇，造父再也不能禁止、控制馬，並不是馬韁繩和馬鞭不夠威嚴，而是這種威嚴被突然竄出的豬分散了。王子於期為副駕，駕馭車時，不用馬韁繩和馬鞭，而是選擇馬所喜歡吃的東西來馴養馬，靠的是飼料與水的利誘。可是馬車經過園林的水池之時，車散了架，並不是飼料和水的誘惑不夠大，而是這種利誘被園林的水池分散了。所以說，王良和造父，都是天底下善於駕馭的人，可假如讓王良手握左邊的韁繩而大聲吆喝馬，讓造父手握右邊的韁繩而鞭打馬，馬車連十里的路程也走不了，這是由於兩個人共同操縱、駕馭的緣故啊。田連和成竅，都是天底下善於彈琴的人，可是讓田連在琴首彈撥，讓成竅在琴尾按弦，則彈不出曲子，這也是共同操作的緣故啊。憑藉王良、造父的技巧，一同操縱韁繩駕馭馬車，還不能驅使馬匹，君主又哪能與臣子共同執掌權力來治國？憑藉田連、成竅的技巧，共同彈奏一張琴而不能成曲，君主又哪能與臣子共同擁有權勢來取得成功呢？

原文

司城子罕謂宋君曰：「慶賞賜與，民之所喜也，君自行之；殺戮誅罰，民之所惡也，臣請當之。」宋君曰：「諾。」於是出威令，誅大臣，君曰「問子罕」也。於是大臣畏之，細民歸之[1]。處期年[2]，子罕殺宋君而奪政。故子罕為出彘以奪其君國。

注釋

①細民：指小民百姓。
②期（ㄐㄧ）年：一週年。

譯文

　　司城子罕對宋桓侯說：「獎賞恩賜，是老百姓所喜歡的，君主您自己行使這種權力；殺戮誅罰，是老百姓所厭惡的，為臣我請求主持。」宋桓侯說：「好吧。」從此之後，凡是發佈威嚴的命令，誅殺大臣之類的事，宋桓侯總是說「去問子罕」。這樣一來，大臣們都害怕子罕，小民都歸附子罕。一週年之後，子罕殺掉宋桓侯從而奪取了宋國的政權。所以說，子罕就好比是從路邊竄出來的豬，用分散威嚴的手段奪取了君主的國家。

二、治強生於法，弱亂生於阿①

原文

　　秦昭王有病，百姓里買牛而家為王禱②。公孫述出見之，入賀王曰：「百姓乃皆里買牛為王禱。」王使人問之，果有之。王曰：「訾之人二甲③。夫非令而擅禱，是愛寡人也。夫愛寡人，寡人亦且改法而心與之相循者，是法不立；法不立，亂亡之道也。不如人罰二甲而復與為治。」

　　秦大饑，應侯請曰：「五苑之草著④、蔬菜、橡果、棗栗，足以活民，請發之。」昭襄王曰：「吾秦法，使民有功而受賞，有罪而受誅。今發五苑之蔬草者，使民有功與無功俱賞也。夫使民有功與無功俱賞者，此亂之道也。夫發五苑而亂，不如棄棗蔬而治。」一曰：「今發五苑之蓏、蔬、棗、栗足以活民⑤，是用民有功與無功爭取也⑥。夫生而亂，不如死而治。大夫其釋之！」

注釋

①這句話的意思是：國家的安定與強盛在於依法辦事，削弱與混亂在於枉法辦事。

②里買牛：以村落里巷為單位買牛。

③眥（ㄗ）：懲罰。

④著：當作「薯」（藤澤南嶽説）。

⑤令：若。　蓏（ㄌㄨㄛˇ）：瓜類的總稱。

⑥用：使。

譯文

秦昭王生病了，百姓以村為單位買上牛，然後每家每戶為他禱告。公孫述外出見到了這種情況，進宮向秦昭王祝賀道：「百姓們以村子為單位買了牛為大王您禱告呢。」秦昭王派人去打聽，果然有這麼一回事。秦昭王說：「懲罰他們每人獻出兩副鎧甲。不下命令就擅自禱告，說明他們愛戴我，我也會改變法令而與他們心心相通，這樣一來，法制便不能建立，法制不立，國家就會走上混亂滅亡的道路。與其如此，倒不如懲罰他們每人獻出兩副鎧甲，再共同治理好國家。」

秦國遭受了嚴重的饑荒，應侯向秦昭襄王請求道：「五苑之中的草薯、蔬菜、橡果、棗子和栗子，可以救活饑民，請發放給他們吧。」昭襄王說：「我們秦國的法令，是使有功的民眾受到獎賞，有罪的民眾受到誅罰。如今若發放了五苑中的蔬菜和草薯等，是讓有功的民眾和無功的民眾同時受到獎賞。讓有功的民眾和無功的民眾同時受到獎賞，這是引發混亂的導火索。與其發放五苑的東西而引發混亂，還不如拋棄棗子、蔬菜等而使國家治理好。」另一種說法是，昭襄王說：「假若發放五苑之中的瓜類、蔬菜、棗子、栗子可以救活饑民，這是讓有功的民眾與無功的民眾都去爭搶這些活命的東西。與其讓他們

活命而產生混亂，還不如讓他們死去而使國家得到治理。大夫您還是放棄這個念頭吧！」

三、明主之道，如周行人之卻衛侯也[①]

▶原文

子之相燕，貴而主斷。蘇代為齊使燕，王問之曰：「齊王亦何如主也？」對曰：「必不霸矣。」燕王曰：「何也？」對曰：「昔桓公之霸也，內事屬鮑叔，外事屬管仲，桓公被髮而御婦人[②]，日游於市[③]。今齊王不信其大臣。」於是燕王因益大信子之。子之聞之，使人遺蘇代金百鎰[④]，而聽其所使之。

潘壽謂燕王曰：「王不如以國讓子之。人所以謂堯賢者，以其讓天下於許由，許由必不受也，則是堯有讓許由之名而實不失天下也。今王以國讓子之，子之必不受也，則是王有讓子之之名而與堯同行也。」於是燕王因舉國而屬之，子之大重。

注釋

①這句話的意思是：明主的治國之道，應像周王朝的官員拒絕衛文侯那樣，維護君主的尊嚴。

②被髮：即「披髮」。

③市：指宮中的街市。

④遺（ㄨㄟˋ）：贈送。　鎰（一ˋ）：古代重量單位，一鎰等於二十四兩。

譯文

子之做燕國的宰相，地位尊貴而獨斷專行。蘇代作為齊國的使者出使燕國，燕王嚕問他道：「齊宣王是個什麼樣的君主呢？」蘇代回答說：「他必定不會稱霸的。」燕王嚕說：「為

什麼呢？」蘇代回答道：「從前齊桓公稱霸之時，內部的事委託給鮑叔牙，外部的事委託給管仲，桓公本人披頭散髮玩弄姬妾，每天在街上遊玩。如今的齊宣王卻不信任他的大臣。」於是燕王噲更加信任子之。子之聽說此事後，派人送給蘇代黃金百鎰，並且聽憑蘇代役使自己。

潘壽對燕王噲說：「大王您不如將國家讓給子之。人們之所以稱頌堯賢明，是因為他將天下讓給許由，而許由必定不會接受，這樣一來，堯擁有了將天下讓給許由的美名，而實際上卻並沒有失去天下。如今大王將國家讓給子之，子之也必定不會接受，這樣，大王您就有了將國家讓給子之的美名，同時也具有了與堯同樣的德行。」於是燕王噲便將整個國家都委託給子之，子之從此非常尊貴。

原文

衛君入朝於周，周行人問其號[1]，對曰：「諸侯辟疆。」周行人卻之曰：「諸侯不得與天子同號。」衛君乃自更曰：「諸侯燬。」而後內之[2]。仲尼聞之，曰：「遠哉，禁逼！虛名不以借人，況實事乎？」

注釋

[1]行人：官職名，主管諸侯朝拜之事。
[2]內：同「納」，容納，允許進入。

譯文

衛文公入宮朝拜周天子，周王朝主管朝見之事的行人詢問他的名號，衛文公回答說：「諸侯辟疆。」周王朝的行人不讓他進去，說：「諸侯不可以與天子用同樣的名號。」衛文公於

是自己更改了名號，說：「諸侯燬。」行人方才讓他進去。孔子聽說此事後，說：「禁止屬下威逼上級，這件事的意義深遠啊！連沒有實際意義的名號都不得借給他人，何況是有實效的權力呢？」

四、人主者，守法責成以立功者也[1]

▶原文

搖木者一一攝其葉[2]，則勞而不遍；左右拊其本[3]，而葉遍搖矣。臨淵而搖木，鳥驚而高，魚恐而下。善張網者引其綱[4]，若一一攝萬目而後得[5]，則是勞而難；引其綱，而魚已囊矣。故吏者，民之「本」、「綱」者也，故聖人治吏不治民。

椎鍛者[6]，所以平不夷也；榜檠者[7]，所以矯不直也。聖人之為法也，所以平不夷、矯不直也。

注釋

①這句話的意思是：君主，是遵守法制，責成下屬完成任務建立功勳的人。
②攝：晃動。
③拊（ㄈㄨˇ）：拍打，拍擊。
④綱：指魚網的綱繩。
⑤目：指魚網的網眼。
⑥椎鍛：錘子和砧石。
⑦榜檠（ㄑㄧㄥˊ）：矯正弓弩的器具。

■譯文

搖動樹木的人若一一去晃動它的葉子，那麼即使很勞累也不可能將葉子搖遍；若一左一右地拍打樹幹，那麼葉子就能

全部抖動。臨近水潭去搖動樹木，樹上的鳥會因受驚嚇而高高飛起，水中的魚會因害怕而遊到水底。善於張網捕魚的人總是拉動魚網的綱繩，若一個一個去拉動成千上萬的網眼然後去捉魚，那麼即使很勞累也難以達到目的；可是若拉動綱繩，魚便會自然而然地進入網中。所以說，官吏就好比是民眾中的「樹幹」和「綱繩」，因此，聖明的君主去管理官吏而不是去直接管理民眾。

椎、鍛，是用來平整不平的工具；榜檠，是用來矯正弓弩的工具。聖人所制定的法令，也是用來平整不平、矯正不直的工具。

五、因事之理，則不勞而成①

▶原文

茲鄭子引輦上高樑而不能支②，茲鄭踞轅而歌，前者止，後者趨，輦乃上。使茲鄭無術以致人，則身雖絕力至死，輦猶不上也。今身不至勞苦而輦以上者③，有術以致人之故也。

注釋

①這句話的意思是：依照自然規律行事，不用費勁即可成功。

②輦（ㄋㄧㄢˇ）：一種靠人力拉的車子。

③以：通「已」。

譯文

茲鄭子拉著車上一座高橋而力不能支，於是他就靠住車轅唱起歌來，結果前面的行人停了下來，後面的行人往前湧動，車子在大家的簇擁下上了橋。假如茲鄭子沒有辦法招徠行人，

那麼他自己即使拚死力拉車，車子還是上不了橋。如今自己不至於費多大的勁而車子已被推上了橋，那是因為他有招徠行人的手段這個緣故啊。

▶原文

　　齊桓公微服以巡民家，人有年老而自養者，桓公問其故。對曰：「臣有子三人，家貧無以妻之，傭未反①。」桓公歸，以告管仲。管仲曰：「畜積有腐棄之財，則人饑餓；宮中有怨女，則民無妻。」桓公曰：「善。」乃論宮中有婦人而嫁之②。下令於民曰：「丈夫二十而室③，婦人十五而嫁。」

注釋

　　①反：通「返」，返回。
　　②論：這裡是統計、調查的意思。
　　③室：指男子娶妻成家。

譯文

　　齊桓公微服去巡訪普通人家，遇見一個年紀很大而仍靠自己養活自己的人，齊桓公詢問其中的緣故。這個老者回答道：「我有三個兒子，因為家庭貧困，無法給他們娶妻，他們外出做雇工尚未返回。」齊桓公回來後，告訴了管仲這件事。管仲說：「朝廷的積蓄中若有腐爛而丟棄的東西，那麼百姓便會忍饑挨餓；宮中老有長守空房的女子，那麼百姓中便會有人娶不上妻子。」齊桓公說：「說得好。」於是調查宮中有多少多餘的婦女，而後將她們嫁到民間。又向民眾頒佈命令：「男子二十歲娶妻，女子十五歲出嫁。」

◎第二十篇：五　蠹

題解

「蠹」（ㄉㄨˋ）是蛀蝕器物的一種蟲子。本篇用「五蠹」來比喻危害國家利益的五種人，他們是：儒生、縱橫家、遊俠刺客、權貴階層私下豢養的門客、工商業者。

▌原文

　　上古之世，人民少而禽獸眾，人民不勝禽獸蟲蛇①。有聖人作，構木為巢以避群害，而民悅之，使王天下②，號曰有巢氏。民食果蓏蚌蛤③，腥臊惡臭而傷害腹胃，民多疾病。有聖人作，鑽燧取火以化腥臊，而民說之④，使王天下，號之曰燧人氏。中古之世，天下大水，而鯀、禹決瀆⑤。近古之世，桀、紂暴亂，而湯、武征伐。今有構木鑽燧於夏后氏之世者，必為鯀、禹笑矣；有決瀆於殷、周之世者，必為湯、武笑矣。然則今有美堯、舜、湯、武、禹之道於當今之世者，必為新聖笑矣。是以聖人不期修古，不法常可，論世之事，因為之備。宋人有耕田者，田中有株，兔走觸株，折頸而死，因釋其耒而守株⑥，冀復得兔，兔不可復得，而身為宋國笑。今欲以先王之政治當世之民，皆守株之類也。古者丈夫不耕，草木之實足食也；婦人不織，禽獸之皮足衣也。不事力而養足，人民少而財有餘，故民不爭。是以厚賞不行，重罰不用，而民自治。今人有五子不為多，子又有五子，大父未死而有二十五孫⑦。是以人民眾而貨財寡，事力勞而供養薄，故民爭，雖倍賞累罰而不免於亂。

注釋

①不勝：無法忍受。

②王（ㄨㄤˋ）：稱王。

③果蓏（ㄌㄨㄛˇ）：瓜果的總稱。　蚌蛤（ㄅㄤˋ、ㄍㄜˊ）：河蚌和蛤蜊。

④説：同「悦」。

⑤決瀆：疏導洪水。⑥耒（ㄌㄟˇ）：古時一種農具，狀如木叉。

⑦大父：祖父。

譯文

　　上古時代，老百姓少而猛禽惡獸多，老百姓無法忍受禽獸蟲蛇的危害。於是就有聖人出現了，他架設木頭成為屋舍，用來躲避種種危害，所以百姓很喜歡他，讓他稱王天下，他就是有巢氏。那時百姓吃生的瓜果蚌蛤，又腥又臊，惡臭難忍，還傷害腸胃，因而好多人都有疾病。於是又有聖人出現了，他鑽木取火，將食物烤熟消除腥臊，老百姓都喜歡他，讓他稱王天下，他就是燧人氏。中古時代，天下洪水氾濫成災，鯀和禹挖開河道，排泄洪水。近古時代，桀和紂殘暴荒淫，天下混亂，商湯和周武王發兵征伐他們。如今若有人在夏朝再構築木屋、鑽木取火，一定會被鯀和禹取笑；若有人在殷、周的朝代開河疏導洪水，一定會被商湯和周武王取笑。既然如此，如果有人在當今之世美化堯、舜、鯀、禹、湯、武的治國之道，一定會被新時代的聖人所取笑。所以聖人不期望遵照古人的方法，不效法往常可行的措施，而應考慮當代的實際，根據實際制定相應的措施。宋國有個耕田的人，田地中有一個樹樁，一隻兔子跑來碰到樹樁上，折斷脖子死去了。這個耕田的人從此放下手中的農具，守候在樹樁旁，希望再得到兔子。兔子不可能再次

撞上樹樁，而他自己卻被宋國人嘲笑。如今那些想用先王的治國之道來治理當今社會的人，都是守住樹樁等待兔子的一類人啊。古時候男子不用耕田，自然界草木的果實就足夠人們吃了；女子不用紡織，自然界飛禽走獸的皮革就足夠人們穿了。不用花費太多的精力就能得到充足的衣服、食物，人口少而財物有富餘，所以人民不用爭搶。不用給予豐厚的獎賞，也不用實行嚴酷的懲罰，老百姓就能相安無事。如今的人，生有五個兒子不算很多，五個兒子每人又生五個兒子，如此一來，祖父還未去世，就已經有了二十五個孫子了。因此，人口多而財物相對減少，努力工作而人均收入仍很少，所以老百姓要爭搶，即使加倍賞賜、重重懲罰，社會的動盪不安仍然不可避免。

▌原文

　　堯之王天下也，茅茨不翦①，采椽不斲②；糲粢之食③，藜藿之羹④；冬日麑裘⑤，夏日葛衣；雖監門之服養，不虧於此矣。禹之王天下也，身執耒臿以為民先⑥，股無胈⑦，脛不生毛，雖臣虜之勞，不苦於此矣。以是言之，夫古之讓天子者，是去監門之養，而離臣虜之勞也⑧，古傳天下而不足多也。今之縣令，一日身死，子孫累世絜駕⑨，故人重之。是以人之於讓也，輕辭古之天子，難去今之縣令者，薄厚之實異也。夫山居而穀汲者，膢臘而相遺以水⑩；澤居苦水者，買庸而決竇。故饑歲之春，幼弟不饟；穰歲之秋，疏客必食，非疏骨肉，愛過客也，多少之實異也。是以古之易財，非仁也，財多也；今之爭奪，非鄙也，財寡也。輕辭天子，非高也，勢薄也；重爭土橐，非下也，權重也。故聖人議多少、論薄厚為之政。故罰薄不為慈，誅嚴不為戾，稱俗而行也。故事因於世，而備適於事。

韓非子全書

注釋

①剗：同「剪」。

②斲（ㄓㄨㄛˊ）：砍。

③糲粢（ㄌㄧˋ　ㄗ）：粗糧。糲是粗米，粢是穀類的總稱。

④藜藿（ㄌㄧˊ　ㄏㄨㄛˋ）：野菜。

⑤麑（ㄋㄧˊ）：小鹿。

⑥耒臿（ㄌㄟˇ　ㄔㄚˊ）：古代稱犁上的木把為耒，臿即現在的鐵鍬。

⑦胈（ㄅㄚˊ）：白肉。

⑧臣虜：奴隸。

⑨絜（ㄒㄧㄝˊ）駕：繫馬駕車，指乘車，這裡形容享受富貴。

⑩偻（ㄌㄡˊ）臘：兩種祭祀的名稱。古代楚國風俗以二月祭飲食，叫腜；臘則是古時夏曆十二月的祭名，始於周代。

穰（ㄖㄤˊ）歲：豐收之年。

食（ㄙˋ）：拿東西給人吃。

土橐：實「士橐」之誤。士，同仕，做官；橐（ㄊㄨㄛˊ），通「托」，依託，即依附權貴。

譯文

　　堯治理天下的時候，屋頂的茅草不修剪，架屋的椽木不削砍。他吃的是粗糧，喝的是野菜湯，冬天披的是野獸的皮，夏天穿的是粗布衣裳。如今哪怕是個看門的僕人，他的吃穿也不會比堯差到哪裡。禹治理天下的時候，手拿犁柄、鐵鍬為老百姓做表率，長期勞作，大腿沒有白肉，小腿不長汗毛，即使是奴隸的勞作，也不會比這更苦。從這個角度來講，古代辭讓天子之位的人，是在擺脫看門人的待遇，逃避奴隸的工作啊，所

246

以古代辭讓天子之位的人得不到讚美和稱頌。如今一個小小的縣令，一旦死去，子孫後代都能享受富貴，所以人們都看重這一職位。所以說人們對於辭讓，能夠很輕鬆地辭去古代的天子，而難以割捨今天的縣令，其原因在於二者所得的輕微與豐厚不相同。在深山居住的、要到山谷中汲水的人，在過節日之時用寶貴的水相贈送，而在水鄉居住、苦於水患的人，還需要雇人排水。所以饑荒之年的春天，幼小的弟弟也沒有飯吃；而豐收之年的秋天，即使是生疏的客人路過，也一定會給他飯吃。這倒不是疏遠骨肉親人，喜愛過路的客人，而是年景的收成不一樣。因此古代的人看輕財物，不是他們有多仁義，而是因為財物多；今天的人爭奪財物，也不是貪婪，而是財物缺少。古代的人輕而易舉地辭讓天子，不是有多高尚，而是當天子沒什麼權勢；如今的人爭奪權位，也不是多麼低下，而是權位能帶來勢力。所以聖賢的人會根據財物的多少、權勢的輕重，制定相應的施政綱領。因此說懲罰輕微不算慈悲，誅殺嚴厲也不算殘暴，這是根據實際情況而施行的。所以，一個國家應做的事，要由社會的實際情況來決定，而應對的具體措施也要與所做的事相匹配。

▶原文

古者文王處豐、鎬之間，地方百里[1]，行仁義而懷西戎[2]，遂王天下。徐偃王處漢東，地方五百里，行仁義，割地而朝者三十有六國。荊文王恐其割己也，舉兵伐徐，遂滅之。故文王行仁義而王天下，偃王行仁義而喪其國，是仁義用於古不用於今也。故曰：世異則事異。當舜之時，有苗不服，禹將伐之。舜曰：「不可。上德不厚而行武[3]，非道也。」乃修教三年，執干戚舞[4]，有苗乃服。共工之戰，鐵銛矩者及乎敵[5]，鎧甲不堅者傷乎體。是干戚用於古不用於今也。故曰：事異則備變。

上古競於道德，中世逐於智謀，當今爭於氣力。齊將攻魯，魯使子貢說之⑥。齊人曰：「子言非不辯也，吾所欲者土地也，非斯言所謂也。」遂舉兵伐魯，去門十里以為界。故偃王仁義而徐亡，子貢辯智而魯削。以是言之，夫仁義辯智，非所以持國也。去偃王之仁，息子貢之智，循徐、魯之力，使敵萬乘，則齊、荊之欲不得行於二國矣。

注釋

①方：方圓。
②懷：使臣服。
③上：通「尚」，崇尚。
④干戚：兵器之總稱。
⑤鐵：指兵器。　銛（ㄒㄧㄢ）：鋒利。
⑥說（ㄕㄨㄟ丶）：遊說。

譯文

　　古時候周文王治理豐京、鎬京一帶，方圓不過一百里，他推行仁義使西戎臣服，最終在天下稱王。徐王統治漢水以東一帶，方圓五百里，他也推行仁義，四面八方割地請求臣服的國家有三十六個。楚國的國王擔心徐國這樣下去將會危害自己，於是出兵討伐徐國，一舉將其殲滅。所以說周文王推行仁義而稱王天下，徐偃王推行仁義卻葬送國家，這是因為仁義適用於古代而不適用於當今。因此說，世道不同了，治世的措施也得相應變化。還是在舜治理天下的時候，苗族人不臣服，禹想去討伐苗族。舜說：「不行。我們崇尚道德還不夠深厚就去動武，這不是治國之道。」於是又用了三年的時間大力推行教化，讓老百姓手執兵器跳舞，苗族人於是歸順了。上古傳說中的共工

之戰，擁有鋒利的、修長的武器才能戰勝敵人，如果鎧甲不堅硬就會被敵人刺傷身體。這就是說，兵器適用於古代而不適用於當今。所以說，不同的事情應採取與之相應的不同的策略。上古之世，在道德方面比高下；中古之世，在智謀方面相角逐；當今之世，則在氣力方面爭大小。齊國將要攻打魯國，魯國派遣子貢去遊說齊國不要攻打。齊國人對子貢說：「您的話不是不雄辯，可是我們想得到的是土地，而不是您言談中所說的。」於是出兵攻伐魯國，劃定距魯國國門十里的地方為兩國國界。這樣看來，徐偃王因推行仁義而導致了徐國的滅亡，子貢因論辯出色而導致魯國土地的削減。從這個角度講，那仁義和論辯，不是治國之道。摒棄徐偃王那樣的仁義，去除子貢那樣的機智，憑藉徐國、魯國固有的力量去抵禦強大的敵軍，那麼齊、楚兩國攻城掠地的欲望是不會在徐、魯兩國得到滿足的。

▍原文

　　夫古今異俗，新故異備。如欲以寬緩之政，治急世之民，猶無轡策而御駻馬[①]，此不知之患也[②]。今儒、墨皆稱先王兼愛天下，則民視如父母。何以明其然也？曰：「司寇行刑，君為之不舉樂[③]；聞死刑之報，君為流涕。」此所舉先王也。夫以君臣為如父子則必治，推是言之，是無亂父子也[④]。人之情性，莫先於父母，父母皆見愛而未必治也。君雖厚愛，奚遽不亂？今先王之愛民，不過父母之愛子；子未必不亂也，則民奚遽治哉？且夫以法行刑，而君為之流涕，此以效仁，非以為治也。夫垂泣不欲刑者，仁也；然而不可不刑者，法也。先王勝其法，不聽其泣，則仁之不可以為治亦明矣。且民者固服於勢，寡能懷於義。仲尼，天下聖人也，修行明道以遊海內，海內說其仁[⑤]、美其義而為服役者七十人。蓋貴仁者寡，能義者難也。故以天下之大，而為服役者七十人，而仁義者一人。魯哀公，下主也，南面君國，境內之民莫敢不臣。民者固服於勢，勢誠易以服人，

故仲尼反為臣而哀公顧為君⑥。仲尼非懷其義，服其勢也。故以義，則仲尼不服於哀公；乘勢，則哀公臣仲尼。今學者之說人主也，不乘必勝之勢，而務行仁義則可以王，是求人主之必及仲尼，而以世之凡民皆如列徒，此必不得之數也⑦。

注釋

①駻（ㄏㄢˋ）馬：兇悍的馬。
②知：通「智」，明智。
③舉樂：奏樂。
④亂：矛盾。
⑤說：同「悅」，欣賞。
⑥顧：反而。
⑦數：規律、道理。

譯文

　　古今的社會狀況不相同，新舊的政治措施也不相同。如果想用寬容、溫和的政治措施，去治理亂世的百姓，猶如沒有韁繩和鞭子而去駕馭烈馬，這是犯了不明智的錯誤。如今的儒家和墨家都在稱頌由於先王的兼愛天下，使得老百姓對待先王如同對待父母。如何證明這一點呢？他們說：「負責行刑的官員執行刑罰時，國君為此不奏樂；聽到有人被判處死刑的報告，國君為之痛哭流涕。」這裡稱頌的是先王。如果以為君臣關係如同父子關係，社會就一定好治理，那麼照此推論，也就是說，父子之間沒有矛盾。在人類的感情中，沒有比父母對子女的感情更深厚的，可是即使父母都對子女疼愛有加，家庭也未必和睦。國君雖然十分愛護百姓，難道就一定不會發生叛亂？如今他們所列舉的先王對百姓的愛，充其量是父母對子女的愛。父

母再愛子女，子女也未必不和父母發生矛盾，那麼先王愛護百姓，百姓難道就一定能治理好？況且根據法律去執行刑罰，國君為之痛哭流涕，這是國君在顯示仁慈，並不是當作治理國家的手段。國君痛哭流涕不想讓施刑，這是仁慈；可是不得不施刑，這是法律。先王讓部下依法行事，而不因自己的哭泣廢除刑法，顯而易見，仁義不能成為治國之道。況且老百姓的本性是屈服於權勢，很少有人能被仁義所感化。仲尼是天下的聖人，他修養自身的德行，闡明仁義道德而去周遊列國，天下欣賞他所說的仁、讚美他所說的義，從而成為孔子門徒的，只有七十人。這是因為以仁為貴的人很少，慷慨赴義很難。所以那麼大的天下，能成為孔子門徒的，僅僅七十人，而真正做到有仁有義的，也只有孔子一個人而已。魯哀公是一個平庸的君主，可是他在朝廷之中面南而坐統治魯國，國境之內的人民沒有敢不稱臣的。這就說明百姓的本性是屈服於權勢，權勢確實容易讓人臣服，所以能行仁義的仲尼反為臣子，而平庸的魯哀公反而為國君。仲尼並不是為哀公的仁義所感化，而是屈服於哀公的權勢。所以僅憑仁義，仲尼是不會臣服於哀公的；可憑藉權勢，哀公卻能讓仲尼俯首稱臣。如今的儒士遊說君主，說是不必憑藉致勝的法寶——權勢，只要盡力推行仁義就可以稱王，這是要求君主一定得達到仲尼的水準，而要求世上的凡夫俗子也都達到孔門七十徒弟那樣的水準，這顯然是一個講不通的道理。

原文

今有不才之子，父母怒之弗為改，鄉人譙之弗為動①，師長教之弗為變。夫以父母之愛、鄉人之行、師長之智三美加焉，而終不動其脛毛，不改。州部之吏，操官兵、推公法，而求索奸人，然後恐懼，變其節，易其行矣。故父母之愛不足以教子，

必待州部之嚴刑者，民固驕於愛、聽於威矣。故十仞之城，樓季弗能踰者②，峭也；千仞之山，跛牂易牧者③，夷也。故明王峭其法而嚴其刑也。布帛尋常④，庸人不釋；鑠金百溢⑤，盜跖不掇。不必害，則不釋尋常；必害手，則不掇百溢。故明主必其誅也。是以賞莫如厚而信，使民利之；罰莫如重而必，使民畏之；法莫如一而固，使民知之。故主施賞不遷，行誅無赦，譽輔其賞，毀隨其罰，則賢、不肖俱盡其力矣。今則不然。以其有功也爵之，而卑其士官也⑥；以其耕作也賞之，而少其家業也；以其不收也外之⑦，而高其輕世也；以其犯禁也罪之，而多其有勇也。毀譽、賞罰之所加者，相與悖繆也，故法禁壞而民愈亂。今兄弟被侵必攻者，廉也；知友被辱隨仇者，貞也。廉貞之行成，而君上之法犯矣。人主尊貞廉之行，而忘犯禁之罪，故民程於勇，而吏不能勝也。不事力而衣食，則謂之能；不戰功而尊，則謂之賢。賢能之行成，而兵弱而地荒矣。人主說賢能之行⑧，而忘兵弱地荒之禍，則私行立而公利滅矣。

注釋

①譙（ㄑㄧㄠˊ）：責罵、譴責。

②樓季：戰國時魏國人，魏文王之弟，以擅長攀登而著名。

③跛牂（ㄗㄤ）：瘸腿的母羊。

④尋常：古代長度單位，八尺為一尋，兩尋為一常。

⑤鑠（ㄕㄨㄛˋ）：金屬熔化。 溢：通「鎰」（ㄧˋ），古代重量單位，合二十四兩。

⑥卑：輕視。

⑦不收：不被任用。

⑧說：同「悅」，喜歡。

譯文

　　如今有個不成器的孩子，父母對他發怒他不改變；鄰居鄉親譴責他，他不為所動；老師長輩教導他，他頑固不化。把父母的愛、鄉鄰的品行、師長的才智這三樣美好的東西加在一起來勸導、感化他，他始終不動心，絲毫不改變。直到官府的官吏帶領兵卒執行國家的法令，而去搜尋捉拿壞人時，他才感到害怕，不好的品德行為一下子就改變了。所以父母的愛不足以教化兒子，而一定要等到官府的官吏施行嚴酷的刑罰才起作用，這是因為人的本性是：受到疼愛容易驕傲，受到威脅容易服從。十仞高的城牆，即使是以擅長攀登而著名的樓季也不能逾越，那是因為城牆太陡峭；千仞高的大山，瘸腿的母羊也易於被放牧，那是因為山勢平緩。所以明智的君主常常制定極威嚴的法令和極嚴酷的刑罰。一丈左右的布帛，常人見了都愛不釋手；一百鎰正在熔化的黃金，即使是盜蹠這樣的大盜也不敢去拿。不一定會受到傷害時，一丈左右的布帛也愛不釋手；一定會燙傷雙手時，則百鎰黃金也不去拿。所以聖明的君主會堅定不疑地實行誅殺。賞賜就要豐厚而講信用，讓人民知道有利可圖；懲罰就要從重而堅決實行，讓人害怕它；法令最好是一以貫之，固定下來，讓人民充分瞭解它。君主如果能做到賞賜之時不猶豫，誅殺之時不赦免，並且用信譽彌補獎賞之不足，讓詆毀緊隨懲罰之後，那麼無論是賢明的人還是沒有才德的人，都會盡自己的能力為君主效勞。如今卻不是這樣。因為某個人有功勞就授爵位給他，但卻輕視他做官；因為某個人耕作辛勞就獎賞他，但卻輕視他的家業；因為某個人不願被任用就疏遠他，但卻崇尚他的淡泊名利；因為某個人犯了禁令就治罪於他，但卻讚美他的勇敢。在詆毀和讚譽，賞賜和懲罰的執行中，是相互矛盾的，所以法令、禁令被毀壞而老百姓愈加混亂。如今，兄弟被人侵犯，一定去幫他還擊，是所謂的「廉」；知心朋友被人侮辱一定幫他報仇，是所謂的「貞」。「廉」和「貞」

的行為一旦完成，國君的法令也便觸犯了。君主提倡、尊崇所謂「貞」和「廉」的行為，而將觸犯禁令的罪責忘卻，所以人民都要顯示匹夫之勇，這樣一來，官吏便不好管理他們了。不依靠勞動而得到衣食，叫做有能耐；不依靠作戰立功而被尊敬，叫做賢明。當這樣的「賢」和「能」一旦形成，國家的兵力便削弱了，土地也荒蕪廢棄。君主喜歡賢能者的品行，而忘記了兵力削弱、土地荒蕪的禍患，那麼謀取私利的行為就會盛行，而國家的利益則會蕩然無存。

原文

　　儒以文亂法，俠以武犯禁，而人主兼禮之，此所以亂也。夫離法者罪①，而諸先生以文學取；犯禁者誅，而群俠以私劍養。故法之所非，君之所取；吏之所誅，上之所養也。法趣上下，四相反也，而無所定，雖有十黃帝不能治也。故行仁義者非所譽，譽之則害功②；文學者非所用，用之則亂法。楚之有直躬，其父竊羊，而謁之吏③。令尹曰：「殺之！」以為直於君而曲於父④，報而罪之。以是觀之，夫君之直臣，父之暴子也⑤。魯人從君戰，三戰三北⑥。仲尼問其故，對曰：「吾有老父，身死莫之養也。」仲尼以為孝，舉而上之。以是觀之，夫父之孝子，君之背臣也。故令尹誅而楚奸不上聞，仲尼賞而魯民易降北。上下之利，若是其異也，而人主兼舉匹夫之行，而求致社稷之福，必不幾矣⑦。

注釋

　　①離法：背離法令。
　　②功：指耕田和打仗。
　　③謁：揭發，告訴。

④曲:彎曲,與「直」相對,引申為不合理,不合適。
⑤暴子:即叛逆之子。
⑥北:打仗失敗。
⑦不幾:行不通。

譯文

　　儒家用文學擾亂法治,遊俠用武力觸犯禁令,可是君主卻對他們一律以禮相待,這就是社會混亂的原因。背離法令是有罪的,可是儒生們卻憑藉文學方面的才能取得職位;觸犯禁令是該誅殺的,可是那群俠客卻憑藉各自的劍術被人豢養。因此說,法令所否定的,卻是君主所任用的;官吏所誅殺的,卻是上層社會所豢養的。法令所否定和君主所任用,官吏所誅殺和上層社會所豢養,這四者是相互矛盾的,沒有一個標準。這樣的社會,即使有十個黃帝,也不可能治理好。所以說那些提倡仁義的人不該受到推崇,推崇他們就會妨礙農耕和打仗;那些有文學才能的人不該受到重用,重用他們就會擾亂法令。楚國有個名叫直躬的人,他的父親偷盜了別人的羊,直躬到官吏那裡揭發了父親的罪行。令尹說:「殺掉直躬!」原因是直躬雖對君主忠誠,卻對父親不孝,所以要治他的罪。由此來看,君主的直臣,卻是父親的逆子。有個魯國人跟隨國君征戰,三次作戰,三次都敗下陣來。仲尼詢問他其中的緣故,這個人回答說:「我家中有老父親,我戰死後沒有人養活他。」仲尼認為這個人是個大孝子,向上推薦他做官。由此看來,父親的孝子卻是君主的叛臣。所以說自從令尹誅殺了直躬後,楚國的壞人壞事就再也傳不到上面了;自從仲尼欣賞打仗失敗的人之後,魯國的百姓就輕易投降敗陣。國家利益和私人的利益,是如此的水火不相容,而君主卻既想提倡匹夫的小小的品行,又想謀求國家的利益,這定然行不通。

▲原文

　　古者倉頡之作書也，自環者謂之私，背私謂之公。公私之相背也，乃倉頡固以知之矣。今以為同利者，不察之患也。然則為匹夫計者，莫如修行義而習文學[1]。行義修則見信，見信則受事[2]；文學習則為明師，為明師則顯榮：此匹夫之美也。然則無功而受事，無爵而顯榮，有政如此，則國必亂，主必危矣。故不相容之事，不兩立也。斬敵者受賞，而高慈惠之行；拔城者受爵祿，而信廉愛之說[3]；堅甲厲兵以備難，而美薦紳之飾[4]；富國以農，距敵恃卒[5]，而貴文學之士；廢敬上畏法之民，而養遊俠私劍之屬。舉行如此，治強不可得也。國平養儒俠，難至用介士[6]。所利非所用，所用非所利。是故服事者簡其業，而遊學者日眾，是世之所以亂也。

注釋

　　①修行義：修養品行。
　　②受事：獲取職位。
　　③廉愛：即兼愛。
　　④薦紳：即「縉紳」。舊時官宦的裝束，也代指官員。
　　⑤距：通「拒」。
　　⑥介士：甲士、武士。

譯文

　　古時候倉頡創造文字之時，從字面上即規定，為自己謀劃叫做私，不為自己謀劃叫做公。公和私相互違背，是創造文字的倉頡本來就知道的。如今若認為公私同利，是不仔細審察的後患。既然是這樣，那麼從一介平民的角度考慮，沒有比修養品行、學習文學更好的事。品行修養得好，就會被信任，被信

任就能獲得職位；學習好文學就能當老師，當了老師就可以顯示榮耀，這是平民百姓認為最美滿的事了。可是如果沒有什麼功勳就能獲得職位，沒有什麼爵位就能顯示榮耀，有這樣的治國措施，那麼國家必定混亂，君主必定危險。所以說不相相容的事情，不能在一起存在。斬殺敵人的人受到獎賞，同時卻又推崇仁慈的品行；攻克城池的人得到爵位和俸祿，同時卻又信奉兼愛學說；堅固鎧甲、訓練兵馬以準備戰爭，同時卻又讚美寬袍大袖的官宦服飾；依靠農民使國家富強，依靠士兵抗擊敵人，同時卻又讓文學之士富貴；排斥尊敬君主、敬畏法令的人，卻豢養遊俠和劍客等人。靠這樣的政治措施使國家安定富強那是不可能的。國泰民安時，收養儒士和俠客，戰爭到來時，卻要用武士。給予利益的人不是所能使用的人，所要使用的人又沒有給予利益。在這樣的社會風氣下，從事耕作、征戰的人荒廢了自己的事業，而遊俠和學士卻日益增多，這才是社會混亂的真正原因。

原文

　　且世之所謂賢者，貞信之行也①；所謂智者，微妙之言也②。微妙之言，上智之所難知也。今為眾人法，而以上智之所難知，則民無從識之矣。故糟糠不飽者不務粱肉，短褐不完者不待文繡。夫治世之事，急者不得，則緩者非所務也。今所治之政，民間之事、夫婦所明知者不用，而慕上知之論③，則其於治反矣。故微妙之言，非民務也，若夫賢貞信之行者，必將貴不欺之士；貴不欺之士者，亦無不可欺之術也。布衣相與交，無富厚以相利，無威勢以相懼也，故求不欺之士。今人主處制人之勢，有一國之厚，重賞嚴誅，得操其柄，以修明術之所燭，雖有田常、子罕之臣，不敢欺也，奚待於不欺之士？今貞信之士不盈於十，而境內之官以百數，必任貞信之士，則人不足官。

人不足官,則治者寡而亂者眾矣。故明主之道,一法而不求智④,固術而不慕信。故法不敗,而群官無奸詐矣。

 注釋

①貞信:操守和信義。
②微妙之言:指高深難解的玄妙之言。
③知:同「智」。
④一法:專一用法。

譯文

　　世人所說的賢,是重視貞操嚴守信義的行為;所說的智,是高深玄妙的言辭。高深而玄妙的言辭,縱然是最聰明的人也難於理解。如今為平民大眾制定的法令,即使是最聰明的人也難於理解,普通百姓更是無法認識理解。所以說連糟糠都吃不飽的人,是不會奢求精美的飯菜的;連粗布短衣都不完整的人,是不會期望好看的華麗服裝的。治理國家的大事,急需解決的問題得不到處理,那麼可以從緩的事即使解決了也不是當務之急。如今的治國措施,民間習以為常的、普通男女所心知肚明的不採用,卻去追求最聰明的人也難於理解的言論,這些措施與治理國家是背道而馳的。因此說高深玄妙的言辭,不是百姓所急需的。如果將重貞操、守信義的行為抬高,就得尊重誠實不欺的人;尊重誠實不欺的人,也還是沒有不被欺騙的方法啊。普通百姓之間相來往,沒有豐厚的財富相利用,沒有威望權勢相威脅,所以要尋求誠實不欺的人。如今君主處於統治別人的地位,擁有整個國家的財富,重重地獎賞和嚴厲地處罰,由自己把握,依靠明白無誤的制度去推行政策,即使有田常、子罕那樣的臣子,也不敢欺騙君主,哪裡還用期待那些不欺騙的誠信之士?如今重貞操、守信義的人總共不足十人,可是國境內

的官員卻數以百計，如果一定要任用貞信之士，那麼人數遠遠不夠。貞信之士的人數達不到官員的數目，那麼就會治理的人少而擾亂的人多。所以，明智君主的治國之道是，專一用法而不要求太高深的智慧，堅持利用固有的手段而不慕誠信。這樣一來，法令將立於不敗之地，眾官員之中也便沒有奸詐之徒了。

 原文

　　今人主之於言也，說其辯而不求其當焉[①]，其用於行也，美其聲而不責其功[②]。是以天下之眾，其談言者務為辯而不周於用，故舉先王言仁義者盈廷，而政不免於亂。行身者競於為高而不合於功，故智士退處岩穴，歸祿不受，而兵不免於弱。兵不免於弱，政不免於亂，此其故何也？民之所譽，上之所禮，亂國之術也。今境內之民皆言治，藏商、管之法者家有之，而國愈貧，言耕者眾、執耒者寡也；境內皆言兵，藏孫、吳之書者家有之，而兵愈弱，言戰者多、被甲者少也[③]。故明主用其力，不聽其言；賞其功，必禁無用。故民盡死力以從其上。夫耕之用力也勞，而民為之者，曰：「可得以富也。」戰之為事也危，而民為之者，曰：「可得以貴也。」今修文學，習言談，則無耕之勞而有富之實，無戰之危而有貴之尊，則人孰不為也？是以百人事智而一人用力。事智者眾，則法敗；用力者寡，則國貧。此世之所以亂也。故明主之國無書簡之文，以法為教；無先王之語，以吏為師；無私劍之悍，以斬首為勇。是境內之民，其言談者必軌於法[④]，動作者歸之於功，為勇者盡之於軍。是故無事則國富，有事則兵強。此之謂王資。既畜王資而承敵國之釁[⑤]，超五帝侔三王者[⑥]，必此法也。

注釋

①說：同「悅」，喜歡。　當：恰當、得當。
②責：考核。
③被：同「披」。
④軌於法：以法令為準則、準繩。
⑤釁（ㄒㄧㄣˋ）：嫌隙，弱點。
⑥五帝：指黃帝、顓頊（ㄓㄨㄢ　ㄒㄩˋ）、帝嚳（ㄎㄨˋ）、唐堯、虞舜。　侔（ㄇㄡˊ）：相等，齊。　三王：指夏禹、商湯、周文王。

譯文

　　如今君主對於言辭，喜歡它的雄辯而不考慮它是否得當，對於用人行事，也是讚美表面的虛名而不考察實際的功效。所以普天之下的民眾，擅長言談的人力求言語的雄辯而不考核是否適用，這樣一來，列舉先王、談論仁義的人擠滿了朝堂，可是政治措施仍然不免混亂。那些所謂言行高尚的人，競相標榜清高，而不去適應國家提出的耕戰之功，所以有才智的人引退後藏於深山老林，歸還給君主的俸祿而不接受任用，這樣一來，國家的軍隊免不了實力衰弱。軍隊免不了衰弱，政治措施免不了混亂，這是什麼原因呢？是因為老百姓所稱譽的，國君所尊重的，是擾亂國家秩序的那一套。如今國境內的百姓都談論治國，商鞅、管仲關於治國方略的書籍，家家都收藏，可是國家卻越來越貧困，那是因為口頭上談論耕作的人多，而親自去拿農具的人少啊；國境內都在談論軍事，孫子、吳起關於用兵的書籍，家家都收藏，可是國家的軍隊卻越來越弱小，那是因為口頭上談論軍事的人多，而親自披甲上陣的人少啊。所以說，賢明的君主是盡量使用百姓的力量，而不去聽他美妙的言辭，獎賞百姓的功勞，同時一定禁止那些沒有用處的行為。這樣老

百姓才會盡全力去響應君主的號召。耕作既用力又勞苦,可是老百姓仍去從事,他們說:「可憑藉耕作致富。」作戰雖然十分危險,可老百姓仍去參戰,他們說:「可憑藉作戰取得顯貴。」如今研究文學、熟悉言談的人,沒有耕作的辛勞卻有耕作所換來的財富,沒有作戰的危險卻有作戰才能換來的顯貴,這樣,人們誰又不去研究文學、熟悉言談呢?所以,就有許許多多的人去從事智力活動,而很少有人在耕種、作戰。從事智力活動的人眾多,法制便會敗壞,耕種、作戰的人少,國家便貧困。這才是世道混亂的原因。所以說賢明的君主治理國家,沒有書籍等經典,純粹以法令為教材;沒有先王的語錄,純粹以官吏為教師;沒有俠客的勇悍,純粹以斬獲敵人首級為勇敢。這樣,國境內的老百姓,擅長言談的人一定會以法令為準繩,擅長耕種的人一定會回到農業生產的行列中,勇敢的人一定會加入軍隊。所以沒有戰事時國家富足,有了戰事則兵強馬壯。這叫做君王的資本。既有作為君王的資本,又能利用敵國的弱點,那麼想進一步超過或趕上五帝、三王,就一定得用這個方法。

▌原文

今則不然。士民縱恣於內,言談者為勢於外。外內稱惡以待強敵,不亦殆乎?故群臣之言外事者,非有分於從衡之黨①,則有仇讎之忠而借力於國也。從者,合眾弱以攻一強也;而衡者,事一強以攻眾弱也。皆非所以持國也。今人臣之言衡者皆曰:「不事大,則遇敵受禍矣。」事大未必有實,則舉圖而委、效璽而請兵矣②。獻圖則地削,效璽則名卑,地削則國削,名卑則政亂矣。事大為衡,未見其利也,而亡地亂政矣。人臣之言從者,皆曰:「不救小而伐大,則失天下;失天下,則國危;國危而主卑。」救小未必有實,則起兵而敵大矣。救小未必能存,而交大未必不有疏,有疏,則為強國制矣。出兵則軍敗,

退守則城拔。救小為從，未見其利，而亡地敗軍矣。是故事強，則以外權士官於內；救小，則以內重求利於外。國利未立，封土厚祿至矣；主上雖卑，人臣尊矣；國地雖削，私家富矣。事成，則以權長重；事敗，則以富退處。人主之聽說於其臣，事未成則爵祿已尊矣；事敗而弗誅，則遊說之士孰不為用矰繳之說而僥幸其後[3]？故破國亡主，以聽言談者之浮說。此其故何也？是人君不明乎公私之利，不察當否之言，而誅罰不必其後也。皆曰：「外事大可以王，小可以安。」夫王者，能攻人者也；而安，則不可攻也。強，則能攻人者也；治，則不可攻也。治強不可責於外，內政之有也。今不行法術於內，而事智於外，則不至於治強矣。

注釋

①從衡：即「縱橫」，合縱連橫。

②效璽（ㄒㄧˇ）：呈上君主的印璽。

③矰繳（ㄗㄥ ㄓㄨㄛˊ）：本意為獵取飛鳥的射具，此處引申為縱橫家用以朝秦暮楚的花言巧語。

譯文

　　如今卻不是這樣。儒生和俠士在國內為所欲為，巧言花語的言談者在國外大造聲勢。外部和內部一同勾結作惡，而等待強敵的來臨，這不是很危險的嗎？群臣中議論外交事務的人，不是參加了合縱連橫的派別，就是對某國懷有仇恨而想借本國的力量進行報復。所謂合縱，就是聯合眾多的小弱之國去攻擊一個強國；而所謂連橫，則是事奉一個強國去攻擊眾多的小弱之國。無論是合縱，還是連橫，都不是保存自己的好辦法。如今大臣中主張連橫的人都說：「如果不事奉大國，那麼遇到敵

人將遭受災禍。」事奉大國就得有實際行動,就得獻出本國的地圖,呈上君主的印璽,才能請來援兵。獻圖割地,國土就縮小,呈上印璽,君主的名望就降低了。國土一縮小,國家的力量也相應削弱,君主的名望一降低,政治就混亂了。事奉大國參加連橫,還未見到什麼利益,就已經失去土地,而且政治混亂了。大臣中主張合縱的人,都說:「如果不去救助小國討伐大國,就會失去天下諸侯國的信任,而沒有這些信任,國家就危險了,國家危險,君主的地位便會降低。」救助小國一定得有實際行動,就得出動軍隊抵抗大國。救助小國未必能使小國存活,而與大國交戰未必就沒有疏漏,一有疏漏,就會被強國制服。在這種情況下,出兵則軍隊一定會失敗,退守則城池一定會被攻拔。救助小國參加合縱,還沒有看見實際的利益,就已經失去土地、使部隊失敗。所以,事奉強國,就會讓主張連橫的人借助外國的勢力在國內得到官職;救助小國,就會讓主張合縱的人借助國內勢力在國外謀求私利。國家的利益一點也未見到,可主張合縱連橫的人已經得到分封的土地和豐厚的俸祿;君主的地位雖然降低了,可大臣的地位卻尊貴了;國家的土地雖然縮小了,可私人的財產卻富足了。事情成功了,這些人便靠掌握大權而長期受重用,事情失敗了,這些人就憑藉已獲得的財富引退隱居。君主聽從主張縱橫的大臣的建議,事情尚未成功,就給他爵位和俸祿,讓他尊貴,而事情失敗之後又不加以誅罰,那麼那些遊說的人又有誰不願意用巧言花語在事前謀得利益,而在事情失敗之後僥幸地躲災避難呢?所以說國家破敗而君主為人替代,是因為聽信了言談者的巧言花語。這是為什麼呢?是因為君主分不清公利和私利,不考察言辭是否恰當,而在事情失敗之後,不下決心誅罰那些巧言花語的人。縱橫家卻說:「從事外交活動,利益大的可以稱王天下,利益小的可以使本國安定。」稱王天下是指能進攻別人;而本國安定,是指不被其他國家攻破。國家強大,是指能進攻別人;國

家治理得好，是指不會被人進攻。國家的強大和治理得好，不可能依靠外交活動，而必須依靠內部的治理。如今不在國內推行法制之術，卻在外交活動中謀劃，那是不可能使國家強大和安定的。

▶原文

　　鄙諺曰：「長袖善舞，多錢善賈。」此言多資之易為工也[1]。故治強易為謀，弱亂難為計。故用於秦者，十變而謀希失；用於燕者，一變而計希得。非用於秦者必智，用於燕者必愚也，蓋治亂之資異也。故周去秦為從，期年而舉[2]；衛離魏為衡，半歲而亡。是周滅於從，衛亡於衡也。使周、衛緩其從衡之計，而嚴其境內之治，明其法禁，必其賞罰，盡其地力以多其積[3]，致其民死以堅其城守，天下得其地，則其利少，攻其國則其傷大，萬乘之國[4]，莫敢自頓於堅城之下，而使強敵裁其弊也，此必不亡之術也。舍必不亡之術，而道必滅之事，治國者之過也。智困於內而政亂於外，則亡不可振也。民之政計[5]，皆就安利如辟危窮[6]。今為之攻戰，進則死於敵，退則死於誅，則危矣。棄私家之事而必汗馬之勞，家困而上弗論，則窮矣。窮危之所在也，民安得勿避？故事私門而完解舍[7]，解舍完則遠戰，遠戰則安。行貨賂而襲當塗者[8]，則求得；求得，則私安，私安，則利之所在，安得勿就？是以公民少而私人眾矣。

注釋

　　①工：通「功」，成功。
　　②期（ㄐㄧ）年：一整年。　舉：被攻克、佔領。
　　③地力：指國土資源。
　　④萬乘（ㄕㄥˋ）：古時一車四馬為一乘，萬乘指萬輛車。
　　⑤政：通「正」，恰好。

⑥如：而。

⑦解舍：指免除徭役。

⑧當塗者：指掌權的人。塗，同「途」。

譯文

　　民間的諺語說：「衣袖長便於跳舞，本錢多好做生意。」這是說資本多容易獲得成功。所以國家安定強大，就容易為它謀劃，國家弱小混亂，就難於為它想辦法出主意。為強大的秦國謀劃，縱然計畫改變十次也極少失敗；為弱小的燕國謀劃，縱然計畫改變一次也很難成功。並不是替秦國謀劃的人就一定聰明，替燕國謀劃的人就一定愚蠢，而是因為兩國安定和混亂的條件不同。所以周背離秦國參加合縱，整整一年，就被秦國攻佔；衛國背離魏國參加連橫，半年時間就滅亡了。所以說，周因為合縱而滅，衛因為連橫而亡。假使周和衛放緩其合縱和連橫的步伐，而是嚴格管理國境內的一切，闡明法律和禁令，該賞則賞，該罰則罰，竭盡國內的地力多多積蓄財產，讓百姓拚死保衛城池，那麼，天下各諸侯國即使得到二國的土地，而實際的利益卻很小，誰攻佔這兩個國家，誰的傷亡就大，這樣一來，縱然是擁有一萬輛兵車的大國，也不敢在這樣的堅固城池之下將自己拖垮，而讓其他的強敵趁機制服自己。這才是使國家不滅亡的方法。如今捨棄不讓國家滅亡的方法，而去做定會亡國的事情，這是治理國家的國君的過錯。對外智術困乏，國內政治混亂，那國家一定會滅亡且不可能再度振興。老百姓的如意打算，都是追求安全和利益，而躲避危險和窮困。如今讓百姓去攻伐，前進就會被敵人殺死，後退就會被上司處罰，進退都是危險的。拋棄私人之家而堅決去承擔作戰之苦，家中有困難而上司卻不過問，那麼這個人就夠窮困了。窮困和危險並存，老百姓哪能不躲避？因此有人就去侍奉權貴，這樣可以

免除徭役，免除徭役就可以遠離戰場，遠離戰場就安全了。用錢物賄賂並且依附掌權的人，就能使自己的要求得到滿足，要求滿足了，便保全了全家，保全了全家，就是利益之所在，怎能不去追求呢？這麼一來，為國家效力的人少了而為私人權貴們效勞的人卻多了。

▶ 原文

夫明王治國之政，使其商工游食之民少而名卑，以寡趣本務而趨末作①。今世近習之請行②，則官爵可買；官爵可買，則商工不卑也矣。奸財貨賈得用於市，則商人不少矣。聚斂倍農，而致尊過耕戰之士，則耿介之士寡而高價之民多矣。是故亂國之俗：其學者則稱先王之道，以籍仁義，盛容服而飾辯說，以疑當世之法，而貳人主之心。其言古者，為設詐稱借於外力，以成其私，而遺社稷之利。其帶劍者聚徒屬，立節操，以顯其名而犯五官之禁。其患禦者③，積於私門，盡貨賂，而用重人之謁，退汗馬之勞。其商工之民，修治苦窳之器④，聚弗靡之財，蓄積待時，而侔農夫之利。此五者，邦之蠹也。人主不除此五蠹之民，不養耿介之士，則海內雖有破亡之國、削滅之朝，亦勿怪矣。

注釋

①末作：指耕種、作戰之外的工商業等。
②請行：請託之風盛行。
③患：讀作「串」，學習。
④窳（ㄩˇ）：惡劣的，壞的。

譯文

英明的君主治理國家的政策，是使那些工商業者和無業遊

民少之又少而且地位低下,從而使人們向耕戰這個根本靠攏而排斥耕戰之外的工商業等行業。如今社會上向與君主親近之人請托的風氣盛行,這樣官爵就能買到;官爵能買到,那麼從事工商業等行業的人的地位便不再低下了。投機的商業活動出現在市場上,商人就不會減少。這些奸商聚斂的財富是農民的幾倍,地位也比從事耕種、作戰的人尊貴,這樣耿直忠誠的人便少了,從事經營的人便多了。所以說造成國家混亂的社會習氣是:那些儒生,稱頌先王的治國之道,打著「仁義」的幌子進行說教,講求儀表服飾,注重修飾言辭,擅長雄辯論說,用以挑戰當世之法,動搖君主推行法治的決心。那些縱橫家,虛偽奸詐,借助外國的勢力謀取私人的利益,卻把國家的利益統統遺棄。那些遊俠刺客,聚集門徒,標榜節操,用以顯揚他們個人的名聲,而不惜觸犯國家的禁令。那些學習防衛的人,聚集在權貴的私人門下,極盡賄賂之能事,用對重要人物的拜謁,代替到疆場上的征戰之苦。那些工商業者,製造一些粗劣的器物,聚集下品質不高的生活用品,囤積起來,等待時機出售,以牟取農民的利益。這五種人,是國家的蛀蟲。君主如果不除掉這五種危害社會的人,不培養耿介忠誠的人,那麼天下即使有破敗滅亡的國家和地削國滅的朝廷,也是不足為奇的。

　　PS:
　　合縱就指:「齊、楚、燕、趙、韓、魏等國聯合抗秦」,此法為蘇秦所提倡。最後失敗。
　　連橫就指這些國家中的某幾國跟從秦國進攻其他國家,這是張儀所提倡,也就是「游說六國分別與秦連合」。

◎附　錄

《韓非子》名言名句

◆道者，萬物之始，是非之紀也。

◆道在不可見，用在不可知。

……以上《主道》

◆國無常強，無常弱。

◆法不阿貴，繩不撓曲。

◆刑過不避大臣，賞善不遺匹夫。

……以上《有度》

◆故越王好勇，而民多輕死；楚靈王好細腰，而國中多餓人。

……以上《二柄》

◆與死人同病者，不可生也；與亡國同事者，不可存也。

……以上《孤憤》

◆夫事以密成，語以泄敗。

……以上《說難》

◆楚不用吳起而削亂，秦行商君法而富強。

……以上《和氏》

◆夫兩堯不能相王，兩桀不能相亡。
◆木之折也必通蠹，牆之壞也必通隙。
……以上《亡徵》

◆將欲敗之，必姑輔之；將欲取之，必姑予之。
◆常酒者，天子失天下，匹夫失其身。
◆巧詐不如拙誠。
◆聖人見微以知萌，見端以知末。
◆知淵中之魚者不祥。
……以上《說林上》

◆刻削之道，鼻莫如大，目莫如小。
◆虜自賣裘而不售，士自譽辯而不信。
……以上《說林下》

◆明主立可為之賞，設可避之罰。
……以上《用人》

◆夫火形嚴，故人鮮灼；水形懦，故人多溺。
◆濫竽充數。
……以上《內儲說上・七術》

◆狡兔盡則良犬烹，敵國滅則謀臣亡。
……以上《內儲說下・六微》

◆買櫝還珠。
◆畫鬼最易。
◆郢書燕說。
◆鄭人買履。

◆為人君者，猶盂也，民，猶水也。盂方水方，盂圓水圓。

◆攻原得衛者，信也。

……以上《外儲說‧左上》

◆外舉不避仇，內舉不避子。

……以上《外儲說‧左下》

◆守株待兔。

◆故饑歲之春，幼弟不餉；穰歲之秋，疏客必食。

◆上古競於道德，中世逐於智謀，當今爭於氣力。

◆布帛尋常，庸人不釋；鑠金百溢（鎰），盜跖不掇。

◆儒以文亂法，俠以武犯禁。

◆故糟糠不飽者不務粱肉，短褐不完者不待文繡。

◆長袖善舞，多錢善賈。

……以上《五蠹》

THE NED

國家圖書館出版品預行編目（CIP）資料

墨韓非子全書 ／ 韓非子原著. -- 初版. --
臺北市：華志文化，2020.04
　面；　公分. --（諸子百家大講座 ；19）
ISBN 978-986-98313-5-2（平裝）

1. 韓非子 2. 注釋
121.671　　　　　　　　　　109002101

系列／諸子百家大講堂19
書名／／韓非子全書
書號／／D019

華志文化事業有限公司

原　著　韓非子
譯　著　賈桂梓
美術編輯　楊雅婷
封面設計　王志強
文字校對　陳欣欣
執行編輯　簡煜哲
總　編　輯　黃志中
社　長　楊凱翔
出版者　華志文化事業有限公司
電子信箱　huachihbook@yahoo.com.tw
地　址　116 台北市文山區興隆路四段九十六巷三弄六號四樓
電　話　0937075060

總經銷商　旭昇圖書有限公司
地　址　235 新北市中和區中山路二段三五二號二樓
電　話　02-22451480
傳　真　02-22451479
郵政劃撥　戶名：旭昇圖書有限公司（帳號：12935041）

出版日期　西元二○二○年四月初版第一刷
Printed In Taiwan

版權所有　禁止翻印

本書由三晉出版社授權華志文化獨家發行繁體字版權

華志文化